D1688786

Karl-Wilhelm Weeber · Musen am Telefon

Karl-Wilhelm Weeber

# MUSEN AM TELEFON

Warum wir alle wie die alten Griechen
sprechen, ohne es zu wissen

Die Deutsche Nationalbibliothek verzeichnet diese Publikation in der Deutschen Nationalbibliografie; detaillierte bibliografische Daten sind im Internet über http://dnb.d-nb.de abrufbar.

Das Werk ist in allen seinen Teilen urheberrechtlich geschützt. Jede Verwertung ist ohne Zustimmung des Verlags unzulässig. Das gilt insbesondere für Vervielfältigungen, Übersetzungen, Mikroverfilmungen und die Einspeicherung in und Verarbeitung durch elektronische Systeme.

© 2008 by Primus Verlag, Darmstadt
Die Herausgabe des Werkes wurde durch die Vereinsmitglieder der WBG ermöglicht.
Gedruckt auf säurefreiem und alterungsbeständigem Papier
Einbandgestaltung: Jutta Schneider, Frankfurt
Einbandabbildung: Ausschnitt aus einem Fußbodenmosaik aus Olynth (Chalkidike, Griechenland)
Foto: akg-images
Redaktion: Rainer Wieland, Berlin
Gestaltung und Satz: work:at:book / Martin Eberhardt, Berlin
Printed in Germany

**www.primus.de**

ISBN 978-3-89678-359-2

# Inhalt

Eisbein vorm Pantoffelkino
*Unser tägliches Griechisch*   7

Anti-, Em- und Sympathie
*Aus der Welt griechischer Vorsilben*   14

*-ia* wie Philosoph-ie, *-ike* wie Techn-ik
*Aus griechischen werden deutsche Endsilben*   28

Päd-agogik oder Pä-dagogik?
*Vom Vorteil, griechische Basiswörter zu kennen*   39

Achillesferse, Koryphäe, Panik
*Kulturwortschatz Griechisch*   51

König Ottos Motivationsweisheiten
*Wie die Griechen 2004 Europameister wurden*   79

Johnny, Jürgen und Jolanthe
*Eine kleine griechische Namenskunde*   92

Dramatisches Szenario oder aufgepumpte Folter-Story?
*Eine Griechisch-lastige Skizze zur Klimakatastrophe*   98

Psychosen, Arthritis, Neuralgien
   *Das alles verdanken wir den Griechen*     112

Zwischen Idyll und Horoskop
   *Ein Panorama des Sehens*     121

Boliden und Boxen
   *Schumi im Dialog mit Archimedes*     126

Pumpernickel, Pasta, Plätzchen
   *Aus griechischer Sprachküche auf den deutschen Tisch*     139

Platoniker, Stoiker, Kyniker
   *Wie man vor lauter Staunen auf den Hund kommt*     144

Polit-Griechisch
   *Wie die Athener die Demokratie erfanden*     158

Am Anfang war der Ton
   *Ohne Griechisch keine Musik*     170

Von Anekdote bis Zentrum
   *Wortgeschichten mit griechischem Anfang*     176

Logisch!
   *Das Zauberwort*     208

Echt krönungsbedürftig
   *Monolog mit der Jugend(-Sprache)*     213

*Literaturhinweise*     219
*Register: Griechische Wörter*     221
*Register: Deutsche Wörter mit griechischen Wurzeln*     229

# Eisbein vorm Pantoffelkino
## *Unser tägliches Griechisch*

Vermutlich haben Sie, verehrte Leserinnen und Leser, an dieser Stelle mit einem mehr oder minder gediegenen Prolog des Autors gerechnet, einer „Vor-Rede" (πρό-λογος, *pró-logos*). Stattdessen stoßen Sie auf „Eisbein" als erstes Wort dieses Buches. Wenn Sie das als eine Bombe wahrnehmen, weil Sie eher ein „richtiges" griechisches Wort wie System, Symbol, Theorie oder Mikrobiologie als Aufhänger erwartet haben, so befinden Sie sich damit wenigstens auf solidem Griechisch-Grund: βόμβος, *bómbos*, nannten die Griechen ein „Dröhnen" oder ein „dumpfes Geräusch". Inhaltlich machen Sie mit der Bomben-Metapher (μεταφορά, *metaphorá*, „Hinübertragen" auf eine bildhafte Bedeutung) freilich deutlich, dass Sie irritiert, verstört oder sogar verärgert sind, weil Sie in Ihrer Erwartungshaltung enttäuscht wurden. Es sei denn, Sie sind jugendsprachlich auf dem Laufenden. Dort ist „bombe" zur Zeit ein – positiv besetztes – Synonym (σύν, *syn*, „mit", „zusammen"; ὄνομα, *ónoma*, „Name", „Bezeichnung", also: ein Begriff mit gemeinsamer Bedeutung) für „geil".

Andererseits: th- oder y-Wörter gehören, was eine griechische Herkunft angeht, zu den üblichen Verdächtigen. Überraschungseffekte werden damit nicht erzielt; eher knüpft man damit an Stereotype an (στερεός, *stereós*, „fest"; τύπος, *týpos*, „Gepräge"; also: „feststehende Vorstellungen"), durch die zumindest bei Griechisch-Skeptikern – ein σκεπτικός, *skeptikós*, ist bei den Griechen noch ein „genau überlegender Betrachter", nicht unbedingt ein „Zweifler" – ein müdes Abwinken programmiert ist. Nein, *nicht* „vorprogrammiert", denn die Vorsilbe πρό, *pro*, bedeutet bereits „vor" und sollte deshalb nicht verdoppelt werden – schreibt jedenfalls der pedantische Griechisch-Lehrer vor und nimmt damit das -gramm auf. γράμμα, *grámma*, ist das Substantiv zu γράφειν, *gráphein*, „schreiben" (was wir z. B. mit dem griechischstämmigen „Griffel" tun), und bedeutet „Buchstabe", „Schrift" oder „Dokument". Ein πρόγραμμα, *prógramma*, ist also eine „nach vorn" gerichtete, d. h. „öffentlich vorgebrachte" Bekanntmachung.

### Griechischer Wein – Und der Kater danach

*Unser* Programm mögen Sie daran erkennen, dass wir Ihnen bei unserer griechischen Spurensuche im deutschen Wortschatz auch überraschende sprachliche Aha-Erlebnisse bescheren wollen. Dazu muss man bei der Etymologie der Wörter, ihrer „wahren Bedeutung" (ἔτυμον, *étymon*), auch schon mal ziemlich penibel hinschauen und wird dabei im Unterschied zur ursprünglichen Bedeutung von „penibel" nicht bestraft, sondern belohnt. In „penibel" steckt die griechische ποινή, *poiné*, und die lateinische *poena*, „Strafe", und eigentlich bedeutet es demzufolge ebenso wie „peinlich" ein „sträfliches" Verhalten. Wenn wir uns hier und da zur Pedanterie bekennen, bleiben wir unserer eigentlichen Profession treu: Der Pedant ist ein über das italienische *pedante* und das französische *pédant* ins Deutsche gelangter griechischer παιδαγωγός, *paidagogós*, ein „Knabenführer", „Erzieher". Der Beigeschmack des Engstirnigen, Kleinkarierten im Deutschen verwundert: Schulmeisterlich-engstirnige Pädagogen – gibt es die? Pedantische Altphilologen gar? So richtig können wir uns das gar nicht vorstellen bei „Wortfreunden" schlechthin (φιλόλογος, *philólogos*, „Liebhaber des Wortes").

Zurück zum „Eisbein". Diese zweifelhafte kulinarische Spezialität soll griechischen Ursprungs sein? Sprachlich ist das so. Das „Eisbein" ist der zum Eislauf geeignete Knochen – als „ischbeen" bezeichneten die Holländer die ersten aus Knochen gefertigten Schlittschuhe. Und dieser spezifische Knochen ist das griechische ἰσχίον, *ischíon*, die „Hüfte". Mit dem umgebenden Fleisch in gepökelten Zustand versetzt, wird sie als

„Eisbein" – anderswo als Haxe – serviert. Immer noch gesünder, als sich durch ausgedehnten Eislauf Ischias-Schmerzen zuzuziehen.

Unter „Pantoffelkino" versteht man bekanntlich den Fernsehapparat, der als TV-Gerät der Antike deutlich näher kommt. „Television" ist ein moderner, aus griechischem τῆλε, *téle*, „fern", und lateinischem *visio*, „Sicht", zusammengesetzter Begriff. Auch das „Kino" führt uns zumindest sprachlich in die griechische Vergangenheit zurück. Es zeigt „bewegte" Bilder und ist von κινεῖν, *kineín*, abgeleitet; κίνημα, *kínema*, ist das „Bewegte", die „Bewegung". Und der scheinbar so gemütlich-deutsche „Pantoffel" ist vermutlich ursprünglich ein leichter Hausschuh „ganz aus Kork" (πᾶν, *pan*, „alles"; φελλός, *phellós*, „Kork").

Von solchen griechischen Lehnwörtern, die kurz nach ihrer Übernahme ihre Herkunft rasch verschleiert haben, gibt es im Deutschen erstaunlich viele. Das wird nur deshalb nicht so deutlich, weil sie sich der neuen Sprachumgebung so perfekt angepasst haben: Der „Strolch" gehört ebenso dazu wie der „Tisch"; der „Teufel" ebenso wie die „Platte", die „Brille", die „Strippe" und die „Lampe". Auch beim „Foltern" und „Turnen" ist das Griechische mit im etymologischen Boot. Die genauen Zusammenhänge werden erst später enthüllt. Selbst wenn Sie zu viel griechischen Wein getrunken haben, entgehen Sie der griechischen Strafe nicht: Der davon ausgelöste „Kater" ist keineswegs die männliche Katze, sondern in Wirklichkeit ein Katarrh, bei dem ein unangenehmer Schleim aus dem Hirn „herabfließt" (κατά, *katá*, „herab"; ῥεῖν, *rhein*, „fließen").

## Philosophie und Physik, Poesie und Mathematik – Ohne Griechisch geht nichts

Neben solchen eingedeutschten und dadurch getarnten Begriffen hat unsere Sprache auch zahllose weitere Anleihen beim Griechischen gemacht, die als solche durchaus noch zu erkennen sind. Das beginnt schon mit den griechischen Buchstaben, die samt und sonders als Zeichen und Symbole in den Naturwissenschaften, aber auch in der

Ökonomie – der „Verwaltung des Hauses" (οἶκος, *oíkos*, „Haus"; νόμος, *nómos*, „Brauch", „Gesetz") – und sogar im Alltagsleben genutzt werden: vom „Alphatier", das die erste Stelle – nicht nur im Alphabet – besetzt, über das Mündungs-Delta eines Flusses, die Lambda-Sonde im Katalysator, das My (μ) als Zeichen für die Maßeinheit ein Millionstel und das Psi-Phänomen in der Parapsychologie bis hin zum Omega, dem letzten Buchstaben des griechischen Alphabets, nach dem Opel kurioserweise ein Oberklasse-Modell benannt hat – offenbar doch ohne auf den Gedanken zu kommen, man könne es als „das Letzte" verspotten. In Kirchen begegnet uns regelmäßig das Christogramm mit den großen Anfangsbuchstaben X (*chi*) und P (*rho*) – wobei nicht wenige Kirchgänger, wenn sich die Predigt allzu lange hinzieht, darüber ins Rätseln geraten, was eigentlich das merkwürdige „xp" zu bedeuten habe. Selten genug, aber hier kommt man mit Latein allein nicht weiter …

Auch sonst, das möchten wir in diesem Buch in loser Folge, ohne Systematik (σύστημα, *sýstema*, „zusammengesetztes Ganzes") zeigen, ist es förderlich und verschafft überraschende Einsichten, wenn man bei Wörtern griechischen Ursprungs auf die Grundbedeutung zurückgreifen kann. Fremdwörter aus dem Griechischen gibt es zuhauf. Der Titel deutet an, dass diese nicht auf den geisteswissenschaftlichen Bereich beschränkt sind – sozusagen auf das Reich der klassischen Musen, die in der „Musik" ebenso fortleben wie im allgemeinen Kulturwortschatz. Musen – das steht unter anderem für Poesie und Philosophie, für Theater und Historie. Nicht zufällig sind das alles griechische Begriffe, die jedoch über die sprachliche Oberfläche hinaus Kulturbereiche bezeichnen, die auf die Griechen zurückgehen. Wir werden also, ob wir das wollen oder nicht, über diese Begriffe auch in die Kultur und Kulturgeschichte der alten Griechen eintauchen und damit an die Ursprünge unserer gemeinsamen europäischen Zivilisation zurückkehren – und natürlich *wollen* wir das!

Wie sehr die Griechen aber auch – von den Begriffen wie von den Inhalten – die Naturwissenschaften und ihre Anwendung, die Technik (τέχνη, *téchne*, ist die „handwerkliche Kunst") geprägt haben, lässt schon ein flüchtiger Blick auf deren Bezeichnungen erkennen: Die Physik beschäftigt sich mit den Phänomenen (φαινόμενα, *phainómena*, „Erscheinungen") der φύσις, *phýsis*, „Natur", die Biologie ist die „Lehre vom Leben" (λόγος, *lógos*, „Kunde"; βίος, *bíos*, „Leben"); die Chemie ist zwar ein neuzeitlicher Kunstbegriff, leitet sich aber vom griechischen χύμα, *chýma*, „Flüssigkeit", ab; die Mathematik schließlich – für die Griechen *der* „Lernstoff" schlechthin (von μανθάνειν, *manthánein*, „lernen") – ist griechisch durch und durch. Erinnern Sie sich an den Satz des Pythagoras? Na also. Und von solchen griechischen Entdeckungen gibt's noch viel mehr. Technik, Mechanik, Maschine(nbau) – alles Griechisch; unser „Titel-Telefon" soll ein dezenter Hinweis auf diesen zweiten großen Wissenschaftsbereich sein.

### Ein treuer Begleiter – Vom Eros-Center in die Apotheke

Wer jemals eine ärztliche Diagnose (διάγνωσις, *diágnosis*, „Beurteilung") gestellt bekommen und sich durch Beipackzettel von Medikamenten gekämpft hat, hat als Griechisch-Unkundiger schmerzhaft erfahren, wie sehr das Griechische die Herrschaftssprache der Mediziner und Apotheker prägt. Die letzteren tragen übrigens eine griechische Berufsbezeichnung (wenn auch keine besonders vornehme: „Wegsteller" waren das ursprünglich, der lateinische *apothecarius* war ein schlichter „Lagerdiener"), während die Mediziner lateinisch aus der Reihe tanzen. Aber nur sehr bedingt: Wenn wir von „Ärzten" sprechen, ist alles wieder im griechischen Lot. Und auch die Ärzte sind's zufrieden – wenn, ja wenn sie die Ursprungsbedeutung ihrer Berufsbezeichnung kennen. Dann stehen sie nämlich, wo sie sich besonders heimisch fühlen: ganz vorne, am „Anfang". Mehr wird aber noch nicht verraten.

Auch in der Alltagswelt begegnen wir griechischen Begriffen auf Schritt und Tritt: Angefangen von der „Politik", in der die „staatlichen Angelegenheiten" (τὰ πολιτικά, *ta politiká*) verhandelt werden, über das (angeblich) „selbst" (αὐτός, *autós*) fahrende „Auto" bis hin zum „Eros-Center", wo die „Liebe" (ἔρως, *éros*) im „Mittelpunkt" (κέντρον, *kéntron*) stehen soll. Das Deutsche hat sein griechisches Spracherbe zu ganz unterschiedlichen Zeiten und zu unterschiedlichen „Konditionen" übernommen. Will sagen: entweder wie in „Poesie" und „Eros" direkt aus dem Griechischen oder über die Vermittlung anderer Sprachen, wobei das Lateinische eine hegemoniale Stellung einnimmt (ἡγεμών, *hegemón*, ist der „Führer"), oder aber als Neubildungen in der Moderne, die das Altgriechische gern als Wortbaukasten zur Ausbildung eines wissenschaftlichen Idioms (ἰδίωμα, *idíoma*, „sprachliche Eigentümlichkeit") nutzt. Der Vorstellungskraft, wann, wie und woher das Griechische überall in den deutschen Sprachschatz eingeflossen ist, sind kaum Grenzen gesetzt. Oder, um beim Thema (θέμα, *théma*; „zu behandelnder Gegenstand") zu bleiben: der Phantasie (φαντασία, *phantasía*, „Vorstellungskraft").

### Was wir wollen: Muße in die Schule!

Der Parallelband „Romdeutsch" – das ist der „neben dem anderen" laufende (παράλληλος, *parállelos*; παρά, *pará*, „neben"; ἄλλος, *állos*, „der andere") – hat sich manche Sympathie (συμ-πάθεια, *sym-pátheia*, „Mit-Gefühl") durch seinen lockeren, hier und da vielleicht auch etwas zu flockigen Plauderton erworben. Wir bleiben dabei – zumal der „Ton" von griechisch τόνος, *tónos*, „Anspannung" (der Stimme), kommt – und erlauben uns auch, nicht immer alles ganz so ernst zu nehmen. εἰρωνεία, *eironeía*, „Ironie" ist schließlich auch eine griechische Prägung. Ob Sie ab und zu sogar einen Anflug von Selbstironie beim Autor wahrnehmen?

Mag es auch immer etwas enttäuschend für einen Schriftsteller sein, so ist er doch gut beraten, auf dem Teppich (τάπης, *tápes*) zu bleiben, wenn es um die Einschätzung des Enthusiasmus seiner Leserinnen und Leser geht. *So* viel Gott wird in kaum einem von ihnen sein (ἐν, *en*, „in"; θεός, *theós*, „Gott"; ἐνθουσιασμός, *enthusiasmós*, deshalb die vom „Gott drinnen" bewirkte „Verzückung"), dass er das Buch in einem durchliest. Eher ist mit einer kapitelweisen Lektüre zu rechnen, gegebenenfalls auch abweichend von der vorgegebenen Reihenfolge. Wir haben daher bewusst Wiederholungen in Kauf genommen und manche Begriffe mehrfach erläutert – Dopplungen, die einfach praktisch sind, d. h. bezogen auf das tatsächliche „Handeln" (πρακτικός, *praktikós*, „zum Handeln gehörig"; von πράττειν, *práttein*, „handeln").

Ob der Verfasser wie mit „Romdeutsch" auch ein bildungspolitisches Anliegen verfolgt, möchten Sie wissen? Und ob! Latein ist schulisch in den letzten Jahren, gräkodenglisch formuliert, mega-in (μέγας, *mégas*, „groß") und erlebt geradezu, jedenfalls verglichen mit früher, einen medialen Hype (ὑπέρ, *hypér*, „oberhalb", „über … hinaus"). Griechisch ist zwar im Hinblick auf die Schülerzahlen stabil, aber alles andere als ein Massenfach (und bei Kultusministern nicht besonders beliebt). Angesichts der Verkürzung der Schulzeit und der zunehmenden Konzentration auf das in Zentralprüfungen abfragbare Wissen muss man befürchten, dass für dieses klassische Bildungsfach – und damit die eingehende Beschäftigung mit den Ursprüngen unserer europäischen Kultur – immer weniger Zeit bleibt. Deshalb versteht sich dieses Buch auch als eine unzeitgemäße Anstiftung – eine Anstiftung zum Griechisch lernen. Noch ist das, mit Dorothee Sölle zu sprechen, nicht verboten.

„Schule" ist ein griechisches Wort; σχολή, *scholé*, bedeutete, man wagt kaum noch daran zu erinnern, „Muße", „freie Zeit" für Bildung und Selbstverwirklichung in der Auseinandersetzung mit Gegenständen, die die Persönlichkeit formen. Passen wir auf, dass mit dem Umlegen des Lernzielschalters auf Output, Effizienz und unmittelbare Verwertbarkeit unsere Schüler, was *Bildung* angeht, das Gymnasium nicht so verlassen, wie man früher hineinging – nämlich „nackt" (γυμνός, *gymnós*).

# Anti-, Em- und Sympathie
## *Aus der Welt der griechischen Vorsilben*

Vielleicht ist es ja ausgesprochen deutsch, wenn das Kapitel über die griechischen Präfixe ausgerechnet mit *anti-* beginnt. „Gegen" etwas zu sein und eine Anti-Haltung einzunehmen scheint ja verbreiteter zu sein, als sich auf etwas einzulassen. Tatsächlich aber liegt diesem Beginn das didaktische (διδακτικός, *didaktikós*, „belehrend") Prinzip zugrunde, von Bekanntem zu Unbekanntem fortzuschreiten. Und dass *anti-* bekannt ist, darf man sicher voraussetzen – vielleicht ist *das* ja auch das genuin Deutsche.

Spätestens mit der Anti-Atomkraft-Bewegung ist es populär geworden, in griechischem Gewande „gegen" etwas zu sein. Anti-Alkoholiker und Anti-Klerikale gab es schon länger. κλῆρος, *kléros*, ist übrigens ursprünglich das „(Land-)Los" und das „Erbgut", gegen das keiner etwas zu haben brauchte – es sei denn, dass es zu spärlich bemessen war. Erst im Kirchenlatein setzte sich mit *clerus* die (katholische) „Geistlichkeit" durch, die sich einem bestimmten „Los" unterworfen hatte.

Nicht immer ruft *anti-* (ἀντί) auch deutliche Antipathien (πάθος, *páthos*, „Gefühl") hervor. Von einer Anti-ABS-Bewegung hat man jedenfalls noch nichts gehört. Wer sollte im harten Bremsfall auch schon etwas gegen das Nicht-Blockieren der Räder haben, erst recht, wenn es mit System (σύστημα, *sýstema*), einem aus mehreren sinnvollen Teilen „zusammengesetzten" Ganzen, geschieht? Dies umso weniger, als das negativ konnotierte *anti-* hier durch das positive *sy-* („zusammen") neutralisiert wird.

Im medizinischen Bereich verbindet sich *anti-* meist mit einer heilenden, „gegen" die Krankheit gerichteten Wirkung. Ein Antidot ist ganz allgemein ein „Gegenmitel" (ἀντίδοτος, *antídotos*, „dagegen gegeben"); ein Antibiotikum tötet das aus menschlicher Sicht unerwünschte Leben (βίος, *bíos*) bestimmter Mikroorganismen ab (μικρός, *mikrós*, „klein"; ὄργανον, *órganon*, „Körper(teil)"), ein Antiseptikum hilft gegen „Fäulnis bewirkende" (σηπτικός, *septikós*) Bakterien. Und jedermann wird für ein Antidiarrhoikum ausgesprochen dankbar sein, wenn es bei ihm ansonsten „durchläuft" (διάρροια, *diárrhoia*, „Durchfluss", „Durchfall"); von ῥεῖν, *rhein*, „fließen").

Auch mit den Antipoden verbindet sich nichts Negatives. Das sind etwa die Australier, die aus europazentrischer Sicht unsere „Gegenfüßler" (ἀντίπους, *antípous*, Genitiv ἀντίποδος, *antípodos*) darstellen; in anderem Zusammenhang auch Menschen, die einen gänzlich entgegengesetzten Standpunkt vertreten. Die Antarktis ist der Gegenbegriff zur Arktis, und die heißt wegen des „Bären" (ἄρκτος, *árktos*)so, der für den „Norden" steht.

Man sieht: *anti-* ist viel mehr gefühltes als sprachlich nachweisbares „gegen", sodass man gewissermaßen antizyklisch (κύκλος, *kýklos*, „Kreis") zum Mainstream (früher sprach man eleganter von der *communis opinio*) die Antithese eines positiven *anti-* vertreten und damit dem Anti-anti-Gefühl wirkungsvoll etwas „entgegen setzen" (θέσις, *thésis*, „das Setzen", „Stellen") könnte.

### Wenn das System nach Synergien lechzt

Nun aber zum „antisemen" (σῆμα, *séma*, „sprachliches Zeichen") Präfix *syn-/sy-/sym-*, dem wegen seiner „zusammen"-führenden, die „Gemeinschaft" betonenden Bedeutung gemeinhin viel größere Sympathien gelten. Synergie ist eines der Zauberwörter unserer Zeit. Überall soll durch „Zusammenarbeit" (ἐργάζεσθαι, *ergázesthai*, „arbeiten") das Maximum herausgeholt werden. Aufs Symposion hat das noch keiner bezogen – vielleicht auch deshalb, weil vielen die Ursprungsbedeutung (συμπόσιον, *sympósion*, „Zusammentrinken") nicht geläufig ist. Unter synergetischen Symposien würden wir allerdings keinen Euphemismus (εὐφημισμός, *euphemismós*, „Gut-Reden") für Koma-Saufen (κῶμα, *kóma*, „tiefer Schlaf") verstehen wollen. Für die Griechen waren Symposien gesellige Gelegenheiten, die dank der beflügelnden Wirkung des Weins auch als Quell geistiger Inspiration galten. Heutzutage ist die synergetische Funktion des Bakchos bei wissenschaftlichen oder medizinischen Symposien streng verpönt – aus griechischer Sicht eine unsympathische Verkopfung ihrer Erfindung und ein sehr fragwürdiges Synonym (ὄνομα, *ónoma*, „Name"; συνωνυμία, *synonymía*, „gleiche Bedeutung") für „Tagung" – zumal das antike Symposion eine abendliche und nächtliche Veranstaltung war.

System: ebenfalls ein Zauberwort unserer Zeit. Wir sollen systemisch denken lernen und damit das „zusammengestellte" (σύστημα, *sýstema*) Ganze im Blick haben, wir sollen systematisch und damit in einer „das Ganze verbindenden" Weise (συστηματικός, *systematikós*) vorgehen. Systemanalytiker, die ein „zusammengestelltes" Ganzes für Programmiervorgänge in Einzelprobleme „auf-lösen" (ἀναλύειν, *analýein*) können, sind willkommen, Systemkritiker, die das gesamte „Zusammengestellte" beurteilen (κριτικός, *kritikós*, „Beurteiler"), eher weniger.

Willkommen sind auch Symphonie und Symmetrie. Die eine, weil bei ihr die „Klänge" (Singular φωνή, *phoné*) angenehm „miteinander" klingen – der Gegenbegriff lautet Kakophonie (κακός, *kakós*, „schlecht") –, die andere, weil das „Zusammenmessen" (μετρεῖν, *metreín*) ein angenehmes „Ebenmaß" (συμμετρία, *symmetría*) ergibt. Ähnlich angenehm ist auch die Symbiose (βίος, *bíos*, „Leben"), weil Lebewesen dabei zu wechselseitigem Vorteil „zusammenleben". Bei der Syntax (Satzlehre), der sprachlichen „Zusammenordnung" (τάξις, *táxis*, „Ordnung", „Fügung") empfindet das nicht jeder so, weil Hauptsache ist doch, man versteht es.

Man könnte einen solchen achselzuckenden Umgang mit den Sprachregeln als sprachlichen Synkretismus aufwerten, bei dem – ähnlich wie beim theologischen oder philosophischen Synkretismus – verschiedene Positionen „miteinander vermischt" werden (κεραννύναι, *kerannýnai*); man könnte ihn aber auch kulturkritisch als Symptom eines sprachlichen Niederganges deuten – und damit als etwas, das damit „zusammenfällt" (σύμπτωμα, *sýmptoma*, „Zufall"; von πίπτειν, *píptein*, „fallen") und insofern ein „Zeichen" dafür ist. Zu einem Symbol wird man ihn dagegen nicht stilisieren wollen, einem bedeutungsvollen Sinnbild, das mit dem Sprachverfall „zusammengeworfen" wird (σύμβολον, *sýmbolon*, „Kennzeichen", von βάλλειν, *bállein*, „werfen").

Der – tatsächliche oder vermeintliche – „Sprachverfall" mag aus Sicht manches gestrengen Zivilisationskritikers nur Teil eines Syndroms sein, bei dem eine Reihe von Krankheitszeichen zu einem Gesamtbild „zusammenläuft" (δρόμος, *drómos*, „Lauf"). Aber auf diese Untergang-des-Abendlandes-Stimmung wollen wir uns nicht einlassen. Erst recht nicht, da wir doch mit diesem Buch zur Rettung des Abendlandes beitragen, indem wir uns sozusagen als Syndikus der griechischen Sprache betätigen, als jemand, der „mit" ihr für ihre „gerechte Sache" kämpft (σύνδικος, *sýndikos*, „vor Gericht beistehend", „Anwalt").

### „Hypogamie" – Eine hypertrophe Wortbildung?

Ein Gegensatzpaar wie *anti-* und *syn-* bilden auch *hypo-* und *hyper-* – und das trotz der gleich lautenden ersten Silbe. Das macht die Unterscheidung besonders schwierig. Es läuft zwar auf das Gleiche hinaus – eine erhebliche Gefährdung des Lebens –, aber es ist im Hinblick auf die Behandlung von entscheidender Bedeutung, dass man Hypothermie und Hyperthermie voneinander unterscheiden kann. Das eine kann passieren, wenn man auf einer Gebirgstour von schlechtem Wetter überrascht und „unter"-kühlt wird, das andere, wenn sich im Körper ein Wärmestau weit „über" die Normaltemperatur (θέρμη, *thérme*, „Wärme", „Hitze") hinaus bildet und man von heftigen Fieberattacken heimgesucht wird. Ähnlich gravierend der Unterschied zwischen einem hypoglykämischen und einem hyperglykämischen Zustand bei Diabetikern. Im ersten Fall liegt der Blutzucker weit „unter" dem Normalwert (γλυκύς, *glykýs*, „süß"; αἷμα, *haíma*, „Blut"), im zweiten weit „darüber" – beides gefährliche Extreme, die die „gute" Mitte verlassen und das vom Delphischen Orakel stets gepredigte μηδέν ἄγαν (*medén ágan*; „nichts im Übermaß!") sträflich vernachlässigen.

Dass sowohl bei Hypo- als auch bei Hypertrophie das erstrebenswerte Mittelmaß verfehlt wird, dürfte dem Leser klar sein. Aber manch einer benötigt noch einen Tipp in Bezug auf die „Trophie". Das ist, von τρέφειν, *tréphein*, abgeleitet, die „Nahrung". Der eine isst halt zu viel (hyper!), der andere zu wenig (hypo!). Gesund ist beides nicht – auch hier gilt das Delphische Übermaßverbot. Die Hypertrophie hat häufig einen erhöhten Tonus (τόνος, *tónos*, normale „Spannung" eines Organs) im Gefolge: Hypertonie ist der erhöhte Blutdruck, ein trügerisch gutes Gefühl. Hypotonie dagegen kann müde machen – allerdings bis ins hohe Alter. Was vermutlich auf die Hypererosie nicht unbedingt zutrifft: Darunter verstehen Mediziner eine nicht ganz so förderliche Steigerung des Geschlechtstriebs (ἔρως, *éros*, „Liebesverlangen").

Ganz schön hypertroph, könnte man im übertragenen Sinne des Wortes („überzogen", „überspannt") kommentieren.

Die Soziologie hält – wacker wie immer, wenn es um griechisch- und lateinstämmige Fremdwörter geht – mit. Sie kennt eine Hyper- und Hypogamie. Im ersten Falle heiratet (γάμος, *gámos*, „Ehe") eine Frau „über" ihre eigenen Verhältnisse, im zweiten Fall bleibt sie „unter" ihrem Stand und begnügt sich mit einem Mann aus einer niedrigeren Schicht. Solange sie dabei monogam bleibt (μόνος, *mónos*, „allein"), scheint das Problem beherrschbar; eine Bigamie (lateinisch *bis*: „doppelt") dagegen dürfte hypo-, hyper- und andere gamische Verhältnisse erheblich komplizieren.

### *hypo*-Hype? – Allenfalls in der Schule ...

Die moderne Alltagssprache liebt das *hyper-*, dem lateinischen *super* vergleichbar, deutlich mehr als das *hypo-*. Manches dünkt uns hypermodern oder hyperkorrekt; wer zu viel nachfragt, gilt leicht als hyperkritisch, und zickiges Benehmen lässt sich freundlich als „hypersensibel" umschreiben. Eines der Modewörter der letzten Jahre ist „Hype".

Es steht für einen Medienrummel weit „über" dem üblichen – der ja seinerseits kaum im Verdacht steht, mit *hypo-* etwas zu tun zu haben.

Solch aufregende Neubildungen wie „Hype" kennt *hypo-* nicht. Das „drunter" kommt ein bisschen blass, ja geradezu spießig daher und erinnert ein wenig an Schule. Hypotaxe? Mal im Sprachunterricht gehört! Richtig, die „Unter-Ordnung" (ὑπόταξις, *hypótaxis*) des Nebensatzes unter den Hauptsatz. Hypotenuse? Da war mal was im Mathematikunterricht ... War das nicht die dem rechten Winkel gegenüberliegende Seite eines Dreiecks? Genau. Aber warum die so heißt? Das wusste der Mathe-Lehrer auch nicht – so sind sie! Hier die Erklärung: Diese Seite „spannt sich" beziehungsweise „erstreckt sich unter" (ὑποτείνειν, *hypoteínein*) dem rechten Winkel. Die Hypothese? Philosophie- und Geschichtsunterricht lassen grüßen: eine Vermutung oder Annahme, die vorläufig als Grundlage der weiteren Untersuchung gilt. Sie ist den weiteren Überlegungen gewissermaßen „darunter-gesetzt" (ὑπόθεσις, *hypóthesis*).

Weg von der Schule, hin zur Bank. Und trotzdem gewinnt das *hypo-* weder Glanz noch neue Freunde. Wer lässt sich schon gern an die Hypotheken erinnern, die auf seinem Haus lasten? Warum „auf" und nicht „unter"? Gemach: Aus der Sicht des Bankers ist die Hypothek das „Untergelegte", die „Unterlage" (ὑποθήκη, *hypothéke*) für den von ihm bewilligten Kredit. Eine schwere Hypothek kann den Belasteten ganz schön nach „unten" ziehen – und wenn Ihr Geldgeber das bestreitet, dürfen Sie ihn getrost als jemanden ansehen, der damit „unterhalb" seines „Urteilsvermögens" bleibt. Einen solchen Menschen nennt man auf Griechisch Hypokrit. Im Englischen und Französischen hat sich das Wort besser behauptet als im Deutschen – dort ist der Hypokrit schlicht zum „Heuchler" geworden.

## Parodontose an der Peripherie

Kommen wir zur „p-Gruppe" griechischer Präfixe und beginnen wir mit *peri-* („um", „herum"). Das Periskop weist den Weg: Mit ihm kann man „ringsum sehen" (σκοπεῖν, *skopeín*). Die Peripherie ist der „Um"-Kreis, genauer das „Herum-Tragen" (φέρειν, *phérein*), die Periode der „Weg herum" (ὁδός, *hodós*), die zeitliche Umlaufbahn. Die Peristaltik des Darms ist nötig, um dessen Inhalt „ringsum in Bewegung zu setzen" (στέλλειν, *stéllein*, „entsenden"). Perinatal schließlich sind, das Lateinische steuert den zweiten Begriff bei, die Vorgänge „rings um die Geburt".

Etwas komplizierter liegen die Dinge bei *par(a)*-. Die Präposition hat mehrere Bedeutungen. Wir bleiben bei den beiden wichtigsten: „gegen" und „neben", „bei". Wer es nicht erwartet, dass ein und dasselbe Wort fast konträre Bedeutungen hat, dem kommt das jetzt paradox vor: Es ist „gegen seine Meinung" (δόξα, *dóxa*). Wider die Vernunft (λόγος, *lógos*) ist ein Paralogismus, zu Deutsch ein Trugschluss.

Dem Paragraphen muss die andere – häufigere – Bedeutung zugrunde liegen; der wird ja als Gliederung eines Textes „daneben geschrieben" (γράφειν, *gráphein*). Parallele Linien laufen „neben einander" (ἀλλήλοιν, *allélbin*, „einander", „gegenseitig"). Der Parasit ist jemand, der einen im ursprünglichen Sinne – meist unerwünscht – „beim Essen" begleitet (παρὰ σῖτον, *pará síton*, „beim Getreide", „bei der Nahrung"). Die Parodontose ist eine Erkrankung „neben den Zähnen" (ὀδούς, *odoús*, Genitiv ὀδόντος, *odóntos*, „Zahn") und die Paranoia eine, bei der Kranke ziemlich „daneben denkt" (νοεῖν, *noeín*). Wie weit man mit parapsychologischen Wahrnehmungen „neben" der anerkannten „Seelenlehre" liegt (ψυχή, *psyché*), mag jeder selbst entscheiden. Wir beenden unsere kleine paradigmatische (παραδειγματικός, *paradeigmatikós*, Beispiele „daneben zeigend") *para*-Tour mit einem Begriff, bei dem beide genannten Bedeutungen Sinn ergeben. Die Parodie (ᾠδή, *odé*, „Gesang") ist ein „Neben-", aber in mancher Hinsicht auch ein „Gegen-Gesang".

## „Vorprogrammierter" Sprachkatarrh

Bei *pro-* können wir uns kurz fassen. Die meisten Fremdwörter mit dieser Vorsilbe stammen aus dem Lateinischen, wo *pro* ebenso wie im

Griechischen „vor", „für" heißt. Freilich: Die wenigen griechischstämmigen Begriffe mit *pro-* haben es in sich, sind sozusagen in aller Munde. Am häufigsten sicher das Problem. Das ist eine Schwierigkeit, die uns gewissermaßen zur Lösung „vor-geworfen" wird (πρόβλημα, *próblema* von βάλλειν, *bállein*, „werfen"; vgl. S. 195 ff.). Wo wir nicht auf Probleme stoßen, da stoßen wir auf Programme, „Vor-Geschriebenes" (γράφειν, *gráphein*, „schreiben"), das uns den Weg weist. Auch wenn es noch so klug klingt, kann man nichts „vorprogrammieren". Denn dann verdoppelt man schlicht das „vor". Und so weit sollten sich nicht einmal Sprachavantgardisten vorwagen.

Aber wer weiß! Vielleicht liegt das Doppel-vor ja im Trend. Gelegentlich las man tatsächlich schon von einer „Vorpropädeutik". Die solle doch bitte der Kindergarten leisten. Eher sind wir bei dieser Bildung geradezu im Mutterleib; denn die „Vor-Erziehung" mit *einem pro-* (παιδεύειν, *paideúein*, „erziehen") reicht für den Kindergarten allemal aus. Es bleibt spannend. Wir wagen lieber keine Vorprognose (πρόγνωσις, *prógnosis*, „Vorherwissen"), wie es weitergeht. Wir sind ja schließlich keine Vorpropheten (προφήτης, *prophétes*, „Voraussager", von φάναι, *phánai*, „sagen").

Wenn es mit der Sprachkultur bergab geht, so bietet *katá-* (κατά), „hinab", seine verlässlichen Dienste an – beginnend mit dem schwersten Geschütz, der Katastrophe. Bei der „drehen" (στρέφειν; *stréphein*) sich die Dinge „nach unten". Unangenehm, aber nicht ganz so arg geht es beim Katarrh zu; ῥεῖν, *rhein*, „fließen", steckt darin – und aus der Nase „fließt es nach unten". Womit auch der „Kater" geklärt wäre: Er ist, wenn es uns schlecht geht, mitnichten der Mann der Katze, sondern der Katarrh, der uns „nach unten" zieht.

Wer kategorisch etwas behauptet, „redet" die anderen geradezu „nieder"; κατηγορικός, *kategorikós*, heißt schon bei den Griechen „rechthaberisch". In dieser Versuchung steht vor allem, wer vom Katheder „herab" auf die Zuhörer einredet. Dabei bezeichnet der Katheder etymologisch eigentlich ein ganz friedliches „Niedersitzen" (καθῆσθαι, *kathéstai*).

Mehr Konzilianz also vom „Lehrstuhl"? Nicht, wenn der Papst *ex cathedra* spricht! Da irrt er bekanntlich nie, und alles, was er von dort verkündet, gilt für die gesamte katholische Christenheit. Katholisch als Weg „hinab"? Gott behüte! *kata-* bedeutet auch „über ... hin". Und dann stimmt es wieder: „Katholisch" ist, was sich „über das Ganze (ὅλος, *hólos*) hin" erstreckt. So auch beim Katalog, einer „Liste" (λόγος, *lógos*, „Wort"), die sich „über" eine bestimmte Auswahl „hinzieht".

### Epistel vom Apostel

Ein Gegenteil von *katá-* ist *aná-* (ἀνά). Es bedeutet ebenso ein „(Hin)auf" wie ein „Zurück" und „Gemäß". Die Meteorologen unterscheiden zwischen katabatischen und anabatischen Winden; die einen „gehen (βαίνειν, *baínein*) hinab", die anderen „hinauf". In der Anatomie wird der Körper „aufgeschnitten" (τέμνειν, *témnein*), bei der Analyse „löst" (λύειν, *lýein*) man etwas „auf". Der Analogieschluss führt zu einem bereits bekannten Sachverhalt (λόγος, *lógos*) „zurück", die Anamnese ist eine für die Vorgeschichte einer Krankheit wichtige „Rückerinnerung" (μιμνήσκεσθαι, *mimnéskesthai*, „sich erinnern"). Ist Griechisch-Lernen ein Anachronismus, ein „Zurück" in eine andere „Zeit" (χρόνος, *chrónos*)? Allenfalls, wenn man die Vorsilbe *ana-* im Sinne eines „Hinauf!" versteht!

Bei Lichte besehen, braucht das Griechische keine Apologeten, die die Argumente seiner Gegner „hinweg reden" (ἀπό, *apó*, „weg", „von"; λέγειν, *légein*, „reden"), sondern eher – wäre der Begriff nicht biblisch eindeutig besetzt – Apokalyptiker, die das „Geheimnis" seiner Bedeutung „enthüllen" und „offenbaren" (καλύπτειν, *kalýptein*, „verbergen", Apokalypse also: „Weg mit der Verhüllung!"). Im Grunde gehört es als „Heilmittel" in die Sprachapotheke. Aber das ist uns etymologisch zu riskant, ist doch die Apotheke ursprünglich eine „Ab-lage" (τιθέναι, *tithénai*, „legen"), die sich erst später als Medikamenten-„Speicher" durchgesetzt hat. Heilmittel-Heilslehre? Wie wär's mit Aposteln für diese nicht jedermann eingängige Idee? Die wären als „Abgesandte" (στέλλειν, *stéllein*) der guten Sache sicher hilfreich. Oder auch Apostelinnen – um keine Begriffs-Apologetik heraufzubeschwören.

Apostel können nicht überall sein; deshalb schreiben sie auch schon einmal Episteln. Das sind „hin-gesandte" (ἐπί, *epí* + στέλλειν, *stéllein*) Botschaften. *epi-* gibt eine Richtung an: „auf", „für". Eph-emer sind vorübergehende Dinge, die sich nur „auf den Tag" (ἡμέρα, *heméra*) beziehen. Deutlich länger währt eine Erkrankung, die sich „auf das ganze Volk" legt – eine Epidemie (δῆμος, *démos*). Epiphyten sind „Gewächse" (Singular φυτόν, *phytón*), die „auf anderen Pflanzen" wachsen; das Epizentrum eines Bebens liegt sozusagen „auf seinem Mittelpunkt" (κέντρον, *kéntron*). Und wenn sich der vollzählige – das Adjektiv hier als Epitheton, „Hinzu-Gesetztes" (ἐπίθετον, *epítheton*) gebraucht – deutsche Episkopat zu einer Tagung trifft, dann kann ihm schier nichts entgehen; denn es ist eine Vollversammlung von „Aufsehern" (ἐπίσκοπος, *epískopos*, „Beobachter").

## „dys-" – Ein fast diabolisches Präfix

Selbst der Teufel dürfte sich angesichts solch geballter episkopaler Energie (ἔν, *en* + ἔργον, *érgon*, „Einwirkung") eine Zeitlang klug zurückziehen. Das ist ja unter anderem das Diabolische an ihm, dass er sich tarnt, sich verstellt – und andere „verleumdet". „Teufel" ist ein Lehnwort zum griechisch-lateinischen *diabolus*. Das wiederum ist von διαβάλλειν, *diabállein*, abgeleitet, („hindurch-", „durcheinander-werfen", und damit „entzweien", „verleumden"). *dia-*, „durch", kennen wir auch vom Diameter, „Durchmesser" (διάμετρος, *diámetros*) und einer diachronischen Betrachtungsweise, die sich „durch die Zeit" (χρόνος, *chrónos*) erstreckt. Diarrhoe und Diabetes sind Krankheiten, bei denen Flüssigkeiten rasch „durch" den Körper „fließen" (ῥεῖν, *rhein*; διάρροια, *diárrhoia*, „Durchfluss") beziehungsweise „gehen" (βαίνειν, *baínein*): Hohe „Zucker"-Werte führen zu einem starken Harndrang, der dem Arzt die richtige Diagnose, „Erkenntnis (γνῶσις, *gnósis*) durch und durch", erleichtert.

Eine Veränderung, häufig im Sinne eines „danach", „dahinter" und „später", signalisiert die Vorsilbe *met(á)-* (μετά). Ändert sich eine Gestalt (μορφή, *morphé*), so sprechen wir von einer Metamorphose, „tragen" (φέρειν, *phérein*) wir einen Begriff bildlich „anderswohin", so liegt eine Metapher vor. Erforschen wir mit Aristoteles die Dinge, die „nach der Natur" (φύσις, *physis*) kommen, „hinter" ihr verborgen sind, so beschäftigen wir uns mit der Metaphysik – Fragen, denen wir trotz spekulativer Versuchungen methodisch sauber und gründlich „nachgehen" sollten, d. h. auf einem planmäßigen „Weg" (ὁδός, *hodós*). Den nehmen Metastasen indes bedauerlicherweise nicht: Die Tochtergeschwülste eines Karzinoms (καρκίνος, *karkínos*, „Krebs") „treten" (στῆναι, *sthénai*) völlig unberechenbar „anderswohin".

Mit dem Präfix *dys-* (δύσ) bleiben wir einen Moment lang noch bei unerfreulichen Dingen. Denn in aller Regel drückt *dys-* („schlecht", „miss-") eine unerwünschte Fehl- beziehungsweise Dysfunktion aus. Ärzte verfügen über ein erschreckend großes *dys*-Vokabular: von der Dystrophie, „Ernährungsstörung" (τρέφειν, *tréphein*, „ernähren") über die Dyspnoe, „Atemnot" (πνοή, *pnoé*, „Atem"), die Dyslalie, „Stammeln" (λαλεῖν, *laleín*, „sprechen"), die Dysphonie, „Stimmstörung" (φωνή, *phoné*, „Stimme", „Laut") bis zur Dysurie, einer schmerzhaften Störung der Harnentleerung (οὖρον, *oúron*, „Urin"). Bevor die Leser angesichts dieses düsteren Katalogs in Dyskolie, „Schwermut" (χόλος, *chólos*, „Galle" als Ursprung belastender Säfte) verfallen, gehen wir lieber zum *a-* beziehungsweise *an-* über.

### *an-* ist „un-" und ganz schön „in"

Verbindet sich das wirklich mit einer Aufheiterung? Ist das nicht eine Vorsilbe, die verneint, dem deutschen *un-* entsprechend? Schon richtig. Aber man kann ja auch Unerquickliches verneinen – und schon ist das *a(n)-* ein Optimismus-Träger. So ist man dem An-ästhesisten ja durchaus dankbar, dass er einem zeitweise die „Wahrnehmung" (αἴσθησις, *aísthesis*) nimmt; und auch das vom Arzt verschriebene An-algetikum nehmen wir gern, weil es uns vom „Schmerz" (ἄλγος, *álgos*) befreit. Der zu einer Strafe Verurteilte wird über eine A-mnestie nicht unglücklich sein; durch sie wird die „Erinnerung" (μνήμη, *mnéme*) an Tat und Strafe gelöscht. A-syl schließlich schützt davor, „geschädigt" oder „ausgeplündert" (συλᾶν; *sylán*) zu werden; ἄσυλος, *ásylos*, nannten die Griechen jemanden, der „unverletzlich" und „sicher" war: Zur Nachahmung empfohlen.

In anderen Zusammensetzungen drückt *a(n)-* das sozusagen wertungsfreie Gegenteil aus: a-morph ist „gestalt-los" (μορφή, *morphé*), an-onym „namen-los" (ὄνομα, *ónoma*), a-theistisch „gott-los" (θεός, *theós*)und a-nomal „regel-los" (νόμος, *nómos*). Dazu eine kleine Besserwisser-Lektion: νόμος ist die „Regel", der „Brauch", das „Gesetz". Das davon Abweichende bleibt griechisch und ist eben anomal. *norma* ist dagegen die lateinische „Richtschnur"; was ihr nicht entspricht, ist abnorm oder unnormal. „Anormal" aber gibt es nicht!

Auch das A-tom ist, sprachlich gesehen, keineswegs negativ besetzt; es bezeichnet den „nicht mehr schneidbaren", „unteilbaren" (ἄτομον, *átomon*, von τέμνειν, *témnein*, „schneiden") kleinsten Teil. Am A-sbest schätzen wir dagegen seit geraumer Zeit eine seiner Wirkungen nicht mehr so sehr, der er seinen Namen verdankt: Es ist „un-auslöschlich", „un-vergänglich" (σβεννύναι, *sbennýnai*, „löschen"). Klar, dass *a(n)-* hier und da auch Positives verneint und damit Negatives bezeichnet. So, wenn zu wenig „Blut" (αἷμα, *haima*) da ist („An-ämie"), „keine Herrschaft" („Anarchie", von ἀναρχία, *anarchía*) oder zu wenig „Empfindung" („A-pathie", von πάθος, *páthos*).

Beim Letzteren gehen die Meinungen freilich erheblich auseinander. Die stoischen Philosophen erblickten in der ἀπάθεια, *apátheia*, geradezu einen Idealzustand, der den Menschen vor „Leidenschaften" und „Gefühlen" schützt, die ihn, weil von äußeren Einflüssen bewirkt, „fremdsteuern" könnten – Einflüssen, die nur sehr begrenzt seinem Willen unterliegen. Und damit hatten sie ja ohne Zweifel recht. Aber trotzdem: Wollen wir das? Keinen Ärger mehr, aber auch keine Freude? Keinen Verdruss mehr daran, unregelmäßige griechische Verben zu lernen, aber auch keine Begeisterung mehr über die damit verbundenen Erkenntnisse? Eine echte A-porie („Ausweglosigkeit"; πόρος, *póros*, „Weg", „Hilfsmittel").

### „Enthusiastisch" – Im Griechischen ist der Gott drinnen

Wer wirklich von etwas begeistert ist, der hat nach griechischer Auffassung einen „Gott in sich". Mit „Enthusiasmus" (ἔνθεος, *éntheos*, „der Gott drinnen") sind wir bei unserem letzten Gegensatzpaar, *en-* (ἐν, *en*, „in") und *ek-* (ἐκ, *ek*, „aus"). Je nach dem folgenden Konsonanten gleicht sich das *en-* zur besseren Aussprache an. So bei der seit einiger Zeit hochaktuellen Empathie, der Fähigkeit, sich „in die Gefühle" anderer „hinein"-versetzen zu können. Die Griechen wären ob dieser Definition erstaunt gewesen. Für sie war ἐμπάθεια, *empátheia*, deutlich mehr: eine „heftige Leidenschaft". Die Ellipse als „Auslassung" (ἐλλείπειν, *elleípein*, „auslassen") kannten sie dagegen schon – auch die Energie als „einwirkende Kraft" (ἔργον, *érgon*, „Werk", „Tat") und das Emblem als etwas „Eingesetztes" (ἐμβάλλειν, *embállein*, „hineinwerfen"), das wir als „Kennzeichen" wahrnehmen.

Als medizinische Begriffe wären ihnen dagegen Embolie und Enzephalitis fremd gewesen – auch wenn der erste auf ἔμβολον, *émbolon*, zurückgeht, den „Pfropf", der nach unserem Verständnis in ein Blutgefäß „hineingeworfen" ist (ἐμβάλλειν, *embállein*). Der zweite bezeichnet eine Krankheit (Suffix *-itis*), die „im Kopf" (κεφαλή, *kephalé*) liegen muss – eine Gehirnentzündung. Und das Enzephalogramm? Es „schreibt" (γράφειν, *gráphein*) sozusagen auf, was sich „im Gehirn" abspielt.

Zwei medizinische Begriffe auch zu Beginn der *ek-*„Abteilung". Ekzem: Das ist das aus der Haut „Heraus-Gekochte" (ζεῖν, *zeín*). Und wenn Sie, verehrte Leserinnen und Leser, im Operationsbericht von der Ektomie eines Ihrer Organe lesen sollten, dann gehen Sie davon aus, dass es nicht mehr da, sondern „heraus-geschnitten" ist (τέμνειν, *témnein*). Das wird Sie vermutlich nicht gerade in Ekstase versetzen, einen Zustand, in dem Sie „aus sich heraustreten" (στῆναι, *sténai*; ἔκστασις, *ék-*

*stasis*, „Entzücken). Was bei der Kultur und Sprache der alten Griechen schon eher passieren kann. Behauptet jedenfalls Ihr „Griechisch, nein danke!"-Exorzist (ἐξορκίζειν, *exorkízein*, „heraus-beschwören") ebenso energisch (siehe oben) wie emphatisch (ἐμφαίνειν, *emphaínein*, „darin sichtbar machen").

# *-ia* wie Philosoph-ie, *-ike* wie Technik
## *Aus griechischen werden deutsche Endsilben*

Eine Welt, in der alle Menschen sich für die Alten Sprachen begeistern, eine deutsche Gymnasiallandschaft, in der nicht nur das Lateinische, sondern auch das Griechische boomt, ein Buch über das griechische Spracherbe im Deutschen, an dem alle Kritiker Gefallen finden – all das sind Theorien, Phantasien, Utopien, die die einen mit Sympathie, ja Euphorie aufnähmen, die anderen mit Ironie, Apathie oder Aphasie abtäten, die dritten als Manie, ja Idiotie empfänden, die dringend einer Therapie in der Psychiatrie wegen exzessiver Hellenophilie bedürfe – und zwar mit aller Energie und Akribie und ohne übertriebene Harmonie.

Ohne dass wir möglichen Phobien hinsichtlich griechisch-spezifischer Legasthenie Vorschub leisten wollen, erlauben wir uns doch die Empirie-gestützte Anfrage, wie viele Begriffe hier wohl von unserer Strategie abweichen, eine Art Enzyklopädie von Fremdwörtern zusammenzustellen, denen authentische griechische Begriffe auf *-ia* zugrunde liegen. *-ia* wird als Suffix, das eine Tätigkeit oder ein Ergebnis beschreibt, im Deutschen regelmäßig zu *-ie*. Unsere Pedanterie konzentriert sich allerdings darauf, die *-ie*-Begriffe auszusondern, die keine direkten griechischen Vorgänger haben. Wagen Sie – ab Ende dieses Absatzes – eine Prophetie?

Sie können wählen zwischen 5, 15, 25, 35 und 45 Prozent der Wörter auf *-ie*, die die Griechen zwar verstanden hätten, aber in ihrem aktiven Wortschatz auf *-ia* nicht verfügbar hatten. Vermutlich neigen Sie den 5 oder allenfalls 15 Prozent zu, weil Sie unterstellen, der Autor wolle Ihnen möglichst viel ursprüngliches Griechisch bieten. Andererseits: Ist es nicht auch ein großartiger Erfolg in der Historie (ἱστορία, *historía*, „Geschichte") einer Sprache, wenn sie das Material für viele Neologismen (νέος, *néos*, „neu"; λόγος, *lógos*, „Wort") bereitstellt? Sodass von diesem Gesichtspunkt aus eine hohe Prozentzahl besonders beachtlich wäre?

### Pedanterie – eine Variante der Pädagogik

Wir wollen uns an Ihrer Aporie (ἀπορία, *aporía*, „Ratlosigkeit") nicht weiter weiden und verraten Ihnen zumindest die „Quote": Sie liegt – die Griechen priesen stets das Maß und die Mitte; μηδὲν ἄγαν, *medén ágan*, „nichts im Übermaß!" – bei 25 Prozent. Genau gesagt: Sechs von 24 Bildungen auf -ie sind (relativ) modernen Ursprungs, darunter eben jene „Pedanterie", mit der wir dieses Spielchen betreiben. So etwas ist doch letztlich typisch (τυπικός, *typikós*, „nach einem bestimmten Muster") für einen Schulmeister beziehungsweise einen, der die lieben Kleinen zur Schule begleitet – und am liebsten auch die lieben Großen unter seine pädagogischen Fittiche nimmt. Der παιδαγωγός, *paidagogós*, „Knabenführer", „Erzieher", wird im Italienischen zum *pedante* – und damit nimmt das pedantische Lehrer-Unheil seinen Lauf ...

Aber welche sind die anderen vier? Sie haben sich für „Psychiatrie" entschieden? Bravissimo (von βάρβαρος, *bárbaros*, „unverständlich", „ausländisch", zu italienisch *bravo*, „wacker")! Damit liegen Sie richtig: Die ψυχή, *psyché*, „Seele", ist zwar ebenso griechisch wie die ἰατρική (τέχνη), *iatriké téchne*, „Heilkunst", aber die Zusammenziehung kannten die Griechen noch nicht. Sollte Ihnen ferner die „Hellenophilie" suspekt vorkommen, so sind Sie erneut im Recht. Natürlich kannten sich die Hellenen selbst als Ἕλληνες, *Héllenes*, und natürlich war ihnen die φιλία, *philía*, „Freundschaft", nicht fremd; die Verbindung indes haben sie noch nicht geprägt – vielleicht, könnten wir ein bisschen ketzerisch (will sagen: auf der „reinen", καθαρά, *kathará*, Lehre bestehend) fragen: weil sie sich selbst kannten?

Haben Sie am Ende bei der „Graeko-Legasthenie" Verdacht geschöpft? Dann grenzt Ihr Gespür für spätere Wortbildungen geradezu an Magie (μαγεία, *mageía*, „Zauberei"). Erneut ein Volltreffer! Die ἀσθένεια, *asthéneia*, „Schwäche", war den Griechen wohlvertraut, aber es wäre ihnen nicht in den Sinn gekommen, sie mit dem lateinischen *legere*, „lesen", zu koppeln. Die „Enzyklopädie" ist ebenfalls nicht ganz „rein" – auch wenn die „Gesamtheit des Wissens" auf die berühmte ἐγκύκλιος παιδεία, *enkýklios paideía*, die „Bildung rundum", zurückgeht.

Und der sechste Begriff? Den verraten wir – eine gewisse Dramatik muss sein; zum Suffix *-ik* kommen wir in Bälde! – noch nicht sofort. Sondern enthüllen erst einmal, dass „Prophetie" der προφητεία, *propheteía*, „Weissagung", „Strategie" der στρατηγία, *strategía*, „Position des Feldherrn", „Empirie" der ἐμπειρία, *empeiría*, „Erfahrung", und „Phobie" der φοβία, *phobía*, „Furcht", entspricht.

### Griechisch-Euphorie – Eine Utopie?

Die Harmonie ist ein wunderbares Wort, weil es die Fügung, die richtige „Verbindung" (ἁρμονία, *harmonía*) bezeichnet – im süddeutschen Sprachraum umgangssprachlich „s'passt schon!" Die ἀκρίβεια, *akríbeia*, ist die „Sorgfalt", „Genauigkeit" und die ἐνέργεια, *enérgeia*, die „Wirksamkeit". Die Therapie war schon bei den alten Griechen als θεραπεία, *therapeía*, „Behandlung", „Dienst" – allerdings ohne notwendigerweise medizinische „Indikation" – geschätzt. Phobien und Manien (μανία, *manía*, „Raserei", „Wahnsinn") waren schon bei ihnen gefürchtet und Idiotien (ἰδιωτεία, *idioteía*) als allzu „eigensinnige, unwissende Verhaltensweisen von Privatleuten" ungern gesehen (wenngleich der Grad der Missbilligung später noch einmal kräftig zugelegt hat).

Auch die εἰρωνεία, *eironeía*, war den Griechen nicht fremd; allerdings verstanden sie darunter eher die „Verstellung" und „Heuchelei". Die ἀπάθεια, *apátheia*, „Unempfindlichkeit" oder im philosophischen Sinne „Leidenschaftslosigkeit", war positiver konnotiert als unsere „Teilnahmslosigkeit", die συμπάθεια, *sympátheia*, dagegen eine neutraler verstandene „gleiche Empfindung"; die ἀφασία, *aphasía*, bezeichnete allgemein eine „Sprachlosigkeit", mit εὐφορία, *euphoría*, verband sich ein „Wohlgefühl".

Es bleiben drei Begriffe: Theorie, Phantasie und Utopie. Welcher der drei ist erst im 18. Jahrhundert gebildet worden? Sicher nicht die „Theorie"; sie geht auf ein „urgriechisches" „Anschauen" und „Betrachten" (θεωρία, *theoría*), zurück. Ebenso ist schon die φαντασία, *phantasía*, als „Sichtbarmachung", „Vorstellungskraft" terminologisch früh präsent. Es ist also die „Utopie", die die Griechen als Begriff noch nicht geprägt haben. Obwohl es nahegelegen hätte: οὐ, *ou*, heißt „nicht", und τόπος, *tópos*, ist der „Ort". Die Utopie ist also eine Vorstellung, die an „keinem (realen) Ort" beheimatet ist, sondern nur in der Phantasie vorkommt. Es war die Phantasie des Thomas Morus, die diesen „Nirgendort" als „Traumland" in seinem gleichnamigen Roman erfand.


### Komik, Exzentrik, Dianetik – Auf *-ik-*„Trip" bis zu Scientology

*-ie*, entstanden aus *-eía*, *-ía*, ist der Spitzenreiter unter den griechischstämmigen Suffixen im Deutschen. Aber auch *-ik* hält gut mit. Zugrunde liegt in der Regel ein feminines Adjektiv auf -ική, *-iké*, bei dem meist τέχνη, *téchne*, „Handwerk", „Kunst", zu ergänzen ist. Es sind demnach „Lehren", Fähigkeiten, Fertigkeiten und Wissenschaften, die auf *-ik* enden. So etwa die Physik als Kunde von der „Natur" (φύσις, *phýsis*), die Pharmazeutik als Kunde von den „Arzneimitteln" (φάρμακα, *phármaka*), die Pädagogik als Kunde von der „Kinderführung" (παῖδες, *paídes* + ἄγειν, *ágein*), die Politik als Kunde von den „stadtstaatlichen Dingen" (πολιτικά, *politiká*), die Phonetik als Kunde von den „Tönen" (Singular: φωνή, *phoné*) oder auch die Panegyrik, die weiß, wie man „Fest- und Lobreden" ursprünglich vor der Volksversammlung (πανήγυρις, *panégyris*) zu halten hat.

Sie möchten sich in Liebesdingen kundig machen? Die Erotik (von ἔρως, *éros*, „Liebe") ist Ihnen zu Diensten. Oder steht Ihnen der Sinn mehr nach Zahlen (ἀριθμοί, *arithmoí*)? Dann vertrauen Sie sich der Arithmetik an. Oder, umfassender noch, der Mathematik. Die versorgt

Sie, verspricht zumindest ihr Name, mit allem, was man lernen will und soll: Die μαθηματικὴ τέχνη, *mathematiké téchne*, ist etymologisch tatsächlich die Kunst des μανθάνειν, *manthánein*, des „Lernens", wird aber auch schon in der Antike im heutigen eingeschränkten Sinne verwendet. Lust auf sportliches Können? Die Athletik hilft weiter. Wer sich ihr anvertraut, hat gute Aussichten, ἆθλα, *áthla*, „Siegespreise", zu erringen. Was die Körperertüchtigung angeht, kann die Gymnastik mit der Athletik konkurrieren. Dafür müssten Sie sich allerdings, wenn's authentisch griechisch sein soll, Ihrer Kleider entledigen. Ort der Turnkunst war das Gymnasion, und dort tummelte man sich, wie der Name unmissverständlich sagt, γυμνός, *gymnós*, „nackt".

Wer es mehr ich-bezogen liebt, greift zur – als Begriff von den Griechen noch nicht gekannten – Egozentrik (ἐγώ, *egó*, „ich"; κέντρον, *kéntron*, „Mittelpunkt"). Vorteil ist, dass man diese Kunde nicht mühevoll erwerben muss. Zumindest mit Selbst-Kritik, der Kunst der Eigen-„Beurteilung" (κρίνειν, *krínein*), braucht sich der Egozentriker nicht abzumühen. Dass er zuweilen anderen als Gegenstand unfreiwilliger Komik (κωμικός, *komikós*, „witzig") oder heftiger Polemik (πολεμικός, *polemikós*, „kriegerisch") dient, kann er nicht als Tragik (τραγικός, *tragikós*, „tragisch") empfinden, da ihm dafür schlicht die Sensorik fehlt. Mit der „Sensorik" stoßen wir auf einen Kunstbegriff, bei dem das griechischstämmige Suffix *-ik* an einen lateinischen Stamm (*sensus*, „Empfinden", „Gefühl") gehängt ist.

Bevor das *-ik* allmählich zum T-ick wird, nur noch ein paar weitere Beispiele: Die Ethik ist die „Sittenlehre" (ἠθικός, *ethikós*, „sittlich"), die Kosmetik die Kunde vom „Schmücken" (κοσμεῖν, *kosmeín*), die Glyptik die Kunst des „Schnitzens", „Meißelns" (γλύφειν, *glýphein*), die Mimik die des „Schauspielens" (μιμεῖσθαι, *mimeisthai*, „nachahmen"), die Didaktik die des „Lehrens" (διδάσκειν, *didáskein*) und die Mantik die „Wahrsage"-Kunst (μάντις, *mántis*, „Wahrsager").

Und wer so richtig den geistigen Durchblick haben will, der vertraut sich der Dianetik von L. Ron Hubbard an. Auf diese „Kunst" hat der Gründer der Scientology-Organisation seine Lehre getauft, die sich vom griechischen διανοητικός, *dianoetikós*, ableitet, „den Verstand betreffend". Etymologisch richtiger wäre der Begriff „Dianoetik" gewesen, doch der war als „Lehre vom Denken" philosophisch schon „besetzt". Aber vielleicht ist es ja durchaus ein Ausdruck von Hubbards Programmatik (πρόγραμμα, *prógramma*, „öffentliche Bekanntmachung"), dass es mit der begrifflichen Systematik (σύστημα, *sýstema*, „sinnvoll zusammengesetztes Ganzes") nicht ganz so geklappt hat.

## Lateinischer Begriff plus griechisch *-ismós* – Ein erfolgreicher Sprachbaukasten

Im Unterschied zu den beiden gerade behandelten Suffixen ist das nächste ein von den Griechen sehr moderat verwendetes, heute aber geradezu inflationär gebrauchtes: *-ismos* oder latinisiert *-ismus* hat sich verselbstständigt und drückt häufig in Verbindung mit einem modernen oder häufiger lateinisch- als griechischstämmigen Begriff eine Geisteshaltung, eine Überzeugung oder eine „Lehre" aus. Nicht selten ist es ein davor gesetzter Eigenname, der angibt, wohin die Reise ideologisch gehen soll: Marxismus, Maoismus, Hegelianismus, Darwinismus, Platonismus, Calvinismus, Keynesianismus oder Gaullismus.

Im Zusammenwirken mit lateinischen Begriffen drücken *-ismen* bestimmte Verhältnisse, Phänomene oder Einstellungen aus: Der Nationalismus betont die *natio*, „Abstammung", der Sozialismus den Zusammenhalt von *socii*, „Gefährten", „Mitgliedern einer Gesellschaft", der Kapitalismus die wirtschaftliche Bedeutung des *caput*, der „Hauptsumme" (im Vergleich mit den Zinsen), der Militarismus die Stellung der *milites*, „Soldaten", im Staat, der Feminismus eine Interessenvertretung zugunsten der *feminae*, „Frauen", der Imperialismus eine „herrschaftliche" (*imperium*) Gesinnung und der Terrorismus die Durchsetzung von Zielen mittels „Schrecken" (*terror*).

Auch die grundsätzliche Einstellung zum Leben wird als *-ismus* griechisch geadelt, wenn auch in Verbindung mit einem meist lateinischen „Leitwort": Optimismus beziehungsweise Pessimismus erwarten das „Beste" (*optimum*) oder das Schlechteste (*pessimum*). Der Egoismus fühlt sich dem „Ich" (*ego*) verpflichtet, der Altruismus dem „Anderen" (*alter*), der Liberalismus frönt der Idee der Freiheit (*liber*, „frei"), der Nihilismus glaubt schlicht an „nichts" (*nihil*). Der Opportunismus sieht sich skrupellos nach günstigen „Gelegenheiten" (*opportunitates*) um, der sprachlich etwas aus der Art geschlagene Narzissmus beschäftigt sich, dem Vorbild des selbstverliebten Narciss folgend, vorwiegend mit sich selbst. Immerhin gibt es auch den „griechischen" Idealismus, bei dem sich jemand einer ἰδέα, *idéa*, „Idee", und nicht einer lateinischen *materia*, einem mehr oder minder wertvollen „Stoff", verpflichtet fühlt.

Vielfach transportiert -*ismus* die Vorstellung einer Übertreibung oder Verabsolutierung. So beschreibt der Alkoholismus das Verfallensein an den (arabischstämmigen!) „Teufel" Alkohol, der Purismus eine eher suspekte Form der „Reinheit" (*purus*), der Populismus eine peinliche Anbiederung an das „Volk" (*populus*) und der Sexismus eine sehr einseitige Wahrnehmung von Menschen unter dem Aspekt des *sexus* („Geschlecht"). Beim Fetischismus übertreibt es jemand mit der „Magie" eines Gegenstandes und beim Formalismus fehlt jemandem die Fähigkeit, in bestimmten Bereichen Fünfe auch mal gerade sein zu lassen. -*ismen*, wohin das Auge blickt! Obwohl es dafür im Griechischen nur wenige Beispiele gibt. Da indes ἐνθουσιασμός, *enthousiasmós*, „Begeisterung", „Verzückung" eines von ihnen ist, wollen wir dem festzustellenden -*ismen*-Enthusiasmus unserer Zeit keine sprachpuristischen Steine in den Weg legen.

Wobei „puristisch" und „Purist" uns zu zwei weiteren griechischstämmigen Suffixen bringen: Das eine ist das Adjektiv, das andere ein Substantiv zu -*ismus*. „Futuristisch" ist etwas, das sehr stark in die Zukunft (*futurum*) verweist, exhibitionistisch jemand, der sich – oder einen Teil von sich – in extremer Weise „ausstellt" (*exhibere*), fundamentalistisch schließlich ein Mensch, der sich allzu kompromisslos auf bestimmte geistige „Grundlagen" (*fundamenta*) versteift.

## Gräzisten in der Krise?

Beim substantivischen Suffix *-ist* hat griechisch -ιστής, *-istés*, Pate gestanden. Damit wird der „Täter", die „handelnde Person" bezeichnet. Der ψαλμιστής, *psalmistés*, war der „Psalmendichter" und „-sänger", der ἐξορκιστής, *exorkistés*, der „Beschwörer" und der ἀνταγωνιστής, *antagonistés*, der „Widersacher". Die Analogiebildungen mit lateinischen und deutschen „Leitwörtern" sowie neugriechischen Bildungen wie „Maschinist" (μηχανή, *mechané*, „Hilfsmittel", „Maschine" + *-ist*), Chronist (χρόνος, *chrónos*, „Zeit" + *-ist*) oder Hedonist (ἡδονή, *hedoné*, „Lust" + *-ist*) sind mittlerweile viel zahlreicher als die „authentisch" griechischen Bildungen auf *-istés* – vom Bigamisten über den Monarchisten, den Linguisten, Kriminalisten, Posaunisten bis hin zum Karnevalisten.

Eine wahre Erfolgsstory, die die Suffixe -ισμός und -ιστής geschrieben haben – und eine reine Freude für jeden Gräzisten? Na ja, eher eine gedämpfte, wenn man bedenkt, dass selbst der Gräzist (lateinisch *Graecus*, „griechisch", + *-ist*) eine eher klassizistische Bildung ist (die meisten *-zismen* haben eine leicht verächtliche Konnotation im Gefolge). Was uns freilich noch lange nicht zu Fatalisten (*fatum*, „Schicksal" + *-ist*) werden lässt.

Griechisch, und hier leben wir wieder auf, ist zusammen mit Latein *die* Basis-Sprache Europas. Und damit sind wir bei unserem letzten Suffix. Die βάσις, *básis*, ist der „Tritt", „Gang" – und damit auch der „Grund", die „Grundlage". Es ist das Substantiv zu βαίνειν, *baínein*; die Endung *-sis* drückt einen Vorgang oder ein Ergebnis aus. Im Deutschen hat sie sich teils unverändert erhalten, teils wurde sie zu *-ase* oder *-ese* eingedeutscht – wobei die „Base" durchaus *nicht* auf der Basis basiert.

Bei der κρίσις, *krísis*, „Entscheidung", kennt das Deutsche – bezeichnenderweise weil wir überall Krisen zu sehen geneigt sind? – beide Formen: Krisis und Krise. Die Analysis ist aufs Rechnen beschränkt und „löst" dort die Rätsel der Mathematik „auf"; die Analyse „zergliedert" (ἀναλύειν, *analýein*) die Dinge in vielen anderen Bereichen. Beim „Handeln" (πράττειν, *práttein*) hat sich die griechische „Praxis" (πρᾶξις) erhalten, bei der „Erkenntnis" Gottes die Gnosis (γνῶσις, *gnósis*, von γνῶναι, *gnónai*). Die Genesis bezeichnet primär die Schöpfungsgeschichte der Bibel (βίβλος, *bíblos*, „das Buch") im 1. Buch Mosis, die Genese andere Formen der „Entstehung" (γένεσις, *génesis*, von γενέσθαι, *genésthai*, „entstehen", „werden"). Als Ausdruck für die körperliche Beschaffenheit ist die Physis gegenüber der Ursprungsbedeutung „Natur" (φύσις, *phýsis*, von φύειν, *phýein*, „wachsen") etwas eingeschränkt. Mehr der psychischen als der physischen „Reinigung" dient die Katharsis (κάθαρσις, *kátharsis*, von καθαίρειν, *kathaírein*).

Auch die Mediziner ziehen mitunter die vornehme Originalendung vor. So etwa bei der Sepsis („Blutvergiftung"; σῆψις, *sépsis*, „Fäulnis", von σήπειν, *sépein*, „faul machen"), bei der An-akousis, „Taubheit" (ἀν, *an*, „nicht" + ἄκουσις, *ákousis*, „Hören"; Verb: ἀκούειν, *akoúein*) und bei der Stasis, dem Fachbegriff für eine „Stauung" (στάσις; *stásis;* „Feststehen", von ἱστάναι, *histánai*, „stellen").

Man darf allerdings auch „Stase" sagen. Bekannter ist die Metastase (μετάστασις, *metástasis*, „Umstellen", „Herumwandern"). Mit der Anamnese, Vorgeschichte einer Krankheit (ἀνάμνησις, *anámnesis*, „Erinnerung"), und der ja auch allgemeiner gebräuchlichen Prognose (πρόγνωσις, *prógnosis*, „Vorherwissen") verlassen wir den medizinischen Bereich.

Synapsen und Synopsen, Phrasen und Phasen –
-*sis*-Bildungen bis zur Pause

Jeder, der Thesen und Antithesen aufstellt, ist ebenfalls mit von der sprachlichen -*sis*-Partie – es handelt sich dabei um „Setzungen" und „Gegensetzungen" (θέσις, ἀντίθεσις) –; ebenso jeder, dessen Herz für Poesie schlägt (ποίησις, *poíesis*, ist ursprünglich das „Machen", von ποιεῖν, *poieín*; der ποιητής, *poietés*, „Dichter", „schafft" gewissermaßen eine andere „Realität"), und selbst einer, der nur Phrasen drischt, befindet sich damit etymologisch auf griechischem Boden: φράσις, *phrásis*, das „Reden", kommt vom Verb φράζειν, *phrázein*, „sagen". „Poesie" ist übrigens, das sei in Parenthese gesagt (παρένθησις, *parénthesis*, „Dazwischenstellen", „Einschieben"), eine ungewöhnliche -sis-Adaption im Deutschen; „richtiger" wäre „Poiese".

Mit „Ellipse" (ἔλλειψις, *élleipsis*, „Auslassung") sind wir wieder auf der regelmäßigen Seite. Philologen sprechen von einer Ellipse, wenn Wörter oder Satzteile ausgelassen worden sind, Mathematiker stellen bei der Ellipse einen „Mangel" fest, insofern der Wert der Ordinate bei diesem Kegelschnitt kleiner ist als der der Abszisse. Mit Synapsen (σύναψις, *sýnapsis*, „Verbindung") greifen auch die Biologen ins -sis-Geschehen ein, und die Theologen sind nach der Genesis mit der Exegese (ἐξήγησις, *exégesis*, „Erzählen", „Erklären") erneut am Zuge. Eine Synopse (σύνοψις, *sýnopsis*, „Zusammenschauen") ist dagegen ein nicht fachspezifischer Überblick; wie auch Phasen nicht nur von Elektrikern reklamiert werden können. Die moderne Phase hat sich von ihrem griechischen Ausgangspunkt allerdings ziemlich weit entfernt; ursprünglich zeigte φάσις, *phásis*, die „Erscheinung" (φαίνεσθαι, *phaínesthai*, „erscheinen") der Gestirne an, also etwa die Mondphasen.

Mit der Apokalypse und der Apotheose wenden wir uns zwei sehr unterschiedlichen Erscheinungsformen der Zukunft zu. Für den einzelnen Menschen ist – jedenfalls nach antiker Überzeugung – die Apotheose das Beste, was einem Sterblichen passieren kann: Sie erhebt ihn nämlich nach seinem irdischen Dasein in den Rang eines Gottes (ἀποθέωσις, *apothéosis*, „Vergöttlichung"). Die Apokalypse dagegen könnte, fürchten manche Beobachter, der Menschheit als kollektives Schicksal bevorstehen, wenn sie in Sachen Ressourcenverschwendung, Klimapolitik und Aufrüstung so weiter macht wie bisher. Dass wir mit der Apokalypse eine Vision des Weltunterganges verbinden, verdanken wir der einschlägigen „Offenbarung" im Neuen Testament: Die griechische ἀποκάλυψις, *apokálypsis*, ist nur eine harmlose „Enthüllung" (ἀπό, *apó*, „weg", καλύπτειν, *kalýptein*, „verbergen", Apokalypse also: „weg mit dem Verstecken").

Bevor der Autor jetzt aber ob der vielen griechischen Entlehnungen in Ekstase gerät (ἔκστασις, *ekstasis*, „sich von der Stelle entfernen", „Begeisterung") oder der Polyphrasie bezichtigt wird (medizinische Neubildung aus πολύ, *polý*, „viel", und φράσις, *phrásis*, „Reden", also krankhafte „Geschwätzigkeit"), macht er mit diesem Kapitel im griechischen Sinne schlicht Pause. Das ist das Substantiv zu παύειν, *paúein*, „beenden". Ein fragwürdiges Ende indes: Denn ausgerechnet die „Pause" ist eine analoge -*sis*-Bildung der Moderne – die alten Griechen kannten die *pausis* noch nicht.

# Päd-agogik oder Pä-dagogik?

*Vom Vorteil, griechische Basiswörter zu kennen*

Man muss sich schon gewaltig anstrengen, um griechischen Ursprüngen in unserer Alltagssprache zu entgehen – und es wird einem nicht gelingen. Angefangen von Megathemen wie Ökonomie, Ökologie und Politik bis hin zu ganz praktischen, vielleicht nicht von jedermann als solche eingeschätzten Errungenschaften unseres tagtäglichen Lebens, die ihre Bezeichnungen einer Art Griechisch-„Esperanto" der Neuzeit verdanken, überall stoßen wir auf griechischstämmige Basiswörter. Wo Technik – ursprünglich τέχνη, *téchne*, „handwerkliches Können" – im Spiel ist, hat das Griechische zahlreiche moderne Sprachtrophäen (τρόπαιον, *trópaion*, „Siegeszeichen") errungen.

Ob man durch die Phono-, Foto- oder die Elektroabteilung eines Kaufhauses schlendert, man ist ausweglos in griechischer „Laut"- und „Licht"-Umgebung (φωνή, *phoné*; „Laut"; φῶς, *phos*, Stamm φωτ-, *phot-*, „Licht"). Elektro- ist von der Bedeutung des Wortelements etwas komplizierter. ἤλεκτρον, *élektron*, ist der Bernstein, der sich durch Reiben „elektrisiert".

Wir kommen an Mobiltelefonen und Fotoapparaten vorbei, an Stereoanlagen und Mikrowellen, an Elektroherden und Kaffeemaschinen, Waschautomaten und Thermostaten, alles vollgepumpt (βόμβος, *bómbos*, „dumpfes Geräusch") mit Mikrochips. Mikro- auch in der Bekleidungsabteilung: Griechische Mikrofasern haben in der lateinischen Textil-Branche (*texere*, „weben") das Regiment übernommen. Etwas anders, aber auch Griechisch, in den Bio-Regalen der Lebensmittelabteilung: Dort ist makrobiotische Kost im Kommen.

Und was tun wir, wenn wir, ökonomisch korrekt, mit vollen Taschen das Kaufhaus verlassen? Wir setzen uns, ökologisch nicht ganz so korrekt, ins Automobil, stellen die Klimaanlage an, schieben eine DVD ein, achten beim Fahren nicht allzu pedantisch (bezeichnenderweise auf παιδαγωγός, *paidagogós*, „Erzieher", zurückgehend) auf den Tachometer und fahren in die Freizeit. Auch sie liegt uns griechisch am Herzen: Ob wir sie vor dem TV-Gerät (Tele-vision, „Fern-Sehen") verbringen, im Kino (wo sich die Bilder „bewegen", κινεῖν, *kineín*) oder in einer Biblio-, Video-, Spielo- oder anderen „Thek" (θήκη, *théke*, „Behälter", „Kasten"). Manch einer verbringt einen Großteil seiner Zeit auch in Arzt-Praxen. Da ziehen wir es doch vor, Gas zu geben (χάος, cháos, „leerer Raum"), zum Airport zu fahren und uns mit 800 Stundenkilometern nach Griechenland bringen zu lassen – natürlich nur zur Verbesserung unserer geo- und ethnographischen Kenntnisse und aus reinem Philhellenismus, nur ganz am Rande aus psychohygienischen und keineswegs heliophoben Motiven.

### Meist am Ende, bei uns am Anfang – Der Arzt

Auf engem Raum sind sie da in großer Zahl versammelt – Wortbildungselemente, die zum Grundbestand des griechischen Spracherbes im Deutschen (und nicht nur dort) gehören: *psycho-* und *helio-*, *geo-* und *ethno-*, *-phil* und *-phob*, *kilo-* und *tele-*, *öko-* und *bio-*, *mikro-* und *makro-*, *phono-* und *photo-*, *auto-* und *aer(o)-*, *-meter* und *-theke*, *pädo-* und *techno-*, *biblio-*, *mega-* und *erz-*. Wer sie beherrscht, versteht nicht nur „schwierige" Wörter besser, sondern kann auch selbst bei Bedarf neue Wörter kreieren.

Aber *erz-*? Darüber stolpert man – und das ist der eine Grund, warum wir mit diesem Baustein beginnen. Der zweite ist seine Bedeutung: *erz-* als Bestandteil in Zusammensetzungen ist ein Lehnwort zu *arch-*. Und das bezeichnet den „Anfang" (ἀρχή, *arché*). Erzengel, Erzbischof und Erzhalunke – jeder steht am Anfang seiner Kategorie und signalisiert damit den Vorrang vor anderen. Als „erster Leibarzt" fungierte an griechischen Fürstenhöfen der ἀρχ-ιατρός, *arch-iatrós*. Daraus wurde im Deutschen ein ganz einfacher „Arzt" – sodass es nötig wurde, durch vorangestelltes Ober- und Chef- eine neue hierarchische Struktur zu schaffen.

Das Adjektiv zu ἀρχή ist ἀρχαῖος, *archaíos*, „alt", als Wortelement in der Archäo-logie, der „Kunde vom Alten", und im Arche-typ präsent, dem Urbild vom „alten Gepräge" (ἀρχέτυπον, *archétypon*). Wichtiger in unserer dem Neuen so ergebenen Zeit ist *neo-* als der „gegenteilige" Baustein, von νέος, *néos*, „jung". Das hilft uns, den Neofaschisten und den Neoliberalen wenigstens sprachlich zu verstehen, aber auch das Neolithikum als „Jungsteinzeit" (λίθος, *lithos*, „Stein"), den Neoklassizismus und den Neokolonialismus abzugrenzen – oder Neophilhellenismus als Neologismus, „neues Wort", zu kreieren: worunter eine Einstellung wie die unsere zu verstehen wäre, die der Beschäftigung mit den alten Griechen wieder neue Freunde zuführen möchte.

*phil-* leitet sich ab von φίλος, *phílos*, „Freund", *philie-* von φιλία, *philía*, „Freundschaft", „Zuneigung". Der Philosoph versteht sich als „Freund der Weisheit" (σοφία, *sophía*), der Philharmoniker als „Freund der angemessenen Fügung" (ἁρμονία, *harmonía*), der Philanthrop allgemein als „Freund der Menschen" (ἄνθρωπος, *ánthropos*), der Philogyn – doch, es gibt ihn wirklich! – als „Freund" einer Teilmenge der Menschheit, nämlich der „Frauen" (γυνή, *gyné*). Zu ihnen zarte Bande zu knüpfen soll manch einer durch das Zeigen seiner Briefmarkensammlung versuchen. Größeren Eindruck dürfte er indes damit machen, dass er erklären kann, warum er Philatelist ist: Er gibt sich damit als „Freund von Entwertungszeichen" zu erkennen (verneinendes α + τέλος, *télos*, „Zoll", „Wert").

Pädagogen-Phobie – soll's geben, so und so

Angehängtes *-phil* findet sich – selten – in germano-phil, „deutschfreundlich", und – häufiger – in hydro-phil, „wasserfreundlich" (ὕδωρ, *hýdor*). Wie sich das praktisch auswirkt, zeigt ein Salzstreuer in einer am

Meer gelegenen griechischen Taverne. Lipo-phil dagegen ist eine Substanz, die dem „Fett" (λίπος, *lípos*) freundlich gesinnt ist und sich darin löst. Was uns unmittelbar zum Gegenteil bringt: Das ist *phob-*, durch zahllose Phobien (φόβος, *phóbos*, „Furcht") allseits bekannt. „Wasserabstoßend" ist „hydro-phob"; wer Angst vor Wasser hat, kann das vornehmer als Hydrophobie denn als Wasserscheu beschreiben. Und was versteht man unter einer Kleptophobie? Die ziemlich übertriebene Angst, ständig und überall beklaut zu werden (κλέπτειν, *kléptein*, „stehlen") – oder die zwanghafte Angst, selbst zu klauen. Wer das geradezu „rasend" tut, ohne sich steuern zu können, den nennen wir einen Klepto-manen, weil er Opfer einer μανία, *manía*, eines „Wahns", ist.

Eines noch, weil wir ja pädagogisch wirken und deshalb geradezu manisch aufs Belehren aus sind, zur Phobie. Was der Volksmund gemeinhin „Platzangst" nennt, ist das genaue Gegenteil dessen, was er meint: Er meint die Furcht vor dem Eingeschlossensein. Die heißt aber Klaustrophobie (lateinisch *claudere*, „schließen"). Es gibt aber auch das Gegenteil: die Angst, über einen großen Platz zu gehen. Und die heißt Agoraphobie (ἀγορά, *agorá*, „(Markt)platz), auf Deutsch: „Platzangst".

Apropos pädagogisch. Jeder weiß, da sind Kinder im Spiel. Richtig: παῖς, *país*, ist das „Kind". Deutlich weniger aber kennen den Stamm dazu. Er heißt *paid-*. Und deshalb verrät, wer „pä-dagogisch" und nicht „päd-agogisch" trennt, eine gewisse Graekophobie: Angst vor dem – angeblich so schwierigen – Griechisch, gepaart mit einer gewissen Isophilie, der solche Petitessen wurscht sind. Der griechische Wortbaustein für „wurscht" ist ἴσος, *ísos*, „gleich" (daher z. B. iso-bar, mit gleichem Druck" – βάρος, *báros*, „Schwere"; Iso-mere, chemische Verbindung aus „gleichen Elementen" – μέρος, *méros*, „Teil"). Zurück zur Päd-agogik. Das ist die Kunst, ein „Kind zu führen" (ἄγειν, *ágein*). Pädagogen sollten kinderlieb sein, aber nicht *zu* kinderlieb: „Pädo-philie" war im alten Hellas unter bestimmten Umständen gesellschaftlich erlaubt, ja erwünscht, ist aber heutzutage strikt geächtet. Auf Pädophobie (Neologismus!) können wir in unseren Schulen freilich auch verzichten – selbst nach dreißig oder vierzig Jahren Dienst am Kinde – das in der noblen

"Version" als Edelknabe am französischen Hof übrigens "Page" genannt wurde. Dass "Pedanterie" auch von allzu schulmeisterhaft betriebener Pädagogik kommt, haben wir oben schon angedeutet.

Ein bisschen wollen auch wir wieder schulmeistern. "Erwachsenenpädagogik" ist ein geläufiger, aber nicht sehr sinnvoller Begriff. Wie wär's mit der – tatsächlich existierenden – "Andragogik"? Da werden wirklich Erwachsene "geführt". Einziger wunder Punkt dabei: Es sind, genau genommen, nur "Männer". Denn ἀνήρ, *anér* (Stamm *andr-*), ist der "Mann", und der Wortbaustein *andro-* bezeichnet Männliches, z. B. in Androphobie, "Furcht vor Männern" oder sogar "Männerhass". Das weibliche Pendant ist γυνή, *gyné*, (Stamm *gynaik-*), "Frau", bestens bekannt vom "Gynäkologen". Bevor Sie rätseln: Ja, es gibt auch Gynaikophobie als psychologischen Terminus technicus.

Also könnten wir in der Erwachsenenbildung auch von "Gynaikagogie" sprechen. Wer dieses Wort neu einführt, muss freilich mit Missverständnissen rechnen. Sollen da vielleicht alte Rollenklischees unter neuem sprachlichem Gewand verfestigt werden? Braucht die Frau "Führung"? Die alten Griechen hätten das unbedingt bejaht. Aber da sind wir weiter und schlagen für die Erwachsenenbildung geschlechtsneutral "Anthropagogik" vor. Bedenkt man, dass lebenslanges Lernen immer wichtiger wird, müsste diesem Begriff eine große Zukunft beschieden sein.


Anthropo-, Poly- und Monophagen – Gefressen wird immer

*Anthropo-* ist das sprachliche Bauelement für "Mensch" (ἄνθρωπος, *ánthropos*). Vor Anthropophagen ist man gewarnt, wenn man φαγεῖν, *phageín*, kennt. Das heißt "essen". Anthroposophen dagegen fressen keine Menschen, sondern eher die "Weisheit vom Menschen" – das aber löffelweise. Mit "anthropomorph", "menschenähnlich" können wir einen weiteren Baustein unterbringen: μορφή, *morphé*, ist die "Gestalt". Nicht zu verwechseln mit Morpheus, dem Gott des Schlafes, der z. B. beim Morphium Pate gestanden hat.

Bleiben wir einen Moment bei den Göttern. Geht von ihnen etwas aus, so ist das an einem *theo-* (θεός, *theós*, „Gott") leicht erkennbar; bei der Theo-logie, der „Lehre von Gott", ebenso wie bei der Theo-kratie, der „Gottesherrschaft" (κράτος, *krátos*, „Macht"). Im Polytheismus begegnen wir einem weiteren viel verwendeten Bedeutungsträger: πολύ, *polý*, heißt „viel". Der Gegenbegriff ist μόνος, *mónos*, „einzeln", „allein". Monotheistische Religionen verehren folglich nur einen einzigen Gott, ohne dass sie zwangsläufig monogame (γάμος, *gámos*, „Ehe") Beziehungen favorisieren. Dem marktwirtschaftlich nicht so gern gesehenen Mono-pol (πωλεῖν, *poleín*, „verkaufen") steht mit dem Poly-pol – „viele" Verkäufer – eine verbraucherfreundlichere Marktstruktur gegenüber. Dem Übersetzer kommt die anspruchsvolle Aufgabe zu, poly-seme sprachliche Elemente – z. B. gleiche Endungen für verschiedene Kasus oder sehr unterschiedliche Bedeutungen eines Wortes (σῆμα, *séma*, sprachliches „Zeichen") – mit Hilfe des Kontextes oder der Wortstellung zu mono-semieren, „eindeutig zu machen".

Erinnern Sie sich noch an φαγεῖν? Dann ist Ihnen klar, welche hässlichen deutschen Begriffe Ärzte mit „Poly-phagie" umschreiben. „Mono-phag" ist nicht das direkte Gegenteil von „Gefräßigkeit", sondern bezeichnet ein Tier, das sich wie der Koala nur von einer bestimmten Pflanzen- (beziehungsweise Tier-)Art ernährt. Bevor wir jetzt zu mono-ton („eintönig"; τόνος, *tónos*, „Ton") werden oder der Poly-lalie anheimfallen (Neologismus! λαλεῖν, *laleín*, „viel reden"; Dyslalie: „Stammeln" und Alalie: „Unfähigkeit, artikuliert zu sprechen", gibt es wirklich!), gehen wir lieber zur Steigerung von *poly-* über.

## Eros-Center – Ein „panhellenisches" Wort

Sie heißt πᾶν, *pan*, „alles". Der Stamm heißt *pant-* und erfreut sich in Zusammensetzungen ebenfalls großer Beliebtheit. Der Pan-theismus erblickt „Gott in allem", der Panto-mime „ahmt alles nach" (μιμεῖσθαι, *mimeísthai*, „nachahmen"), der Pan-slawismus wollte einst „alle Slawen" in einem Staat zusammenführen und die Vogelgrippe könnte sich zur Pan-demie entwickeln und sich damit auf das „ganze Volk" – in diesem Falle die Völkergemeinschaft der Welt – ausbreiten. Wer unter dem Pantoffel steht, sollte das, etymologisch gesehen, eigentlich ganz leicht ertragen können. Denn φέλλος, *phéllos*, ist die „Korkeiche" und der „ganz aus Kork" gefertigte Schuh sollte doch, auch wenn er auf einem liegt, die Autonomie nicht allzu stark beeinträchtigen.

Zugegeben, es gibt geschicktere Überleitungen. Aber trotzdem sind wir bei αὐτός, *autós*, angelangt, „selbst". Wer sich selbst den νόμος, *nómos*, das „Gesetz", gibt, lebt unabhängig, „nach eigenem Gesetz" (αὐτόνομος, *autónomos*). Die automobile Autonomie des Individuums wird einerseits durch viele andere Autonomien eingeschränkt, andererseits durch gleichsam automatisch (αὐτόματος, *autómatos*, „aus eigenem Antrieb") steigende Treibstoffpreise, die die griechisch-lateinische Bezeichnung des „selbst beweglichen" (*mobilis*) Gefährts als immer fragwürdiger erscheinen lassen. Autark (αὐτάρκης, *autárkes*, von „genügen"; also: „sich selbst genügend") ist der Automobilist offenkundig nicht – auch wenn eine hohe PS-Zahl bei manch einem die Autosuggestion (lateinisch *suggestio*, „Vorstellung") von Freiheit beflügeln mag.

Unnötig zu sagen, dass die Kurzform „Auto" eigentlich wenig Sinn ergibt. Deutlich dämlicher aber ist die Analogie-Bildung „Autobus". Das lateinische Ursprungswort Omnibus meint ein Fahrzeug „für alle" (*omnibus*). Die Kurzform „Bus" hat keinen Bedeutungsträger mehr, sondern ist nur noch die Endung des Dativs Plural – und die verselbstständigt sich mit vorangestelltem *Auto-* noch zusätzlich. Autosex im Autobus ist anstößig. Er sollte auf den Individualverkehr im Auto beschränkt bleiben, ist aber, genau genommen, gar nicht aufs Auto angewiesen. Denn gemeint sind sexuelle Handlungen, die man an „sich selbst" vornimmt – im Unterschied zur ebenfalls fahrzeugunabhängigen Autoerotik, einer Form der „Selbstliebe", die uns ganz beiläufig auf den Wortbaustein *ero-* beziehungsweise *eroto-* bringt. Ihn verdanken wir dem Liebesgott Ἔρως, *Éros*, (Stamm *erot-*), der auch aus dem schäbigen Bordell ein fast glamouröses, jedenfalls durch und durch griechisches Eros-Center werden lässt (κέντρον, *kéntron*, „Mittelpunkt des Kreises").

## Biometrie und Telemetrie – Das Mess-Thermometer steigt

Mit der Autobiographie kommen wir in – normalerweise – seriösere Gefilde, bleiben aber weiter ganz griechisch. Bio hat Konjunktur – da geht's um unser „Leben" (βίος, *bíos*). Bio-logie ist die „Lebens-Kunde" (λόγος, *lógos*, „Wort"), Grapho-logie die „Kunde vom Schreiben" (γράφειν, *gráphein*). Der Auto-bio-graph ist folglich jemand, der „sein Leben selbst beschreibt". Der Bio-top ist ein bestimmter „Lebensraum". Weil τόπος, *tópos*, „Ort", ein Maskulinum ist, empfiehlt sich im Deutschen der männliche statt des – gebräuchlicheren – sachlichen Artikels. Mit „Bio-mantie" springen wir von der Wissenschaft zu einer Form der „Weissagung" (μαντεία, *manteía*), die aus biologischen Zeichen wie etwa den Handlinien Vorhersagen zur Zukunft machen zu können glaubt.

Eine andere mantische Technik verbindet sich mit dem Wortelement *astro-*. Es kommt wie bei der Astrologie immer dann ins Spiel, wenn es um „Sterne" geht (ἀστήρ, *astér*, „Stern"). Der Astronaut ist ein „Sternfahrer" (ναύτης, *naútes*, „Seemann"), die Astrophysik die „Naturerforschung der Gestirne" und der Astrometer ein Gerät zur „Messung" der Helligkeit von Sternen.

Der „Meter" begegnet uns auf Schritt und Tritt. Unter einem μέτρον, *métron*, verstanden die Griechen allgemein ein „Maß"; erst 1795 wurde es in Frankreich als Längenangabe auf 100 Zentimeter festgelegt. Das „Messen" verbindet sich mit zahlreichen anderen griechischen Wortbausteinen: Der Tachometer misst die „Geschwindigkeit" (τάχος, *táchos*), das Thermometer die „Wärme" (θερμός, *thermós*), das Hygrometer die Luft-„Feuchtigkeit" (ὑγρός, *hygrós*), das Barometer die „Schwere" der Luft (βάρος, *báros*) und das Manometer den Druck von Gasen (μανός, *manós*, „dünn", „locker"). Manometer!, ist man versucht, ob der „metrischen" Fülle auszurufen. Aber es geht noch weiter: Telemetrische Daten sind bei Rennfahrern begehrt, weil sie wichtige Angaben über die Entfernung (τῆλε, *téle*, „fern") mitteilen, biometrische Daten bei Innenministern, weil sie wichtige Angaben über die „Lebensmaße" der Bürger mitteilen.

Mit dem Kilometer verbindet sich der Übergang zu einigen griechischen Zahlen. Kilo leitet sich von χίλιοι, *chílioi*, „tausend", ab. Weitere wichtige Zahl-"Bausteine" sind τρεῖς, τρία, *treis, tría*, „drei": eine Trilogie umfasst „drei Reden" oder Werke, eine Trias ganz allgemein eine „Dreiheit" (τριάς, *triás*); πέντε, *pénte*, „fünf": das Pentagon ist ein „fünfeckiges" Gebäude, πεντάγωνος, *pentágonos*; ἕξ, *héx*, „sechs": – der Würfel ist ein Hexaeder, ἑξάεδρος, *hexáedros*, „Sechsflächler"; δέκα, *déka*, „zehn": eine Dekade umfasst zehn Jahre, das Dekameron umfasst Novellen, die an „zehn Tagen" (ἡμέρα, *heméra*) erzählt werden; und ἑκατόν, *hekatón*, „hundert": ein Hektoliter sind hundert Liter (λίτρα, *lítra*, griechisches Hohlmaß), ein Hektar hundert Ar. Chemiker mögen jetzt enttäuscht sein, dass wir uns auf diese wenigen Zahlen beschränken. Aber sie kennen die anderen für sie wichtigen doch!

### Lieber *kalo-* und *makro-* als *kako-* und *mikro-*

Mit *makro-* und *mikro-* bleiben wir in der Nähe von Mengenangaben. Es geht um „groß" (μακρός, *makrós*) und „klein" (μικρός, *mikrós*). Makroökonomische Zusammenhänge (οἶκος, *oíkos*, „Haus") werden dem – mehr oder minder staunenden – Publikum gern per Mikrophon (φωνή, *phoné*, „Stimme") erläutert. Makrofotografie (φῶς, *phos*, Stamm *phot-*, „Licht") macht die „abgelichteten" Gegenstände „groß", Mikrofotografie erstellt Bilder mit Hilfe eines Mikroskops (σκοπή, *skopé*, „Sehen"). Makrobiotische Kost macht das Leben angeblich „groß", d. h. lang, Mikroprozessoren machen es angeblich besonders komfortabel – und gewisse Mikroben („Kleinstlebewesen", μικρός, *mikrós*, + βίος, *bíos*) sorgen dann manchmal dafür, dass die makrobiotischen Träume rasch verfliegen …

Das ist dann die Stunde des *pseudo-*. Einem Begriff vorangesetzt, überführt es ihn der „Lüge" oder „Täuschung" (ψεῦδος, *pseúdos*). Wer Pseudowissen verbreitet, sollte das vielleicht besser unter einem Pseudonym tun, einem „falschen Namen" (ὄνομα, *ónoma*, „Name"). Dass Ihnen, verehrte Leserinnen und Leser, in diesem Buch kein Pseudo-Griechisch vermittelt wird, mögen Sie z. B. daran erkennen, dass sich Ihnen nach der Lektüre dieses Kapitels auch seltener gebräuchliche, „schwierige" Fremdwörter erschließen: Was bedeutet Pseudoandronym, was Pseudogynym? Richtig: wenn eine Frau unter männlichem oder ein Mann unter weiblichem Decknamen schreibt. Nicht gelogen!

Nach dieser kleinen Remotivation noch ein paar weitere lexikalische Bausteine. „Schön" und „schlecht" liegen im Griechischen sprachlich nah beieinander. Das eine heißt καλός, *kalós*, das andere κακός, *kakós*. Wer „Kaloderma" nimmt, bekommt ganz sicher eine „schöne Haut" (δέρμα, *dérma*, „Haut"; der medizinische Spezialist dafür ist der Dermatologe). Das vornehme Pendant zur vulgären „Sauklaue" ist die „Kalligraphie" („Schönschrift"; γράφειν, *gráphein*, „schreiben"), und das Kaleidoskop ist ursprünglich ein Guckkasten, der dem „Schönbildschauer" (εἶδος, *eídos*, „Bild", σκοπός, *skopós*, „Späher") wechselnde Muster aus bunten Glassteinchen zeigte. Unschön dagegen die Kakophonie, bei der der Zuhörer einem „Missklang", oder die Kakostomie (στόμα, *stóma*, „Mund"), bei der er „üblem Mund(geruch)" ausgesetzt ist.

„Leukoplastbomber" –
Hellenischer Euphemismus katexochen

Viel angenehmer indes wirkt alles, was mit *eu-* zusammengesetzt ist. εὖ, *eu*, ist „gut"; deshalb ist eine Euphonie ein „Wohlklang" und ein Euphemismus eine beschönigende Ausdrucksweise (φημί, *phemí*, „ich spreche"). Auch der Eukalyptus ist mit von der „guten" Partie: Er wurde so genannt, weil er seine Blütenkelche so „gut verbirgt" (καλυπτός, *kalyptós*, „verborgen"). Auch das Evangelium gehört, etwas „verfremdet", weil neugriechisch ausgesprochen, mit dazu: Es ist die „gute Kunde" (εὐαγγέλιον, *euangélion*). Und wer sich durch so viel beglückende Griechisch-Belehrung geradezu euphorisch fühlt, der ist sozusagen „gut hochgetragen" (φέρειν, *phérein*, „tragen") und von „Wohlgefühl" (εὐφορία, *euphoría*, „guter Ertrag") erfüllt.

So richtig gut wird's erst, wenn *ortho-* noch dazu kommt (ὀρθός, *orthós*, „gerade", „richtig") –, finden zumindest alle Orthodoxen, die die

„richtige Meinung" (δόξα, dóxa) haben, alle Anhänger der Orthographie („Rechtschreibung") und alle Orthopäden, wenn sie das Honorar für ihre Tätigkeit des „Gerade-Richtens" (παιδεύειν, paideúein, „erziehen", „richten") so richtig in Rechnung stellen.

Wer als Patient und Rechnungsempfänger in Melancholie abzugleiten droht, bei dem setzt sich die „schwarze Galle" (μελαγχολία, melancholía) als Verursacherin von Trübsinn durch. μέλας, mélas, Stamm melan-, heißt „schwarz" und hat neben der schwarzhaarigen Melanie auch das deutlich weniger erfreuliche Melanom, die „schwarze (Krebs-)Geschwulst", sprachlich zu verantworten.

Der Gegenbegriff ist λευκός, leukós, „weiß". Auch hier Licht und Schatten nebeneinander: Die Leukämie, das „weiße Blut" (αἷμα, haíma) ist ebenfalls eine Krebserkrankung wegen der übermäßigen Vermehrung der weißen Blutkörperchen (Leukozyten), während das Leukoplast als „weißes Heftpflaster" (ἔμπλαστρον, émplastron, „Pflaster", „aufgetragene Salbe") schon manch einem geholfen hat. Und dem Trabbi einen zumindest dem etymologischen Ursprung nach ausgesprochen noblen Spitznamen beschert hat: Ein „Leukoplastbomber" ist mit jedem sprachlichen Bestandteil seines Namens (βόμβος, bómbos, „dumpfes Geräusch") ein edles hellenisches Wesen, mag er ästhetisch auch eine gewisse Heteromorphie gegenüber klassischen griechischen Kunstwerken aufweisen.

An μορφή, morphé, „Gestalt", erinnern wir nur kurz; ἕτερος, héteros, „der andere von zweien", ist dagegen neu – wenngleich durch „Heterosexualität" allgemein bekannt. Dass die, die dem „anderen" Geschlecht zugeneigt sind, sprachlich als „Heteros" verhunzt werden, haben sie ebenso wenig verdient wie die „Homos", die sich von ὁμοῖος, homoíos, beziehungsweise ὁμός, homós, „gleich", „ähnlich", ableiten. Immerhin dürfen wir noch von „homogen" und „heterogen" sprechen („von gleicher" beziehungsweise „anderer Abstammung"; γένος, génos), ohne gleich an die unterschiedliche erotische Orientierung denken zu müssen – obwohl „homo-" und „hetero-" ansonsten im allgemeinen Sprachbewusstsein stark auf die sexuelle Konnotation eingeschränkt sind.

# Päd-agogik oder Pä-dagogik?

## Olympia liegt bei Pisa – behauptet ein Nacktplatz-Leiter

Das wäre vermutlich alles ganz anders, wenn der Zulauf zu den altsprachlichen „Nacktanstalten" größer – oder sagen wir angesichts der steigenden Nachfrage nach Alten Sprachen: noch größer – wäre. Sie haben richtig gelesen: Ein γυμνάσιον, *gymnásion*, ist ursprünglich der Sportplatz, auf dem die jungen Männer „nackt" (γυμνός, *gymnós*) trainierten. Gymnastik und Sportkleidung vertragen sich deshalb zumindest etymologisch nicht; die zur Zeit viel diskutierte Frage einer Schuluniform würde sich aus dem gleichen Grunde bei Gymnasien, sprachlich gesehen, überhaupt nicht stellen. Das beträfe dann aber nicht nur den Gymnasiasten („Schüler des Nackt-Sportplatzes"), sondern auch den Gymnasiarchen, seinen „Leiter" (ἀρχή, *arché*, „Herrschaft"). Und spätestens hier vergeht uns persönlich das Lachen.

Ist das, hören wir indignierte Leser fragen, die richtige Antwort auf den Pisa-Schock? Solche flachen, idiotischen (ἰδιωτικός, *idiotikós*, „zu einem Privatmann gehörig", später „ignorant") Jokes? Gegenfrage: Stünde es nicht besser um unser Schulsystem, wenn bedeutend mehr Gymnasiasten als jetzt „Pisa" nicht mit dem schiefen Turm, sondern mit der Stadt Pisa und der Landschaft Pisatis im Westen der Peloponnes in Verbindung brächten? Der Landschaft, in der das berühmte Olympia liegt? Das freilich erfahren sie nur im Griechisch-Unterricht. Und deshalb fordern wir, megaloman wie wir nun einmal sind (Wortelement *mega-*, *megalo-* von μέγας, *mégas*, Stamm *megal-*, „groß"; μανία, *manía*, „Wahn"; also „größenwahnsinnig"): Griechisch für alle Gymnasiasten!

# Achillesferse, Koryphäe, Panik
## *Kulturwortschatz Griechisch*

Nach dem Sitzungs*marathon* nun auch noch das Verkehr*schaos*! Sie rasen zum Flughafen. Das *Damoklesschwert* schwebt über Ihnen: den Flieger zu verpassen. Sie geraten in *Panik*. Das *Drama* nimmt seinen Lauf. Am Ende geht doch noch alles gut. *Kolossale* Erleichterung.

Ein Szenario, wie es der Hektik der Moderne entspricht, beschrieben aber mit Begriffen und Bildern, die Jahrtausende auf dem sprachlichen Buckel haben. Die alten Griechen haben die deutsche Sprache mit einer Vielzahl anschaulicher Begriffe aus ihrer Mythologie, Historie, Kultur-, Literatur- und Kunstgeschichte bereichert. Und nicht nur das Deutsche. Es ist im Grunde ein Kulturwortschatz Europas, dem wir in diesem Kapitel begegnen. Und der hat seinen Weg in die ganze Welt gefunden, unabhängig davon, ob wir die konkreten Wege dieser Verbreitung im Einzelnen mögen oder nicht.

Man könnte auch sagen: Griechische Kulturbegriffe haben in Sprachen, die die Griechen als barbarisch bezeichneten, Asyl gefunden. Und zwar erheblich wohlwollender und vorbehaltloser als Menschen, die heute um Asyl bitten. Die sprachlichen Asylbewerber wurden sogar so gut integriert, dass ihre Herkunft und ursprüngliche Bedeutung vielfach in Vergessenheit geraten sind. Manche haben eine regelrechte Bedeutungsodyssee hinter sich gebracht. Einzelne besonders prominente Vertreter (nähme man sie alle mit Argusaugen unter die Lupe, wäre ein neues Buch „fällig") wollen wir im Folgenden auf ihrem Werdegang in die neue Sprachumgebung begleiten – in der gebotenen, wenn auch nicht unbedingt in lakonischer Kürze.

**Achillesferse** Viele geben es nicht zu, obwohl sie es ahnen: Sie haben in ihrer Bildungsbiographie einen wunden Punkt – sie haben kein Griechisch gelernt. Wie tarnt man das am besten? Indem man, wenn überhaupt, dann nicht von einer „Schwachstelle" spricht, sondern von seiner „Achillesferse". Das klingt nicht nur klassisch beschlagen, sondern stellt einen zudem auf eine Stufe mit dem größten griechischen Helden im Kampf um Troja. Der war auch nur an einer Stelle verwundbar: eben an der Ferse, an der ihn seine Mutter Thetis hielt, als sie ihn in den Unterweltfluss Styx eintauchte, um ihn unverwundbar zu machen. Das gelang – bis auf den „Haltepunkt", an dem ihn dann der tödliche Pfeil des Paris treffen sollte. Wobei Apollo seine göttliche Hand im Spiele hatte. Dessen Zuständigkeit erstreckte sich bekanntlich auch auf die Musen, die Weisheit und die Wissenschaft. Griechisch zu lernen könnte also hilfreich sein, um gerade ihm keinen Grund zu liefern, auf die Achillesferse zu zielen.

**Ägide** Womit wärmt man seinem Chef bei dessen Ausscheiden ein letztes Mal das Herz? Indem man in der Abschiedsrede aufführt, was sich unter seiner Ägide alles zum Positiven verändert hat, welche nachhaltigen Reformen auf den Weg gebracht worden sind und so weiter. Verfügt er über mythologische Kenntnisse, so wird es dem Chef zusätzlich guttun, dass er für einen Augenblick Zeus gleichgestellt wird. Für ihn hatte der Schmiedegott Hephaist nämlich aus einem Ziegenfell (αἴξ, *aix*, „Ziege") einen speziellen, mit dem Gorgonenhaupt geschmückten Schild gefertigt, der nicht nur dem Schutz seines Besitzers diente, sondern auch anderen Göttern zugute kam, an die Zeus ihn gelegentlich auslieh. Zugegeben, die Vorstellung, etwas sei unter der Ägide, gewissermaßen unter der Schirmherrschaft eines Gottvater-ähnlichen Wesens geschehen, hat auf den ersten Blick etwas Patriarchalisches. Aber da sich die Aigis sehr früh schon als wehrhaftes Accessoire der Athene etablierte, darf man politisch korrekt durchaus auch von der Ägide einer Chefin sprechen.

**Akademie** Akademiker zu sein gibt vielen Menschen etwas. Und einige lassen es ihre Mitwelt auch spüren, dass *sie* eine höhere Bildungseinrichtung – in der Regel eine Universität – besucht und mit einem akademischen Grad abgeschlossen haben. Fragt man sie nach dem Ursprung des Akademikertums, stößt man nicht selten auf unakademisches Schweigen – oder die indignierte Gegenfrage, ob man sie eigentlich examinieren wolle. Klar wollen wir das und bohren bei den akademisch bereits Examinierten nach. Um es nicht zu peinlich werden zu lassen und weil wir ja mit unserem „Rätselwort" durchaus im Schulbereich sind, lüften wir nunmehr aber das Geheimnis der Akademie. Am Anfang stand ein athenischer Heros namens Akademos, der seine Heimatstadt einst vor der Zerstörung gerettet hatte. In dessen Bezirk gründete Platon im Jahre 387/6 v. Chr. eine Philosophenschule, in der er seine Schüler um sich versammelte. Die Akademie gewann rasch an Ansehen und wurde zu einer berühmten Lehr- und Lerngemeinschaft, die auch nach Platons Tod jahrhundertelang fortbestand – wobei sich ihre geistige Offenheit auch darin zeigte, dass sie nicht auf Platons „Lehrmeinung" festgelegt war. Von anderen philosophischen (Hoch-)Schulen unterschied sich Platons Akademie dadurch, dass der Unterricht unentgeltlich war. Auch daran darf man im Zeitalter der Studiengebühren vielleicht mal erinnern.

**Amazone** Da tauchen selbst Sportreporter sekundenlang in die Welt der Antike ein, wenn sie bei Reitturnieren Amazonen auf dem Parcours begleiten: Damen im Sattel, die sich in einer männlich dominierten Szene behaupten und Respekt verschaffen. In einem allgemeineren Sinne gilt die Amazone als selbstbewusste, wehrhafte Frau – als solche apostrophiert in einer Mischung aus Erstaunen, Anerkennung, Verunsicherung und Skepsis. Mit den selbstständigen und weitgehend autarken Amazonen hatten schon die Griechen so ihre Probleme. Nur wenigen großen Helden der Mythologie blieb die Auseinandersetzung mit den kriegerischen Damen erspart, die keine wirklichen Damen sein wollten.

Sie galten als kämpferisches Frauenvolk (aus dem Schwarzmeergebiet), das sich mit Männern nur zeitweise zum Zwecke der Reproduktion des eigenen – weiblichen – Nachwuchses einließ und ansonsten unter sich blieb. Wenn nicht gerade Krieg zu führen war. „Amazonomachien" (μάχη, *máche*, „Schlacht") waren ein beliebtes Thema der griechischen Kunst, das durchaus eine erotische Dimension hatte. Amazonen galten als exzentrisch, sodass sich die Volksetymologie großer Popularität erfreute, die ihren Namen als „Brustlose" (α, „ohne"; μαζός, *mazós*, „Brust") deutete: Die rechte Brust schnitten oder brannten sich die „wilden Weiber" angeblich ab, um den Bogen besser spannen zu können.

Spiegelt der Mythos von den Amazonen eine matriarchalische Gesellschaftsordnung aus der Frühzeit wider? Ist er ein Reflex größerer gesellschaftlicher Anerkennung mächtiger Frauen in manchen „Barbaren"-Völkern? Oder ist er Ausdruck einer tief sitzenden Verunsicherung der Männer, einer Urangst geradezu, Frauen nicht auf Dauer „zähmen" zu können und irgendwann einmal die – in Hellas weitgehend durchgesetzte – Kontrolle über sie zu verlieren? Ausdruck der Sorge gar, dass Frauen auch ganz gut ohne Männer zurechtkommen könnten?

Amazonen lediglich klischeehaft als kampfeswütige, Männer hassende barbarische Furien abzutun würde weder ihrem Erscheinungsbild im Mythos noch ihrer mythenpsychologischen Funktionalität gerecht werden. „Man hielt sie", sagt der Redner Lysias, „ihres großen Mutes wegen eher für Männer als aufgrund ihrer physischen Erscheinung für Frauen" (Reden II 4). Aus dem Munde eines Griechen ein bemerkenswertes Amazonen-Lob. Denn welches Kompliment könnte für eine Frau größer sein, als dass sie „wie ein Mann ist"?

**Argusaugen** Merkwürdig, welche Triumphe manche ausgesprochenen Verlierer zumindest in der Rezeption feiern! Das ist bei Ikarus, dem abgestürzten Flugschüler, der viel bekannter ist als sein überlebender väterlicher Fluglehrer Dädalus, nicht anders als bei Argus, dem Riesen, über dessen Körper je nach Überlieferung hundert oder gar unzählige Augen verstreut waren. πανόπτης, *panóptes*, war sein Beiname, „Allesseher". Und so betrachten wir heute alles, was unseren Blicken auf keinen Fall entgehen soll, wo wir misstrauisch ganz genau hinsehen, mit Argusaugen. Ähnlich wie Hera die von ihr in eine Kuh verwandelte Io – eine der vielen Geliebten ihres notorisch untreuen Gatten Zeus – dem vieläugigen Hirten Argus zur Bewachung anvertraut hatte. Ihm entging nichts – außer der unsichtbaren List des Göttervaters. Der schickte seinen Boten Hermes zum „Allesseher" und brachte ihn durch dessen süßes Flötenspiel zu einem musikverzauberten Nickerchen. Ein Sekundenschlaf, den Hermes nutzte, um ihm den Kopf abzuschlagen. Io kam frei und Argus wurde immerhin noch belohnt, indem Hera das Gefieder des Pfaus mit seinen Augen schmückte. Gleichwohl: Nur mit Argusblicken, lehrt uns die Sage, ist's auch nicht immer getan. Der Kopf ist halt nicht nur zum Sehen da.

**Asyl** „Politisch Verfolgte genießen Asylrecht", bestimmt das Grundgesetz der Bundesrepublik Deutschland in Artikel 16 a lapidar – bevor in den nächsten Paragraphen die restriktiveren Ausführungsbestimmungen folgen. Der altgriechische Asyl-Begriff war umfassender und enger zugleich. Umfassender, weil er den Schutz davor, „gewaltsam fortgeführt zu werden" (συλᾶν, *sylán*, verneint durch davor gesetztes *alpha privativum*), nicht auf ein bestimmtes Motiv seines Asylbegehrens einschränkte, enger, weil er sich im Wesentlichen auf heilige Stätten wie Tempel und Altäre bezog. Wer sich dorthin – in die Obhut einer Gottheit – flüchtete, durfte von dem ἄσυλος τόπος, *ásylos tópos*, dem „unverletzlichen Ort", nicht mit Gewalt entfernt werden. Setzte sich jemand über diesen kultischen Schutzbefehl hinweg, so lud er vor den Göttern schwere Schuld auf sich. Die Asylie galt auch für flüchtige Sklaven und Verbrecher. Es hing vielfach vom diplomatischen und pragmatischen Geschick der Priester ab, wie ein schwebendes Asylie-„Verfahren" gelöst wurde.

Die politisch-soziale Ausformung der Asylie war eine spätere Entwicklung. Vor allem um Fremde vor Willkür zu schützen und ihnen Rechtsschutz im Ausland zu gewähren, bildeten sich in zwischenstaatlichen Übereinkommen Asyle als dauerhafte Zufluchtsorte, die räumlich erheblich ausgedehnter waren als reine Sakralbezirke. Rom stand der Institution des Asylrechts eher skeptisch gegenüber – obwohl die Stadt ihren ersten Aufschwung angeblich der Tatsache verdankte, dass der Stadtgründer Romulus sie als Asyl öffnete, „um weitere Einwohner zu gewinnen". Dass darunter auch manche zwielichtigen Gestalten waren, bestreitet der Historiker Livius nicht. Er sieht es indes von der positiven Seite: „Das war der erste Ansatz zu der beginnenden Größe" (Ab urbe condita I 8, 6).

Eher unwahrscheinlich, dass *das* als Argument in die heutige Diskussion um das Asylrecht einfließt.

**Augiasstall** Wer das derbe Wort vom „Saustall" vermeiden und gleichzeitig klassische Bildung unter Beweis stellen will, der spricht vom „Augiasstall" (wer's *ganz* richtig machen und *noch* mehr klassische Bildung demonstrieren will, betont ihn richtig als Augíasstall). Allerdings nur, wenn er eine Chance sieht, ihn auch wirklich zu säubern. Das freilich erfordert unkonventionelle Methoden, wie ein Blick auf die Sage lehrt. Die fünfte – eigentlich unlösbare – Aufgabe des Herakles bestand darin, den Stall des Königs Augias von Elis an einem einzigen Tage zu säubern: de facto ein Rinder-, im übertragenen Sinne aber ein rechter Saustall, denn dreißig Jahre lang war der Mist von dreitausend Rindern liegen geblieben. Herakles kapitulierte vor dem gewaltigen Mistberg nicht, sondern leitete zwei nahe gelegene Flüsse, den Alpheios und den Peneios, durch den Stall – und schaffte damit das Unmögliche.

Machen wir uns also kreativ daran, den einen oder anderen Augiasstall in der Nachfolge des griechischen Helden zu säubern. Es muss ja nicht gleich die ganze Welt sein. Denn bei der gibt Heinrich Heine zu bedenken: „Die Welt ist ein großer Viehstall, der nicht so leicht wie der des Augias gereinigt werden kann, weil, während gefegt wird, die Ochsen drin bleiben und immer neuen Mist anhäufen."

**Banause** Einem Kunstbanausen sollte kulturell gehörig eingeheizt werden. Dann würde er zumindest mit den sprachlichen Wurzeln seines Banausentums konfrontiert. Ursprünglich war nämlich der βάναυσος, *bánausos*, der „am Ofen Arbeitende". Rasch erweiterte sich die Bedeutung auf jeden „Handwerker". Und da die Normen setzende griechische Oberschicht von Handarbeit nichts hielt, wurde *bánausos* gelegentlich auch schon als abschätzige Bezeichnung verwendet. Nie würden wir uns anmaßen, Menschen als ungebildet-spießige Sprachbanausen zu bezeichnen, die bestimmte Sprachen – lassen wir es offen, welche gemeint sind – als Bildungsballast beargwöhnen. Davor schützt uns zumindest *unsere* Hochachtung vor Handwerksarbeit.

**Barbaren**  Ob das Drehbuchschreiber und Regisseur, ob das gar der Hauptdarsteller gewusst hat? Dann ziehen wir den Hut vor Hollywood. In dem cinematographischen Großwerk „Conan der Barbar" kommt ein entscheidender Teil des Barbaren-Bildes dem ursprünglichen griechischen Begriff bewundernswert nahe: Der Held des Films bringt nur wenige krude Halbsätze heraus – das auch noch in steirisch gefärbtem Englisch –, was ja, wie wir heute wissen, keineswegs hinderlich ist, um Gouverneur in Kalifornien zu werden. Für die Griechen war das Wesensmerkmal von Barbaren jedenfalls zunächst ihr unverständliches, einem „Stammeln" ähnliches Sprechen. Das war die entscheidende Trennlinie zwischen Griechen und Nichtgriechen. Aus der anfangs wertneutralen Definition entwickelte sich spätestens nach den Perserkriegen, dem Triumph über die „barbarischen" Angreifer, ein häufig pejorativ verstandener Barbaren-Begriff, der sich mit fehlendem zivilisatorischem Schliff, Unkultiviertheit, Grob- oder gar Wildheit verband. Ein abwertendes Barbarenbild, das die Römer später weiter ausbauten – obwohl sie ursprünglich aus griechischer Sicht selbst unter die Kategorie gefallen waren.

Heutzutage kommt es einem vernichtenden Verdikt gleich, jemanden oder ein Handeln als „barbarisch" zu bezeichnen. „Barbarei" ist ein Synonym für grausames, unmenschliches Wüten. Aber es gibt gottlob noch einen zweiten sprachlichen Entwicklungsstrang, der erstaunlicherweise im Positiven mündet. Als *barbari* wurden in der Spätantike auch fremde „Krieger" bezeichnet, die sich als Söldner für das wankende Imperium anwerben ließen. Wenn die ihre Sache gut machten und tapfer kämpften, dann wurde aus dem „wilden" Verhalten ein „wackeres". Und so ist das italienische *bravo* tatsächlich aus *barbarus* entstanden – und auch das deutsche „brav". Wenn tüchtige Muskelprotze also das tun, was sie am besten können – nicht reden, sondern draufschlagen –, dann tun sie das mit barbarischer Bravour. Sodass wir auch Arnold Schwarzenegger ein aufrichtiges Bravo! zurufen können.

**Chaos** Man schaut auf seinen Schreibtisch und stellt erschrocken fest: Ein Chaos! Man schaut auf den einen oder anderen Zeitgenossen und stellt kopfschüttelnd fest: Ein Chaot! In beiden Fällen geht es um „eine riesige Masse, formlos und wüst ..., ein Haufen von schlecht verbundenen Dingen" – im einen Fall ein materiell, im anderen ein geistig ungeordneter „Haufen". Als solchen definiert Ovid (Metamorphosen I 5f.) in seiner Kosmogonie den Zustand der Welt, als selbst die Elemente noch nicht voneinander geschieden waren. Er hat mit dieser „Chaos-Theorie" die Rezeption und das moderne Verständnis des Chaotischen viel stärker beeinflusst als der griechische Dichter Hesiod, bei dem wir um 700 v. Chr. erstmals vom Chaos lesen – ebenfalls im Zusammenhang mit der Weltentstehung, aber eher im Sinne eines „gähnend leeren" Raumes, dessen Füllung die Weltschöpfung ausmacht (Theogonie 116ff.).

χάος, *cháos*, leitet sich wahrscheinlich von χαίνειν, *chaínein*, ab, „klaffen". Beruhigend immerhin für alle chaotisch Strukturierten, dass Chaos von Hesiod als Urgott angesehen wird, der durchaus über schöpferisches Potential verfügt – auch wenn das erste, was er hervorbringt, nach Hesiod „das Reich der Finsternis" ist. Noch ermutigender aber, dass Ovid Chaos mit dem „Anfangs-Gott" Janus, dem Namensgeber des Januar, gleichsetzt: „Die Alten", erklärt uns Janus selbst, „nannten mich das Chaos – ich bin nämlich eine alte Gottheit" (Fasti I 104), und erläutert im Folgenden stolz, was aus ihm geworden ist. Kein Zweifel für ihn, dass er eine dynamisch formende Kraft ist, die zur Veränderung drängt. Darauf sollen wir uns doch alle miteinander, mahnt die Globalisierung, mental einstellen – und macht das Chaos damit endlich gesellschafts- und zukunftsfähig.

**Chimäre**  Hochfliegende Pläne werden mitunter auf den Boden der Tatsachen zurückgeholt mit dem unbarmherzigen Urteil, das seien doch alles Chimären: „Hirngespinste", Ausgeburten einer zu ehrgeizigen, unrealistischen Phantasie. Ein phantastisches Wesen der Mythologie war sie in der Tat, die Χίμαιρα, *Chímaira*, ein Feuer speiendes Ungeheuer in Lykien, dessen Mischgestalt – vorn Löwe, in der Mitte Ziege und hinten Schlange – bei rational Denkenden Argwohn an ihrer realen Existenz aufkommen lässt. Die Chimäre also eine reine Schimäre?

Nicht für die, die dem Mythos eine höhere Wahrheit zubilligen und seine allegorische „Wirklichkeit" zu schätzen wissen. Und siehe da: Wie bei vielen anderen Phänomenen des Mythos bestätigt die streng rationale Naturwissenschaft auch der Chimäre ihre Realität. Der biologische Fachbegriff für ein aus zwei Arten erzeugtes Lebewesen, etwa eine Kreuzung von Schaf und Ziege, ist „Chimäre".

**becircen**  Wenn Altphilologen sich becircen lassen, dann wissen sie, was sie tun: Sie lassen sich verzaubern, in der Regel von einer verführerischen, attraktiven Frau, die auch vor skrupellosen und – wenn man nicht auf der Hut ist – entwürdigenden „Kunststücken" nicht zurückschreckt. Kirke war eine Zauberin, die die Gefährten des Odysseus mittels eines Gifttrunkes in Schweine verwandelte. Fast schlimmer noch: Diese Schweine hatten ein menschliches Bewusstsein. Ein einziger hatte den verhängnisvollen Trank nicht angerührt – und der warnte Odysseus davor, sich ebenfalls von Kirke becircen zu lassen. Was die zauberhafte Dame denn auch prompt versucht, indem sie „Odysseus auf ihr Lager zieht" (Ovid Metamorphosen XIV 297). Der ist nicht abgeneigt, nimmt ihr aber zuvor den Schwur ab, seine Gefährten zurückzuverwandeln. Kirke hält Wort – und Odysseus bleibt ein volles Jahr bei ihr. Der „Listenreiche" hat zumindest einen Teilerfolg errungen. Was lernen wir? Man mag sich ruhig becircen lassen – aber nicht bedingungslos!

**Damoklesschwert**  Über wem hinge nicht das eine oder andere Damoklesschwert, dessen Niedersausen eine schöne, zumindest erträgliche

Situation jäh beenden könnte? Wir stehen damit in der Nachfolge eines schmeichlerischen Höflings, der seinen Tyrannen Dionys I. von Syrakus einst wegen dessen Reichtums und Macht glücklich pries. Um ihm die Instabilität dieses „Glücks" zu demonstrieren, lud der Tyrann eines Tages Damokles zu einem Bankett mit erlesenen Köstlichkeiten ein – und ließ dabei ein scharfes Schwert von der Decke an einem Pferdehaar über dem Nacken seines Gasts aufhängen. Damokles ergriff die Chance, sich durch freiwilligen angstvollen Rückzug „seinem" Schwert zu entziehen – was die normalen Damoklesschwerter des Lebens einem eher nicht erlauben. Aber sie brauchen ja auch nicht niederzusausen. Und für selbst aufgehängte Damoklesschwerter gilt ja wohl: *no risk, no fun.*

**drakonisch** Nach drakonischen Strafen zu rufen ist vielleicht nicht mehr ganz so verbreitet wie noch vor ein paar Jahrzehnten. Wohl aber werden drakonische Maßnahmen gefordert und in Aussicht gestellt, wenn aktuell etwas passiert ist, das die Bürger aufbringt. Das Synonym für „streng", „unerbittlich" geht auf den athenischen Gesetzgeber Drakon zurück, der um das Jahr 621 v. Chr. erstmals das damals geltende Recht aufschrieb. Die Gesetze Drakons seien mit Blut geschrieben, meinten manche Kritiker – und übersahen dabei, dass die Rechtskodifikation als solche einen gewaltigen Fortschritt in der Rechtssicherheit bedeutete. Fortan war den adligen Richtern eine willkürliche Rechtsprechung verwehrt, weil die Gesetze, auf drehbaren Holzblöcken aufgeschrieben, öffentlich aufgestellt und für jedermann einsehbar waren. Drakon wäre über die fragwürdige Rezeption seiner rechtsgeschichtlichen Großtat wohl einigermaßen erstaunt – und ziemlich verschnupft darüber, dass sich die sprachlich falsche Bildung „drakonisch" gegenüber dem richtigen „drakontisch" (Stamm: „Drakont-") durchgesetzt hat.

**Drama** Wenn ein Eifersuchtsdrama seinen dramatischen Höhepunkt erreicht, fließt nicht selten Blut. In den Nachrichten hören wir dann, es habe sich ein blutiges Drama abgespielt. Auch Unglücksfälle werden häufig als „Dramen" beklagt. Drama – das ist offenbar so etwas wie eine

Tragödie. Jedenfalls im heutigen Sprachgebrauch, der sich vom griechischen Ursprung weit entfernt hat. Die Griechen verstanden unter einem Drama eine „Handlung" und ein „Schauspiel", das über den Charakter der Handlung noch nichts aussagte: Es konnte eine Tragödie oder eine Komödie sein. Drama war ein wertneutraler Oberbegriff. Die Erinnerung an diese neutrale Bezeichnung lebt im „Dramatiker" und im „Dramaturgen" fort – sie dürfen zur Not auch noch heitere Stoffe bearbeiten. Solange das noch so ist, wollen wir aus dem dramatischen Bedeutungswandel kein Drama machen.

**Elysium**   Wer Herr im Élysée-Palast ist, hat es als französischer Politiker geschafft: So heißt der Amtssitz des Präsidenten. Und wer mit Zeitvorsprung in der Gesamtwertung auf die Champs Élysées einfährt, hat es als Radfahrer geschafft: Er ist Sieger der Tour de France. Beide können sich zu den wenigen Glücklichen zählen, die es ins Elysium gebracht haben – so der latinisierte Begriff im Deutschen, den wir mit „Paradies" gleichsetzen. Die Griechen nannten diesen Ort Ἠλύσιον, *Elýsion*, und verbanden eine ähnliche Vorstellung damit. Allerdings war das Elysion zunächst nur für wenige Heroen reserviert, die, statt den Tod zu erleiden, an einen klimatischen Traumort ohne Regen und Schnee entrückt wurden. Später wurden die häufig mit dem Elysium gleichgesetzten „Inseln der Seligen" stärker bevölkert, insofern sie auch für Normalsterbliche erreichbar waren – vorausgesetzt, sie hatten gerecht und gut gelebt. Ob ausgerechnet Politiker und Doping-verdächtige Radprofis zu diesen Auserwählten gehören, darf man doch eher bezweifeln. Insofern erscheint die moderne Vorstellung eines nur zeitweise im Diesseits genossenen Elysiums durchaus zeitgemäß.

**Epische Breite**   Da hält jemand eine weitschweifige Rede, da schreibt jemand ein Buch mit langatmigen Partien – und wird auch noch dafür gelobt, indem man ihm „epische Breite" attestiert. Gelobt? Im Prinzip schon. Denn er wird letzten Endes mit Homer verglichen, *dem* Epiker, ja *dem* Dichter des Altertums *kat exochen* (κατ'ἐξοχήν, „gemäß Hervorragung", "schlechthin"). Mit der „Ilias" und der „Odyssee" schrieb Homer zwei Epen (ἔπος, *épos*, „Wort", „Erzählung"), die sich durch großen Umfang, aber auch formelhafte Elemente, Wiederholungen und breit angelegte Schilderungen auszeichnen: Eigenschaften der Rhapsodenkunst fahrender Sänger, die ihre Stoffe ursprünglich mündlich an Fürstenhöfen vortrugen. Kein Zweifel, dass da Längen entstanden – freilich in einer kunstvollen, formal ausgefeilten Sprache und in einer erzählerischen Brillanz, die man dem normalen epischen Breitredner und -schreiber wahrlich nicht bescheinigen kann. Und deshalb bleibt am Ende doch nur ein winziger Homer – und viel Unbehagen.

**Giganten** Welch ein Aufstieg! Die Giganten gehören zu den größten „Rezeptionsgewinnlern" unter dem mythologischen Personal der Griechen. Wir bestaunen Giganten der Lüfte und der Meere, wir rühmen ein Bauwerk oder eine Aufführung als gigantisch, und selbst bei einer gigantischen Fehlleistung färbt die negative Wertung nicht auf das Attribut ab: „gigantisch" bleibt wertneutral im Sinne von „riesig". Für die Griechen waren Giganten ungeschlachte Riesen der Urzeit, die die olympischen Götter stürzen und den Olymp für sich erobern wollten. Ihr Angriff scheitert. Am Ende werden sie nach langem Ringen, in das Herakles auf Seiten der Olympier eingreifen muss, von den Blitzstrahlen des Zeus in die Unterwelt geschleudert. In der griechischen Kunst war die Darstellung der Gigantomachie („Gigantenschlacht") ein beliebtes Sujet. Berühmtestes Zeugnis ist der grandiose Fries des Pergamonaltars: Er zeigt den erbitterten Kampf zwischen den Ordnung stiftenden olympischen Göttern und den chaotischen, barbarischen Mächten der Urzeit – und den Triumph der Zivilisation. Ganz anders die technische Zivilisation unserer Zeit: Sie erweist der Gegenseite ihre Reverenz, indem sie zum Beispiel von Gigahertz und Gigabytes spricht. Dem können die Olympier nichts Vergleichbares entgegensetzen. Ein gigantischer Abstieg!

**Gordischer Knoten** Die Dinge sind kompliziert, alles ist miteinander verflochten, große Reformen benötigen viel Zeit, um das vielfältig

Verworrene zu entwirren. Gordische Knoten gibt's auch heutzutage zur Genüge. Der historische Gordische Knoten verband Joch und Deichsel eines Streitwagens des legendären phrygischen Königs Gordios auf unlösbare Weise. Dieser Streitwagen stand im Zeus-Tempel der Stadt Gordion – und es ging die Mär, derjenige werde die Herrschaft über Asien erringen, der den Knoten lösen könne. „Es kommt nicht darauf an, *wie* er gelöst wird!", erkannte Alexander der Große, zerhieb ihn mit seinem Schwert – und wurde Herrscher über Asien. Ein Politik-Rezept auch in demokratischen Zeiten? Angesichts von Lobbyistentum und Bedenkenträgerei wünscht man sich mitunter – wenn auch mit schlechterem Gewissen als Alexander: Haut den Gordischen Knoten einfach durch.

**Herostratismus** Die kleinasiatischen Griechen schworen einander, seinen Namen niemals in den Mund zu nehmen – die beste Motivation für Publizisten, ihn doch zu überliefern. Herostratos war der Unhold, der den Artemis-Tempel von Ephesos, eines der Weltwunder der Antike, anzündete und einäscherte. Ein Psychopath, dessen einzige Motivation darin bestand, auf diese Weise berühmt, ja unsterblich zu werden – was ihm durch positive Leistungen nie möglich gewesen wäre. Sein Kalkül ging auf: Die Psychiatrie verbucht ähnliche Wahnsinnstaten als Herostratismus. Es gibt ihn, ohne dass Mediziner eingeschaltet würden, auch im Alltag. Schopenhauer wetterte im 19. Jahrhundert gegen den von ihm diagnostizierten Sprachverfall: „So sehen wir denn dieses ... gegenwärtige Geschlecht seine Muße dazu verwenden, die Sprache, in welcher große Schriftsteller geschrieben haben, auf die mutwilligste und auf die unverschämteste Weise zu verstümmeln, um so sich ein herostratisches Andenken zu stiften". Prophetische Worte, deren Aktualisierung vielleicht auch den Urhebern der jüngst in Kraft getretenen Rechtschreibreform eine herostratische Größe verleihen könnte.

**Heureka!** Angenommen, Sie haben Ihre Brille verlegt, suchen verzweifelt nach ihr und entdecken sie nach einer Stunde just dort, wo sie hingehört. Um die etwas peinliche Suchaktion mit klassischer Bildung zu überhöhen und die alltägliche Situation zu adeln, könnten Sie in den Jubelruf „Heureka!" (ηὕρηκα) ausbrechen, „ich habe (sie) gefunden!" Üblicherweise beziehen sich Heureka-Erlebnisse allerdings auf etwas wichtigere Funde und Erfindungen. Der Ausruf geht auf Archimedes zurück, als er den Zusammenhang zwischen Volumen und Masse, das spezifische Gewicht, entdeckt hatte – und zwar beim Eintauchen einer (goldenen oder nicht goldenen?) Krone in Wasser. Immerhin war der Ort, mit dem sich das Erleuchtungserlebnis des Heureka-Rufes verband, ähnlich alltäglich wie das Terrain Ihrer Brillensuche: Es war die Badewanne.

**Jota** Kompromissfähigkeit sieht anders aus. Wenn jemand mit schneidender Stimme verkündet, dass „daran kein Jota geändert wird", will er sagen: Nicht einmal die kleinste Änderung kommt da in Frage. Wer das dekretiert, stellt sich in eine große Tradition. Denn das sprichwörtliche Jota geht auf keinen Geringeren als Jesus von Nazareth zurück, der damit die „Erfüllung des Gesetzes" bis ins letzte Detail voraussagt: „Denn wahrlich, ich sage euch: Bis der Himmel und die Erde vergehen, soll auch nicht ein Jota oder ein Strichlein von dem Gesetz vergehen, bis alles geschehen ist" (Matthäus 5, 18). Mit „Jota" übersetzt Matthäus hier das hebräische Jod als kleinsten Buchstaben des Alphabets. Eine Richtschnur für moderne Bibelherausgeber, an Luthers klassischer Übersetzung auch nicht ein Jota zu verändern? Keineswegs. Die „Luther-Bibel" (!) aus dem Jahr 1984 ändert ausgerechnet was? Richtig: Das „Jota" – und ersetzt es durch den „kleinsten Buchstaben". Was ihr ja wenigstens in Sachen Kompromissfähigkeit ein gutes Zeugnis ausstellt.

**Koloss** Ein Beispiel dafür, wie die Bedeutung eines Wortes die Jahrtausende überdauert hat: Noch heute sprechen wir von einer „Kolossalstatue". Darüber hinaus bietet sich der Begriff freilich auch zur Charakterisierung vieler anderer kolossaler Phänomene an, die weit über Normalmaß liegen. Die Antike beschränkte sich darauf, Riesenstandbilder als Kolosse (κολοσσοί, *kolossoí*) zu bezeichnen – zunächst große Statuen, wie man sie in Ägypten antraf, später natürlich *den* Koloss schlechthin: Die Riesenstatue des Sonnengottes Helios, die den Hafen von Rhodos überspannte, galt mit ihrer Größe von rund 35 Metern als Weltwunder. Im Jahre 305 errichtet, wurde sie schon rund 80 Jahre später von einem Erdbeben zu Fall gebracht. Auch als gefallener Koloss von Rhodos blieb er eine Touristenattraktion. Das Colosseum in Rom, zweifellos ein im modernen Sinne kolossales Bauwerk, verdankt seinen Namen gleichwohl nicht seiner Masse und seinen Ausmaßen, sondern einer Kolossalstatue Neros, die sich dort einst erhoben hatte. Ein mittelalterlicher Spitzname für das „Flavische Amphitheater", der nur infolge der modernen Erweiterung des „Kolossal"-Begriffs nicht als solcher wahrgenommen wird.

**Koryphäe**  War hier eine feministische Sprachunterwanderung am Werke? Im griechischen Drama war der κορυφαῖος, *koryphaíos*, der Anführer des Chores. Er stand mit seiner Position gewissermaßen auf dem Gipfel (κορυφή, *koryphé*) – und war, an der Endung -ος erkennbar, natürlich ein Maskulinum. In der Neuzeit wurde es üblich, Menschen, die auch in anderer Hinsicht eine Spitzenstellung einnahmen, als Koryphäen zu bezeichnen. Zunächst blieb man noch beim Maskulinum. Da war ein berühmter Arzt *ein* Koryphäe. Der Übergang zum Femininum scheint indes weniger subversiven oder emanzipatorischen Ursprungs als der häufigen Verwendung des Plurals geschuldet zu sein. Man umschwärmte oft „die Koryphäen", und bei der „Rückverwandlung" in den Singular blieb es dann beim Artikel „die". Was wir in Zeiten sprachpolitischer Korrektheit nicht bemängeln, um der grammatischen Korrektheit willen aber doch anmerken wollen. Wobei die von uns verehrten Gottheiten Sprache und Grammatik wohlgemerkt beide weiblich sind.

**Krösus**  Inbegriff des steinreichen Mannes war im Altertum der Lyderkönig Kroisos (560–547 v. Chr.). Das ist er bis heute geblieben, und wer sich mit ihm rhetorisch geschickt vergleicht, sollte ihm für seine sprichwörtliche Prominenz dankbar sein. Die vorsichtige Anfrage, ob man jemandem ein Geldsümmchen leihen oder vorstrecken könne, lässt sich mit einem zwar leicht empörten, aber immerhin durch Antike-Bezug nobilitierten „Bin ich denn ein Krösus?" bildungsgetränkt abwimmeln.

**Lakonisch** Eine lakonische Antwort ist knapp, eine lakonische Ausdrucksweise so kurz, dass sich mancher Gesprächspartner irritiert oder gar verletzt fühlt. „Erfinder" der „lakonischen Kürze" – so schon römische Autoren – waren die Spartaner, als Bewohner der Landschaft Lakonien auch als Λάκωνες, *Lákones*, „Lakonier", bekannt. Sie machten nicht viel Worte, sondern schritten zur Tat. Kapiert?

**Lesbisch** War sie's nun oder war sie's nicht? In der gediegenen Welt der Altertumswissenschaften ist die Boulevard-Frage mit dem gebotenen methodischen Ernst immer wieder traktiert worden, ob die griechische Lyrikerin Sappho denn wohl „lesbisch" war. Gemunkelt wurde darüber schon im Altertum und schon damals verbanden sich mit Lesbos, der Insel, auf der Sappho geboren war und lebte (um 600 v. Chr.), ähnliche sprachliche Assoziationen wie heute. Ovid lässt die Dichterin angebliche homosexuelle Neigungen empört zurückweisen (Heroides XV 201 ff.). Freilich: In ihren Gedichten war viel von Liebe die Rede. Und dass sie als Lehrerin einen Zirkel von Mädchen und jungen Frauen um sich geschart hat, in dem Liebe unter Frauen zumindest angesprochen worden ist, darf man sicher annehmen. In die Moderne kam die Bezeichnung „lesbisch" für weibliche Homosexualität im Übrigen überraschend spät (in der zweiten Hälfte des 19. Jahrhunderts), dafür aber im 20. Jahrhundert um so massiver – bis hin zur militanten „Lesben-Bewegung". Spätestens damit verabschiedet sich die historische Sappho aus der Diskussion: Sie war Lesbierin, nicht Lesbe.

**Liturgie** Da erlaubt Papst Benedikt XVI. im Jahre 2007 die Rückkehr zur „lateinischen Liturgie" – und alle Welt glaubt, Liturgie sei etwas Lateinisches. Ist sie aber, auch wenn sie in lateinischer Sprache zelebriert wird, als Wort keineswegs. Sie ist vielmehr, wie in diesem Buch nicht anders zu erwarten, griechischen Ursprungs. Unter einer λειτουργία, *leitourgía*, verstanden die Griechen einen „Dienst am Volk" (λεώς, *leós* = λαός, *laós*, „Volk"; ἔργον, *érgon*, „Tat"), der vor allem reichen Leuten offiziell als Ehre zuteil wurde, de facto aber eine Bürde war. Im demokratischen Athen wurden finanzkräftige Bürger ordentlich zur Kasse gebeten, indem sie z. B. die Finanzierung von Theaterstücken oder die Jahreskosten für die Ausrüstung eines Kriegsschiffes als „Leiturgien" übernahmen – in gewisser Weise obligatorisches Sponsorentum für Honoratioren. Aus dem Dienst für die staatliche entwickelte sich die *liturgia* im Spätlateinischen zum Dienst für die kirchliche Gemeinschaft – woraus sich dann die heute übliche Bedeutung einer festgelegten Form des Gottesdienstes entwickelte – zumindest sprachlich eine durchgreifende Liturgie-Reform. Ob sie als lateinische Liturgie freilich zu ihren Ursprüngen als „Dienst am Volke" zurückkehrt, bezweifeln sogar Menschen, die des Lateinischen kundig sind.

**Marathonlauf** Wäre die Teilnehmerzahl von Marathonläufen ein Indikator für das zunehmende Interesse am Altertum, dann stünde es weltweit wieder hoch im Kurs. Denn die sportliche Herausforderung Marathonlauf ist in den letzten Jahren geradezu ein Selbstläufer geworden. Als sportliche Disziplin hat er freilich mit den alten Griechen nichts zu tun; die begnügten sich bei Athletenwettbewerben mit dem Dolichos als Maximalstrecke über rund 4,6 Kilometer. „Olympisch" ist der Marathonlauf erst seit der Wiederbelebung der Olympischen Spiele im Jahre 1896. Er knüpft an ein berühmtes historisches Ereignis der griechischen Geschichte an: Im Jahre 490 v. Chr. gelang es einer vergleichsweise kleinen athenischen Streitmacht, das persische Invasionsheer in der Strandebene von Marathon zu schlagen. Marathon liegt an der Ostküste Attikas, Athen an der Westküste – eine Distanz von rund 40 Kilometer (olympisch genau: 42,195 Kilometer), die für die Siegesmeldung in die Hauptstadt zu überbrücken war. Man entschied sich, einen schwerbewaffneten Soldaten vom Schlachtfeld nach Athen zu schicken. Im Dauerlauf legte der die Strecke zurück, verkündete die Siegesmeldung – und brach tot zusammen. Eine dramatische Legende, die quellenkritisch nur einen Nachteil hat: Sie ist vermutlich so nicht wahr. In der Wirklichkeit dürfte zumindest der tragische Schlussakkord gefehlt haben – wie es sich ja zum Glück bei der ganz überwiegenden Mehrheit der modernen Nachfolger zeigt, die sowohl Marathonläufe als auch Marathonsitzungen zu überleben pflegen.

**Mentor** Wohl dem, der einen verlässlichen Berater und Erzieher hat, jemanden, der ihn leitet und ihm Orientierung gibt! So einen Begleiter hatte Telemachos, der Sohn des Odysseus, in Mentor. Der war ein Freund des Helden Odysseus und hatte versprochen, sein Haus und seine Familie bis zu seiner Rückkehr zu beschützen. Tatsächlich legte er sich auch mit den dreisten Freiern an, die Penelope bedrängten. Wenn es indes ganz eng zu werden drohte für Telemachos und seine Mutter, dann schlüpfte Athena in die Gestalt Mentors und half ihren Schützlingen. Womit die moderne weibliche Erweiterung des Begriffs zur „Mentorin" mehr als gerechtfertigt erscheint.

**Nymphe** Zugegeben, sie sind reizend und tanzen in anmutigem Reigen um die Quellen, Haine und Grotten, die sie bevölkern und geradezu personifizieren: Die Nymphen, feenartige Göttinnen, die die Göttlichkeit der Natur verkörpern. Im Allgemeinen sind sie menschenscheu, fühlen sich aber im Gefolge des Weingottes Dionysos wohl und lassen sich schon einmal mit Satyrn und Silenen ein: junge Frauen oder „Bräute" – so die ursprüngliche Bedeutung von νύμφαι, *nýmphai* –, die sich die Griechen als Naturdämonen in hübscher menschlicher Gestalt vorstellten. Aber ist das ein Grund, sie als lockere Weibsbilder umzudeuten, wie es seit dem 18. Jahrhundert geschieht, als „Freuden-, Gassen- und Nachtnymphen" gar, die sich den Männern andienen? Da wird aus lüsterner Männerperspektive das Objekt flugs zum Subjekt des Begehrens. Und konsequent fortgedacht, indem „nymphoman" die Bedeutung „mannstoll" erhält und damit eine μανία, *manía*, „Tollheit", der jungen Frauen charakterisiert wird – und nicht eine „nach" jungen Frauen. Wie es sonst beim Suffix -*man* gang und gäbe ist: Ein Erotomane ist jemand, der „wahnsinnig *nach* Liebe" ist, ein Bibliomane jemand, der „versessen ist *auf* Bücher", ein Gräkomane jemand, der „besessen ist *von* allem Griechischen". Gerade der sollte sich kopfschüttelnd von dem nymphenfeindlichen Verständnis von „nymphoman" distanzieren. Nymphoman ist in Wirklichkeit jemand, der „scharf auf Nymphen" ist. Ob sich diese Ehrenrettung durchsetzt?

**Obolos** Entrichten Sie lieber ihren Obolos (häufiger in der lateinischen Version: Obolus), wenn Sie beim Schulkonzert oder *charity dinner* um eine milde Gabe gebeten werden! Sie profitieren von dieser übertragenen Bedeutung deutlich mehr als von der ursprünglichen. Die bezieht sich nämlich darauf, dass man einem Toten einen Obolos in den Mund legte als Lohn für den Unterwelts-Fährmann Charon, der den Toten dafür über den Unterweltsfluss beförderte. Das war übrigens ein ausgesprochener Billigtarif: Der ὀβολός war die kleinste attische Münze. Und darauf können Sie, wenn Ihr Obolos beim Schulkonzert oder *charity dinner* stirnrunzelnd als wenig großzügig angesehen wird, ja durchaus verweisen – und dank klassischer Bildung Geld sparen. Wer sagt eigentlich, Griechischkenntnisse hätten keinen praktischen Nutzen?

**Odyssee** Stau auf der Autobahn, Ableitung des Verkehrs, Fahrten über Land durch Kleinstädte, deren Namen man nie zuvor gehört hat, Ende der Umleitungsstrecke, Wiederauffahrt auf die Autobahn, Ankunft im Urlaubsort mit zweistündiger Verspätung. Anruf zu Hause: Angekommen! Aber mein Gott, was war das eine Odyssee! Ein ziemlich inflationärer Odyssee-Begriff, der sich da für moderne „Irrfahrten" herausgebildet hat! Odysseus wäre erstaunt: *Seine* Odyssee dauerte zehn Jahre.

**Ödipuskomplex** Komplex fürwahr und dunkel sind die Hintergründe dieses Komplexes, Abgründe gar – die mythologischen nicht minder als die psychologischen. Weil ein Orakel davor warnt, er werde seinen

Vater töten und seine Mutter heiraten, wird Ödipus als Kleinkind ausgesetzt. Von einem Hirten gefunden und aufgezogen, entgeht er dem fast sicheren Tode – und tötet seinerseits auf dem Weg nach Theben einen Unbekannten im Streit: Laïs, den König von Theben, seinen Vater. Als Belohnung dafür, dass er das Rätsel der Sphinx gelöst hat, übernimmt er den verwaisten Thron – und mit ihm die verwitwete Königin. Ein zweites Mal erfüllt sich das schicksalhafte Geschehen: Seine Mutter wird zur Mutter seiner eigenen Kinder. Als eine Seuche im Lande ausbricht und das Delphische Orakel einen ungesühnten Mord als Ursache dafür angibt, nimmt Ödipus die Untersuchung auf – und entdeckt, dass er selbst der Schuldige ist. Aus Verzweiflung und als Strafe für seine Frevel sticht er sich die Augen aus und führt fortan als blinder Exulant ein Wanderleben. Iokaste, seine Mutter und Frau, erhängt sich.

Eine düstere Geschichte, die Meister Freud tiefenpsychologisch ebenso düster deutet. Ödipus wird ihm zur Chiffre für jene verdrängten sexuellen Phantasien, in denen der Mensch, besonders der männliche, nach Wiedervereinigung mit der Mutter als erstem Objekt seiner Liebe strebt und den Vater als Konkurrenten beseitigt wissen möchte. Eine radikal einseitige Rezeption, die sich auf die inzestuösen und parrizidalen („vatermörderischen") Motive des Mythos konzentriert und sie als mythische Ausprägung eines allgemeinen Ödipuskomplexes in uns allen interpretiert. Ob's stimmt? Wir wissen es nicht, sind Freud aber dankbar dafür, dass er Ödipus damit zu einem grandiosen Nachleben verholfen hat. Und den Grund dafür gelegt hat, dass, wer will, sich auch an einer deutlich fröhlicheren „Version" des Mythos delektieren kann. Ohne den „Ödipuskomplex" wäre Loriot wohl kaum auf den Gedanken gekommen, eine Muttersöhnchen-Komödie „Ödipussi" zu nennen.

**Orchester** Die ὀρχήστρα, *orchéstra*, war im griechischen Theater der meist runde Platz zwischen dem Bühnenbau und dem Zuschauerraum, auf dem sich der Chor bewegte. Genauer gesagt: „tanzte"; *orchéstra* ist der „Tanzplatz" (ὄρχησις, *órchesis*, „Tanzen"). Als sich in der Renaissance die Oper herausbildete, griff man auf die antike Bezeichnung zurück und nannte den Platz für die Musiker zwischen Bühne und Zuschauern „Orchester". Vom Ort ging der Begriff auf den dort platzierten Klangkörper über. Als ausgesprochen traditionsbewusst und sprachgeschichtlich firm erweisen sich damit Dirigenten, die ihr Orchester hingebungsvoll nach ihrer Pfeife tanzen lassen.

**Orgie** Dass die Römer ständig Orgien gefeiert hätten, gehört ja zum unerschütterlichen Arsenal jeder Halb- oder Viertelbildung. Aber die Griechen? Ihnen trauen viele so etwas nicht zu. Ein Irrtum. Denn erstens ist ὄργια, *órgia*, ein genuin griechischer Begriff; und zweitens bezeichnet er „geheime rituelle Feiern", die vor allem in Fruchtbarkeitskulten ausgesprochen ekstatisch-orgiastische Züge trugen und neben Weingenuss, Musik und Tanz auch sexuelle Ausschweifungen umfassen konnten – häufig durchaus ungestümere Veranstaltungen als das, was jugendsprachlich heute unter „Orgie" firmiert. Natürlich gibt es neben dieser jugendsprachlichen Verharmlosung auch noch die gute alte Orgie, die in griechischer Tradition schon im 19. Jahrhundert als Ort verruchter sexueller Freizügigkeit ebenso geschätzt wie verabscheut wurde. Für „Fress-Orgien" ließen sich die Griechen dagegen nicht erwärmen. Und die Römer hätten sie wenigstens so nicht genannt.

**Pandorabüchse** Einen verführerischen Namen trug sie: Πανδώρα, *Pandóra*, „die Allesgeberin", eine wunderschöne Frau mit einem geheimnisvollen Gefäß. Sie war die Rache des Zeus für den Feuerdiebstahl des Prometheus. Und obwohl der als „Voraus-Denkender" seinen Bruder Epimetheus, den „Hinterher-Denkenden", dringend davor gewarnt hatte, nahm der die attraktive Allesgeberin zur Frau. Worauf Pandora sozusagen als Mitgift ihre Büchse öffnete – und alle Übel und Krankheiten auf die Menschen losließ. Nur die – trügerische – Hoffnung blieb in der unglückseligen Büchse der Pandora zurück. Von der christlichen Tradition dem Sündenfall mit der verbotenen Frucht gegenübergestellt, wurde die Pandorabüchse sprichwörtlich als höchst gefährliche Geschenkdose, die man tunlichst verschlossen hält, weil das in ihr geborgene Gefahrenpotential im Falle der Freisetzung nicht beherrschbar erscheint. Ein metaphorischer Mythos, der uns deutlich poetischer dünkt als das vergleichsweise platte Bild der Gegenwart, dieses oder jenes Fass solle man doch besser nicht aufmachen. Zu spät! Zumindest die sprachliche Pandorabüchse steht schon lange sperrangelweit offen.

**Panik** Auf einmal ist er da – der gehörnte, bocksbeinige Schutzgott der Hirten, ein lüsternes, überall den Nymphen, aber auch den Ziegen auflauerndes Mischwesen. Die Mittagshitze ist seine Zeit. Wenn Mensch und Tier sich zur Ruhe gelegt haben, überrascht er sie und jagt ihnen mit seinem plötzlichen Auftauchen einen „panischen Schrecken" (Πανικόν δεῖμα, *Panikón deíma*) ein. Auch furchterregende nächtliche Geräusche schrieb man Pan zu – und damit die Wirkung, ganze Heere in der angespannten Nacht vor einer Schlacht in Panik zu versetzen. Ob sich Udo Lindenberg dieser Etymologie bewusst gewesen ist? Wohl nicht, denn sonst hätte er sein legendäres Panikorchester sicher mit ein paar Panflöten verstärkt – und damit möglicherweise noch mehr Zuhörer zu panischer Flucht veranlasst.

**Phalanx** Schwer bewaffnete Infanteristen, in engen Reihen so aufgestellt, dass der Schild des Einzelnen auch den Nachbarn Schutz bot – diese Kampfesformation nannten die Griechen Phalanx (φάλαγξ). Sie wirkte in ihrer kompakten Geschlossenheit – sobald sich eine Lücke auftat, rückte ein Soldat aus der hinteren Reihe nach – wie eine „Walze", die dem Gegner keine Chance ließ, eine Bresche in die feindlichen Reihen zu schlagen oder einen Keil zwischen die feindlichen Soldaten zu treiben. Heutzutage bilden wir eine Phalanx als festen Zusammenschluss ohne kriegerische Absichten, aber mit großer Entschlossenheit, unsere Ziele durchzusetzen und die Gegner mit unserem Zusammenhalt notfalls niederzuwalzen. Das sollten auch Griechisch-Gegner wissen.

**Philippika** Kulturpessimisten spüren manchmal das Bedürfnis, die Moderne – was immer das genau ist – mit einer donnernden Philippika zu überziehen, einer streitbar-feurigen Anklagerede, der auch polemische Elemente nicht fremd sind. Besonders viel Gehör verschaffen sie sich damit nicht; es gibt lohnendere Ziele für eine Philippika. Wie vor fast 2400 Jahren eben den makedonischen König Philipp, Vater Alexanders des Großen, den der athenische Redner Demosthenes zwischen 351 und 341 v. Chr. in leidenschaftlichen politischen Reden bekämpfte. Spätestens seit Cicero im Jahre 44/43 v. Chr. seine nicht minder flammenden, hier und da durchaus unter die Gürtellinie zielenden vierzehn Reden gegen Marc Anton gehalten und sie leicht spöttisch als „philippische" bezeichnet hatte (Brutus 4, 2), hatten es die Philippika zu sprichwörtlichem Rang gebracht. Schade, dass dann irgendwann aus dem richtigen griechischen und lateinischen Plural im Deutschen ein falscher Singular geworden ist! Solange das Wort mit griechischem „k(appa)" geschrieben wird (und nicht mit lateinischem „c"), ist auch die Rettung mit der Ergänzung *oratio* („Rede") verbaut. Wodurch wir uns darob gleichwohl nicht zu Philippika hinreißen lassen, die, in moderner Sprache formuliert, eh nichts bringen – wenngleich wir damit an die historischen Vorbilder anknüpfen würden: Die haben ihre Ziele nämlich auch verfehlt.

**platonisch** Im „Symposion" unterscheidet Platon zwei Arten des „liebenden Verlangens" (Eros): die sinnlich-sexuelle und die geistige, die ein Vertrautsein ohne körperliche Beziehung stiftet. Obwohl bei Platon differenzierter dargestellt, wird diese zweite (etwas zu) schlicht als „platonische Liebe" bezeichnet. Platons eigentliche Liebe galt dagegen der Erkenntnis des Wahren und der Idee des Schönen – immerhin selbst nach der Alltags-Definition unzweifelhaft eine platonische Beziehung.

**Pyrrhussieg** Man verklagt jemanden durch alle Instanzen und erhält nach zehn oder zwölf Jahren Recht. Nerven und Vermögen aber sind durch den zermürbenden Rechtsstreit ruiniert. Ein klassischer Pyrrhussieg: Der Sieger steht bei Lichte betrachtet als Verlierer da. So geschehen im Jahre 280 v. Chr., als der epeirotische König Pyrrhos die Römer in der Schlacht von Herakleia schlug, selbst aber ebenso hohe Verluste hatte wie der Feind. Ein Freund soll ihm damals mit der sarkastischen Bemerkung gratuliert haben: „Noch so ein Sieg über die Römer und wir sind verloren!" (Plutarch Moralia 184 c). „Der Fortschritt feiert Pyrrhussiege über die Natur", hat Karl Kraus vor einigen Jahrzehnten formuliert. Ganz gleich, ob man das als weitsichtiges Bonmot rühmt oder als miesepetrigen Kulturpessimismus abtut – was „Pyrrhussieg" meint, kann man kaum klarer zum Ausdruck bringen.

**sibyllinisch** Sibylle oder Sybille? Ein sibyllinisches (oder sybillinisches?) Lächeln umspielt unsere Züge, während wir auf die richtige Antwort warten. Will sagen: Eine rätselhafte, geheimnisvolle, viel- und doch nichts sagende Miene. Wagen wir eine Voraussage: Die Leserinnen und Leser dieses Buches werden sich im Unterschied zu vielen anderen für die richtige „Sibylle" mit dem „y" an der zweiten Stelle entscheiden. Wenn's stimmt, verfügen wir über eine gewisse sibyllinische Ader. Denn die Sibylle galt als weise alte Frau, die in die Zukunft schauen konnte. Die Antike kannte mehrere Sibyllen, die ihrem prophetischen Handwerk an verschiedenen Standorten nachgingen. Freilich stets mit der Erschwernis für die Ratsuchenden, dass sie ihre Zukunftsschau sprachlich alles andere als präzise darlegten. Sie lagen mit ihrer Vorhersage stets richtig – aber die Kunst bestand darin, die geheimnisvollen Texte und kryptischen Formulierungen der Sibyllen auch richtig zu interpretieren, um das Richtige zu erfahren. Heutzutage fängt das bei ihrem Namen an – die richtige Schreibweise ist für viele ein Rätsel.

**Sirenen** Schön waren sie nicht, die Töchter des Acheloos und einer Muse, mit ihrer Zwittergestalt von Frau und – von den Hüften abwärts – Vogel. Aber ihr Gesang war wunderschön und verführerisch. Seefahrer, die an ihrer Insel vorbeikamen, ließen sich durch den Sirenengesang magisch an- und ins Verderben locken. Der Strand war von Opfern übersät. Um 1820 erfand Cagniard de la Tour einen neuartigen Schallgeber und nannte ihn nach den griechischen Fabelwesen *sirène*. Merkwürdig, denn als betörender Schalmeienklang wird Sirenengeheul selten wahrgenommen. Wer sich vor durchdringend-aufdringlichem Sirenenlärm schützen will, findet beim listenreichen Odysseus ein Patentrezept. Der verstopfte, als die Insel der Sirenen vor ihm lag, seinen Gefährten die Ohren mit Wachs. Dass er sich selbst am Mastbaum des Schiffes festbinden ließ und sich so, wenn auch vor ihnen geschützt, dem akustischen Terror der Sirenen preisgab, beweist seine zweite Qualität als großer Dulder.

**Sisyphusarbeit** Keiner war gerissener, keiner verschlagener, keiner skrupelloser, gegen den natürlichen Gang der Dinge aufzubegehren, als Sisyphos, der mythische Gründer und König von Korinth. Er legte sich mit Zeus an und rebellierte gegen den Tod. Nicht ohne Erfolg, denn als einzigem Menschen gelang ihm – manchen Quellen zufolge sogar mehrmals – die Flucht aus der Totenwelt. Die Rache der Götter traf ihn spät, aber umso unbarmherziger. Sie ließ ihn zu einem der großen Büßer der Unterwelt werden. Sisyphos musste einen schweren Fels einen Berg hinaufrollen. Kaum war er oben angelangt, rollte der Felsbrocken wieder hinunter und die ganze Plackerei ging von vorne los – ohne Unterlass, ohne Hoffnung auf ein Ende. Ein Sinnbild für den alltäglichen Frust – lateinisch *frustra* heißt „vergeblich" –, aber auch für die, tatsächliche oder vermeintliche, existentielle Sinnlosigkeit. Das Leben als Sisyphusarbeit: schwer und im Grunde nicht zu bewältigen – auch wenn's manchmal, oben angekommen, anders scheint.

**sophistisch** Sie begannen als Weise – σοφιστής, *sophistés*, war ursprünglich ein Synonym von σοφός, *sophós*, „weise" – und endeten als „Wortverderber": eine Gruppe von Intellektuellen, die im 5. Jahrhundert v. Chr. Griechenland gewissermaßen geistig unsicher machten. So jedenfalls wurden sie von ihren konservativen Gegnern gesehen, und deren Sicht setzte sich in der Tradition durch, weil sie im Unterschied zu den Sophisten Schriftliches hinterließen. Worin bestand die „Verunsicherung"? Die Sophisten verstanden sich als Aufklärer, die traditionelle Vorstellungen von „Gott und der Welt" kritisch durchleuchteten und erkenntnistheoretisch eine grundsätzlich skeptische Position vertraten. Dass sie sich als Wanderlehrer dafür bezahlen ließen, ihren Schülern dieses „neue" Denken zu vermitteln, war der eine Stein des Anstoßes – Weisheit wird nicht gegen Geld gelehrt. Der zweite bestand darin, dass sie die Kunst der Rhetorik perfekt beherrschten und sich ihrer bedienten, um auch eine „schwächere Position zur stärkeren zu machen". Geht man so mit der „Weisheit" um? Diese „Skrupellosigkeit" nutzten ihre Gegner, um sie als spitzfindige Scheinweise zu diffamieren, die vorwiegend mit rhetorischen Taschenspielertricks „punkteten".

Das in der Antike etablierte Muster wirkt bis heute nach: Wer sophistisch argumentiert, dem attestiert man zwar rhetorisches Geschick, aber zugleich Spitzfindigkeit und mangelnde Seriosität. Eine leise Hoffnung auf eine späte Ehrenrettung schimmert in einer englischen Weiterbildung auf: *sophisticated* entwickelt sich immer mehr zu einem anerkennenden „raffiniert". Bahnt sich da eine Wende in der Wahrnehmung von Weisen an, die sich mit dem Verkauf ihrer Ware als frühe Vorreiter der Markt-Philosophie profilierten?

**spartanisch**  Eine spartanische Lebensweise ist so ziemlich das Gegenmodell zum konsumorientierten, hedonistischen Lebensentwurf unserer Tage, der uns zumindest von der Werbung als Ideal vermittelt wird. Das Kriegerleben der Spartiaten war entbehrungsreich und hart, diszipliniert und (sitten)streng – eben spartanisch. Ein Bild, das von den Spartanern selbst zur Legende und im 19. Jahrhundert zum vorbildlichen Tugendideal stilisiert worden ist. Mit der geschichtlichen Wirklichkeit stimmt es nur bedingt überein. Es trifft allenfalls auf das Sparta von der Mitte des 6. bis zur Mitte des 4. Jahrhunderts v. Chr. zu – und auch da nur mit kräftigen Abstrichen. Aber so ausschweifend geht es an der Tafel der Geschichtsklitterung und Legendenbildung halt zu: Mit spartanischen Mahlzeiten pflegen sich *diese* Gastgeber nicht zu begnügen.

**Titan**  Fußball eine proletarische Sportart? Wie denn das, wenn einer der ganz Großen des deutschen Fußballs von der Presse und den Fans als Titan gefeiert wurde? Mit diesem Ehrentitel hielt Oliver Kahn die Klassik in den Stadien hoch. Und es scheint gar nicht so ein unpassender Vergleich zu sein. Die Titanen waren riesenhafte Söhne des Uranos (Himmel) und der Gaia (Erde), die als ausgesprochen ehrgeizig, ja machthungrig galten und ihre gewaltigen Kräfte ganz in den Dienst ihrer Ziele stellten. Ihr größtes Ziel erreichten sie indes nicht: Ihre Rebellion gegen Zeus wurde im Entscheidungskampf um die Weltherrschaft (Titanomachie) niedergeschlagen, die Titanen daraufhin in die Unterwelt verbannt. Gleichwohl blieb ihnen der Ruhm von „Himmelsstürmern" erhalten, die sich mit „titanischem Trotz" gegen Unterordnung stemmen. Dass Titanen freilich auch in der Moderne untergehen können, zeigt das Schicksal der *Titanic*.

**Trophäe** Sieger und Sammler machen Jagd auf Trophäen und dokumentieren damit stolz ihre Erfolge. Nicht alle Trophäen mögen hohe ästhetische Ansprüche erfüllen, aber das nimmt, wer sie als Siegespokale oder Beutestücke ergattert hat, gern in Kauf. τρόπαια, *trópaia*, waren auch bei den Griechen visualisierte und haptische Siege – zunächst eine Zusammenstellung erbeuteter Waffen, die man sehen und anfassen konnte, später dann auch Gedenksteine mit Inschriften und Siegessäulen unterschiedlichster Art. Die römischen Triumphbögen und die berühmten Säulen Trajans und Marc Aurels in Rom sind kreative Weiterentwicklungen der τρόπαια. Sprachlich erinnern alle diese Trophäen ursprünglich an den Ort, an dem der Feind kehrtgemacht hat; τροπή, *tropé* (von τρέπειν, *trépein*, „drehen"), ist die „Umkehr", „Wende". Es wäre vermutlich zu missverständlich, würde man die Berliner Siegessäule durch ein „Wende"-τρόπαιον ergänzen.

**Xanthippe** Liegt es daran, dass die Antike zunehmend aus dem Gesichtskreis vieler Menschen verschwindet, oder daran, dass politische Korrektheit (in diesem Falle, selten genug, gepaart mit historischer Korrektheit) uns von manchen Klischeebildern vorsichtshalber Abstand nehmen lässt? Jedenfalls ist Xanthippe, die Frau des Sokrates, als Chiffre für die keifende, zänkische, ihren Mann tyrannisierende Ehefrau deutlich auf dem Rückzug. War Xanthippe nun eine Xanthippe oder nicht? Schwer zu sagen. Sicher sind die vielen Anekdoten, in denen sie Sokrates das Leben schwer macht, spätere Erfindungen, die auch den Gleichmut des Weisen veranschaulichen sollen. Andererseits legt schon Xenophon, ein Zeitgenosse des Sokrates, dem Philosophen die wenig schmeichelhafte Charakteristik in den Mund, Xanthippe sei „von den vergangenen und den künftigen die schlimmste" (Platon, Symposion 20). Für spätere „Hausdrachen"-Spötter eine Steilvorlage – bis hin zum schlichten, aber eingängigen Studentenlied: „Xanthippe war ein böses Weib, die haute ihn zum Zeitvertreib".

**Zankapfel** Unser letzter Begriff fällt aus dem Rahmen. Sprachlich stammt er nicht aus dem Griechischen; der „Apfel" ist deutsch, und das „Zanken" ebenfalls. Die Sache aber geht auf die griechische Mythologie zurück. Eris, die Göttin des Streits, erschien uneingeladen auf einer Götterhochzeit und warf einen Apfel in die Gesellschaft mit der Aufschrift „Für die Schönste!" Was unter den sehr menschenähnlichen Göttinnen einen heftigen Streit darüber auslöste, wem der Apfel gebühre. Hera, Aphrodite und Athene beanspruchten ihn, und erst ein Sterblicher entschied den Streit: Der trojanische Prinz Paris überreichte den Apfel des Anstoßes im Parisurteil an Aphrodite. Warum der Zank um einen schlichten Apfel? Es ging um mehr: Der Apfel war das Symbol der Liebe – und dafür lohnte sich schon mancher Streit.

# König Ottos Motivationsweisheiten

*Wie die Griechen 2004 Europameister wurden*

So einfach ist es nicht mehr, im internationalen Fußball Meistertitel zu erringen, wie in den Fünfzigern, als Sepp Herberger die deutsche Nationalmannschaft mit schlichten Sprüchen und Erkenntnissen vorzüglich einstellte und zur Weltmeisterschaft führte. „Jedes Spiel dauert 90 Minuten" und „Der nächste Gegner ist der schwerste" – das sind Wahrheiten, die sich mittlerweile im Weltfußball herumgesprochen und damit ihren Überraschungseffekt verloren haben.

Neue Motivationsweisheiten müssen her. Aber woher nehmen? Im Jahre 2004 wurde das kleine Griechenland überraschend Fußball-Europameister. Coach war der deutsche Trainer Otto Rehhagel, seit dem Erfolg unter dem Namen „König Otto" bekannt. Für seine Spieler indes war er, und damit kommen wir seinem Erfolgsgeheimnis allmählich auf die Spur, nicht „Coach" oder „Trainer"; sondern „Mentor". Erstmals für eine breitere Öffentlichkeit lüften wir den Schleier des Rätselhaften und Geheimnisvollen, der bis heute in der Fachwelt wie bei der großen internationalen Fußballgemeinde über dem sensationellen Triumph des Jahres 2004 liegt.

Rehhagel hatte erkannt, welches ungewöhnliche Motivationspotential die große griechische Vergangenheit mit ihrer weltweiten geistigen Ausstrahlungskraft bis in unsere Zeit für seine jungen Spieler bereitstellte, und er nutzte diese Chance konsequent. „Mentor" – das war der Freund des Odysseus und in dessen Abwesenheit ein kluger Ratgeber für seine Frau und seinen Sohn, kurz: ein Mann, dem man unbedingt vertrauen konnte. Und dank Homers Darstellung ein Sympathieträger mit hohen Zustimmungsraten. Außerdem konnten die griechischen Spieler „Mentor" viel einfacher aussprechen als „Herr Rehhagel".

### Kerberos im Tor, Prometheus im Mittelfeld

Das gleiche Erfolgsprinzip wendete Rehhagel auf die Mannschaft an. Alle Spieler erhielten neue Namen. Namen von überzeitlicher Bedeutung, die den meisten Ansporn und Verpflichtung sein sollten, einige wenige allerdings auch an gewisse Schwachpunkte erinnerten, die sie überwinden sollten. Wenn schon Druck, dann mythologischer Druck, befand König Otto. Namen beflügeln, auch wenn sie aussagen, was man *nicht* tun soll. Die Umbenennungsaktion hatte außerdem den Vorteil, dass Mentor die Spieler nicht mehr verwechselte; vorher waren es eindeutig zu viele Dimitris und Jannis gewesen. Da musste offenbar erst ein deutscher „Junge aus Essen" kommen, um den Griechen mal klarzumachen, aus welch reichhaltigem Namensrepertoire sie in Wirklichkeit schöpfen konnten.

Schauen wir uns die Erfolgsmannschaft im Einzelnen an. Das Tor hütet natürlich Kerberos (in spätlateinischer Aussprache Zerberus), im Mythos der Höllenhund, der als grimmiger Wächter das Tor zur Unterwelt hütet. „Der lässt keinen rein", ist die heutige Assoziation, wenn etwa im Disko-Milieu ein Türsteher zum Zerberus aufgewertet wird. Ursprünglich ließ er natürlich keinen *raus*. Immer wenn Kerberos mal patzt, erinnert Rehagel ihn maliziös daran, dass auch der antike Kerberos die „Reinkommenden" freundlich umwedelte und geradezu einlud.

Als Abwehrchef stoßen wir auf Stentor. Er ist für sein gewaltiges Organ bekannt, mit dem er seine Abwehr dirigiert und alle Vorderleute anbrüllt, die riskante Rückpässe schlagen. Stentor, „der Brüller", war der Herold der Griechen vor Troja; „sein Ruf tönte laut wie der fünfzig anderer Männer", rühmt ihn Homer (Ilias V 785f.).

Neben Stentor bilden Nestor, Atlas und Zenon die Verteidigung – eine Viererkette, die König Otto mannschaftsintern auch schon einmal als „Tetra-Pack" bezeichnet (τετράς, tetrás, „Vierzahl"). Mit 36 Jahren ist Nestor der älteste Spieler der Mannschaft – eben ihr Nestor, uralt, erfahren und weise wie weiland der greise Herrscher von Pylos. Atlas beschwert sich in Mannschaftssitzungen gerne mal, dass er allein zu oft die ganze Last der Abwehr tragen müsse – Nestor sei nicht mehr schnell genug, Stentor brülle nur herum und Zenon habe die Ruhe weg. Da liegt der Vergleich mit dem Titanen Atlas nahe, der das Himmelsgewölbe auf seinen Schultern trägt. Zenon schließlich ist der ganz ruhige, besonnene Spieler, der sich von keiner Hektik anstecken lässt. Er verkörpert jene stoische Philosophen-Ruhe, die dem Gründer der Stoa, Zenon, als emotionales Ideal vorschwebte.

Regisseur im Mittelfeld ist Prometheus, der Kopf der Mannschaft, der Spieler, der die Fäden zieht, die Bälle klug verteilt und das Spiel nach vorn öffnet – eben der „Vorausdenkende" (προ-, *pro*-, „vor"; μανθάνειν, manthánein, „lernen", „erfahren"). Das weitere Mittelfeld besteht aus Syko und Morpheus. Morpheus ist eindeutig die Schwachstelle der Mannschaft. Er kriegt manche von Prometheus wunderbar eingefädelten Spielzüge einfach nicht mit und auch in der Rückwärtsbewegung hakt es bei ihm nicht selten in der Koordination. „Abstimmungsprobleme" heißt das vornehm, in der Kabine wird ungeschminkt davon gesprochen, dass er wieder „gepennt" habe. Was Rehhagel auch so sieht, aber nicht so sagt. Früher hätte er ihn eine „Schlafmütze" genannt, nun aber kritisiert er ihn klassisch-vornehm mit der Bemerkung, bei dem und dem Spielzug habe er wohl in des Morpheus Armen gelegen und ein bisschen geträumt – „Traumgott" Morpheus halt.

Morpheus ist auch nur Ersatzspieler. Den Stammplatz im linken Mittelfeld hat eigentlich Ödipus inne, aber der ist häufig verletzt; neuerdings Knöchelbruch rechts. Was Otto zu der problematischen Namensgebung veranlasst hat: Oidipous ist der „Schwellfuß". Ziemlich unfein, aber die Presseleute haben es nicht mitgekriegt; sie spekulieren eher in Richtung erotische Vorlieben …

### Hermes, Odysseus und Ikaros auf dem Fußball-Parnass

Syko: Ein Klassespieler, aber charakterlich nicht ganz fest. Ganz klar das schwarze Schaf der Mannschaft; bei zahlreichen Spielern unten durch. Aber Rehhagel hält die Hand über ihn. Syko ist nämlich ein wichtiger Tippgeber. Er steckt dem Trainer, welcher Spieler den Zapfenstreich nicht eingehalten, wer zu tief in die Ouzo-Flasche geguckt oder wer nachts Damen- oder gar Herrenbesuch auf seinem Zimmer gehabt hat. Solche „Petzen" nannten die alten Griechen Sykophanten. Die „Feigenanzeiger" denunzierten Leute, die gegen das Verbot der Feigenausfuhr aus Attika verstießen, im 5. Jahrhundert v. Chr. wurden daraus dann „Verleumder" und politische „Denunzianten", die aus ihren Anklagen ein lukratives Geschäft machten. Die Kurzform „Syko" hat sich der Trainer einfallen lassen, um die griechische Feige (σῦκον, *sýkon*) mit dem deutschen „feige" zu verknüpfen. Denn persönlich missbilligt er Sykos Sykophantentum eigentlich auch. Als Mentor muss Rehhagel aber auch schon mal wie sein mythischer Vorgänger beherzt in die Schmuddel-Trickkiste greifen.

Wir sind beim Sturm. Links stürmt Hermes, ein wahrer Flankengott, wenn er „gut drauf ist" (König Otto hört lieber: „den Fußball-Parnass besteigt"; Parnass war der Musenberg; ihn erklommen zu haben bedeutet für den Künstler Vollkommenheit). Einer, der das Sturmspiel durch seine Pässe und Flanken beflügelt. Und der deshalb dem geflügelten Götterboten Hermes vergleichbar ist, der in anderem Zusammenhang als blitzschneller Paketzusteller in Anspruch genommen wird. Hermes ist übrigens der einzige Spieler, der griechischstämmige Nike-Schuhe tragen darf (alle anderen müssen sich mit deutschstämmigem Adidas-Schuhwerk begnügen – „Adolf Dassler" – wie uninspiriert!). Warum das? Weil Nike (νίκη), die griechische Siegesgöttin, ebenso wie Hermes Flügel trug.

Auf der rechten Außenseite ist Odysseus – noch – fest gesetzt, ein begnadeter Dribbelkünstler. Wenn er, wir haben dazugelernt, auf dem Parnass seiner Spielkunst steht (den er indes immer seltener erreicht), lässt er seine Gegenspieler einfach stehen und staunen. Seine Laufwege sind so unberechenbar wie seinerzeit die Route des Odysseus; sie ähneln Irrfahrten und führen doch ans Ziel – allerdings deutlich schneller als beim mythischen Odysseus.

Odysseus auf dieser Position zu beerben steht Adonis bereit. Er spielt gut Fußball, sieht aber noch besser aus, als er spielt. Ein Mädchenschwarm, der umkreischt wird, sobald er sich in der Öffentlichkeit blicken lässt – und der die Frauen scharenweise ins Stadion strömen lässt. Sein Name spricht Bände: Adonis war ein schöner Jüngling, der im Beziehungsleben das Höchste erreichte, was sich denken ließ: Er war der Geliebte der Liebesgöttin Aphrodite.

Mittelstürmer ist Ikaros. So hat König Otto ihn wegen seiner vielen Schwalben genannt. Kaum im Strafraum angekommen, probiert Ikaros gern seine Flugkünste aus – mit oder ohne Zutun seines Gegenspielers. Als Schwalbenkönig hat ihn die Presse früher verspottet, an „Ikaros" wagt sie sich nicht mehr mit der gleichen Häme heran. Der genießt als Klassiker Kultstatus.

„Von nichts kommt nichts!" –
Eine altgriechische Fußballweisheit

Kommen wir zu Mentors innovativen Motivationsmethoden. Er konfrontiert seine Spieler mit Wahrheiten, die seit zweieinhalbtausend Jahren gültig sind. Deren Suggestionskraft können sich gerade Kerberos und Co nicht entziehen, gehen sie doch allesamt auf Erkenntnisse *ihrer* Vorfahren zurück. Immer wieder geraten sie ins Staunen über das hohe Alter von Mentors „Motivationssprüchen".

Uns ergeht es auch nicht viel anders. Etwa, wenn König Otto seinen Mittelstürmer zu weiteren Flugeinlagen mit dem „Spruch" auffordert: „Eine Schwalbe macht noch keinen Sommer!" Damit greift er eine Fabel Äsops auf, in der ein junger Mann seinen letzten Mantel versetzt, als er eine Schwalbe sieht und das mit der Ankunft der warmen Jahreszeit gleichsetzt – und sich später frierend beklagt, die Schwalbe habe ihn zugrunde gerichtet. Aristoteles kreierte daraus das Sprichwort „Eine

Schwalbe macht noch keinen Frühling" (Nikomachische Ethik 1098 e) – was sich im Deutschen Klima-adäquat in die nächste Jahreszeit verschob. Diesen kleinen Germanismus sehen die griechischen Fußball-Heroen ihrem deutschen Trainer gern nach, zumal wenn er ihre Moral im Trainingslager mit so vielen anderen grundlegenden Einsichten fürs nächste Spiel aufrichtet: „Von nichts kommt nichts", weiß er z. B. in der Nachfolge gleich dreier großer Philosophen, deren Lehre der antike Philosophiehistoriker Diogenes Laertios so zusammenfasst: „Nichts entsteht aus dem Nichtseienden" (Philosophon bioi IX 44; 57; X 38: οὐδὲν γίνεται ἐκ τοῦ μὴ ὄντος; *oudén gínetai ek tou me óntos*). Oder, auf etwas größeren Trainingseinsatz pochend: „Arbeit ist keine Schande!" Womit sich der frühgriechische Dichter Hesiod um 800 v. Chr. ziemlich mutig von den Ansichten der Aristokratie abgrenzte, die diametral entgegengesetzter Meinung war (Erga 311: ἔργον δ'οὐδὲν ὄνειδος; *érgon d'oudén óneidos*).

Kaum hat es sich herumgesprochen, dass der nächste Gegner durch zahlreiche Verletzungsausfälle geschwächt ist, hämmert König Otto seinen „Männern" ein, dass man diese „Gelegenheit beim Schopfe fassen" müsse. Dieses anschauliche Bild, das so erst die Römer kannten, scheint ihm eingängiger als die ihm zugrunde liegende voraussetzungsreichere griechische Vorstellung des καιρός, *kairós*, des günstigen Augenblicks, den es Pittakos von Mytilene zufolge zu erkennen gilt (καιρὸν γνῶθι, *kairón gnóthi*; Stobaios Anthologium III 1, 172, 63) und der in Olympia sogar als personifizierte Gottheit kultisch verehrt wurde. Noch etwas freier geht Otto mit der Tradition um, wenn er seine Spieler auffordert, „wie Hektor an die Buletten zu gehen". Aber sie verstehen im Wesentlichen, was er meint: Hektor als der stärkste Kämpfer der Trojaner ist ihnen natürlich ein Begriff. Und was Buletten sind, ist nach kurzer Zeit jedem Spieler klar, der von einem gebürtigen Essener trainiert wird. Den Hintergrund, dass Hektor im 19. Jahrhundert in Deutschland ein beliebter Hundename war und Buletten bei Hunden ebenso gut ankommen wie bei Essenern, müssen die griechischen Spieler ja nun wirklich nicht kennen. Hauptsache, sie kapieren, dass sie selbst Hektor und die Gegner die Buletten sind.

### Eulen in Athen, kleinere Übel, drückende Schuhe – Alles schon da gewesen

Ohne Einzelgespräche kommt kein erfolgreicher Trainer mehr aus. Dazu gibt es zu viele hoch bezahlte Sensibelchen, deren Psyche mehr oder minder sanft gelenkt werden muss. Morpheus ist, wir haben es gehört, ein Problemfall. Bei ihm hilft hauptsächlich Lob. Und deshalb nimmt Otto ihn, wenn er nach einigen „verpennten" Spielen wieder einmal eine solide Leistung geboten hat, gern beiseite und rühmt ihn, er sei ja „wie ein Phönix aus der Asche auferstanden" – wie jener sagenhafte orientalische Vogel, den schon die Griechen kannten, die Römer sprichwörtlich wiederauferstehen ließen (Martial Epigramme V 7, 1) und die frühen Christen als Allegorie von Tod und Auferstehung Jesu in Anspruch nahmen (Tertullian De carne Christi 13).

Auch mit Prometheus ist das eine oder andere Einzelgespräch von Nutzen. Mit seiner Spielübersicht, raunt ihm Mentor bewundernd zu, könne er geradezu die „Welt aus den Angeln heben". Dieses Kompliment weiß Prometheus zu schätzen, ist ihm doch bewusst, dass kein Geringerer als der große Archimedes den berühmten Ausspruch geprägt hat: „Gib mir eine Stelle, wo ich hintreten kann, und ich bewege die Erde." – „Aber dir dein Talent zu schildern heißt ja Eulen nach Athen zu tragen", fügt Mentor lächelnd hinzu. Das stimmt. Prometheus weiß, wie gut er ist. Aber er hört es immer wieder gern – das eigentlich Überflüssige. Das Sprichwort geht auf die Eule als den Vogel der Stadtgöttin Athena und die Eulen-Darstellung auf athenischen Münzen zurück, als Bild erstmals von Aristophanes im 5. Jahrhundert v. Chr. genutzt (Aves 1106).

Auch Odysseus tut es gut, mit anerkennendem Schulterklopfen bestätigt zu bekommen, dass er seine Gegenspieler mit seinen Dribbelkünsten „an der Nase herumführt". Eben dies solle man *nicht* mit sich tun lassen, warnt ein Philosoph in Lukians „Hermotimos" seine Gesprächspartner – und legt damit den Grund zu einer bis heute gebräuchlichen Redewendung (Herm. 68).

Otto, das wird immer klarer, kennt seine Männer, weiß, wie er jeden Einzelnen ansprechen muss. Keiner ist für ihn ein „unbeschriebenes Blatt" – bei Plutarch eine Metapher für einen jungen Menschen, der noch genügend „Fläche" hat, um gewissermaßen erzieherisch beschrieben werden zu können (Moralia 900 b). Er weiß, wo einen jeden „der Schuh drückt" – ebenfalls bei Plutarch die Antwort eines Mannes, der sich von seiner attraktiven Frau scheiden lässt und seinen darob erstaunten Freunden einen Schuh mit den Worten hinhält: „Auch der ist schön anzusehen und neu, aber niemand weiß, wo er mich drückt" (Moralia 141a).

Und er nimmt sich Zeit für seine Spieler. Ausführliche Mannschaftsbesprechungen, hat er ihnen vermittelt, seien ein „notwendiges Übel" – so wie dem Komödiendichter Menander zufolge „Heiraten ... zwar ein Übel ist, aber ein notwendiges" (Stobaios Anthologium IV 22 c 77). Und selbst die längste Mannschaftsbesprechung sei doch wohl für jedermann erkennbar das „kleinere Übel" gegenüber dem größeren Übel, schlecht eingestellt ins nächste Spiel zu gehen. Dabei zitiert Mentor gern Sokrates persönlich. „Wenn jemand gezwungen wird, aus zwei Übeln das eine zu wählen, wird niemand das größere wählen, wenn es möglich ist, das kleinere zu wählen" (Platon Protagoras 358 d). Leuchtet ein, muss aber ab und zu gesagt werden. Meint jedenfalls Nestor.

### Trainingsdemokratie? – „Trink aus dem Lethe-Becher!"

Die Spieler sind eher geneigt, Mannschaftsbesprechungen als ausgedehnte Monologe Mentors wahrzunehmen, in denen ihnen der Kampf – „wie der eurer Vorfahren bei Marathon und Salamis!" – als „A und O" des Erfolges gepredigt wird. Alpha als erster und Omega als letzter Buchstabe des griechischen Alphabets stehen für das Wichtigste, alles Umfassende, sprichwörtlich hervorgegangen aus der Offenbarung, in der „Gott der Herr als das A und O, als Anfang und Ende" bezeichnet wird

(Offenbarung 1, 8; 21, 6). Dass auch Mentor in manchen Augenblicken mit der Vorstellung liebäugelt, *er* sei – zumindest für seine „Männer" – das A und O, wollen wir hier nicht vertiefen.

Die Länge mancher von Mentor nicht gerade diskursartig angelegten, freilich mit Hilfe altgriechischer Slogans auf ständige Remotivation der Spieler bedachten Besprechungen verleitet den einen oder anderen Profi schon mal zu Gähnen und Gemurmel. Einer hat mal, als Mentor zum paränetischen Schlussspurt ansetzte (Paränese ist die philosophische Mahnpredigt; παραίνεσις, *paraínesis*, „Zureden"), gewagt zu rufen: „Ich sehe Land!" Aber das hat König Otto als Majestätsbeleidigung gewertet und den kecken Jüngling mit dem aus Essen mitgebrachten rhetorischen Säbel abgestraft. Auch das wunderbar passende klassische Zitat hat ihn nicht milde gestimmt, zumal es von einem unangepassten Bürgerschreck stammt: Es geht der Legende nach auf den frechen Diogenes zurück, den „Tonnenphilosophen", der das angekündigte Ende eines langweiligen Gelehrtenvortrages mit einem erleichterten γῆν ὁρῶ, *gen horó*, quittierte, „ich sehe Land!"

Nein, Trainingsdemokratie ist Mentors Sache nicht. Der griechische Begriff irritiert ihn in diesem Zusammenhang keineswegs; schließlich sind auch „Monarchie", „Despotie" und „Tyrannis" griechischen Ursprungs. Er weiß indes partizipative Bestrebungen mutiger Kicker auch vornehmer zurückzuweisen. So einst, als er Prometheus' Alternativvorschläge für bestimmte taktische Spielzüge im Mittelfeld mit einem wunderbaren „Trink aus dem Lethebecher!" konterte. Lethe ist in der griechischen Mythologie ein Fluss in der Unterwelt; wenn die Seelen der Toten daraus trinken, vergessen sie ihre frühere Existenz. Um wie viel rüder hätte sich da ein abfällig geknurrtes „Vergiss es!" ausgenommen.

## Auf Messers Schneide – Mit Homer ins Endspiel

Der Motivationsschub durch aufputschende altgriechische Weisheiten und Namen hat funktioniert. Alle, die über Ottos „Sprüche mit langem Bart" gespottet haben, sind eines Besseren belehrt worden und verstummt. Otto und seine „Männer" stehen im Endspiel! Ein einziger Sieg trennt sie vom Titelgewinn. Wie wird Mentor seine Truppe einstellen? Er weiß um die Gefahr der Hybris, des altgriechischen „Konzepts" der Überheblichkeit, die bekanntlich vor dem Fall kommt. Die Diagnose „frevelnder Übermut" (ὕβρις, *hýbris*) will König Otto seiner Mannschaft ersparen, falls sie unterliegen sollte. Deshalb dämpft er zunächst die Erwartungen. „Ich verspreche euch keine goldenen Berge, Männer!", beginnt er seine letzte Kabinenansprache eine Stunde vor Anpfiff. Auf diesen „goldenen Bergen" saß einst nach einem Worte des Komödiendichters Aristophanes der Perserkönig (Acharner 82), der seine gewaltigen Reichtümer in den Kriegszug gegen Hellas investierte – und verlor. Sie blieben indes sprichwörtlich und wurden in römischer Zeit durch das „Versprechen" erweitert (Terenz Phormio 68; Persius Satiren III 65).

„Aber", fährt Mentor fort, „es steht auf Messers Schneide! Wir können es schaffen!" Andere Trainer hätten vielleicht gesagt, es werde knapp, der Ausgang des Spiels sei ungewiss. König Otto aber bezieht sich stilsicher auf den großen Homer, der schon einem trojanischen Helden in den Mund gelegt hat, dass „es fürwahr auf der Schärfe des Messers steht" (Ilias X 173; vgl. Herodot Historien VI 11, 2). Beschwörend bemüht Mentor ein weiteres – natürlich antikes – Bild, dass „der Sieg am seidenen Faden hängt" – einerseits eine Anspielung auf das Damoklesschwert (vgl. S. 59 f.), andererseits auf den Lebensfaden, den die Schicksalsgöttinnen bei der Geburt eines jeden Menschen spinnen und bei seinem Tode abschneiden.

Wobei Mentor natürlich nicht den Lebensfaden – so schlimm wird's schon nicht werden –, sondern den Erfolgsfaden meint, der im Endspiel nicht reißen soll. Auch im Misserfolgsfalle wird er sich nicht den „Schierlingsbecher reichen" lassen, an dessen sprichwörtlichem Karrierebeginn einst Sokrates gestanden hat. Und es wird auch niemand „ins Gras beißen" müssen, wenn's nicht klappen sollte; nicht einmal der Schiedsrichter, den auch König Otto, eine kleine Schwäche bei großen Fußballlehrern, gern als Verursacher von Niederlagen ansieht. Bei Homer und anderen antiken Schriftstellern biss übrigens der besiegte

Kämpfer noch „mit Geknirsch in die Erde" oder „in den Sand" (Ilias II 416ff.); dass er im Deutschen „ins Gras" beißt, dürfte mit dem regenreicheren mitteleuropäischen Klima und der entsprechenden Vegetation zu erklären sein.

Ob er denn nicht wenigstens eine persönliche Prognose zum Ausgang des Spiels abgeben wolle, wagt Prometheus ziemlich schüchtern zu fragen. Er weiß natürlich, dass er nach Mentors Meinung spielen und nicht fragen sollte. „Wer wird gewinnen?", platzt es aus ihm heraus. Ungewohnt milde aber, mit einem orakelhaften Lächeln auf den Lippen, gibt Mentor ihm zur Antwort: „Das wissen nur die Götter!" Nicht gerade eine weiter- oder, wie man heute gern sagt, „zielführende" Antwort, aber eine von tiefer Weisheit und philosophischem Weitblick geprägte Einsicht: Zumal mit einem die Rede abschließenden „Götter"!

So wie auch schon Homer seinen Helden oft genug die Beteuerung in den Mund gelegt hat, dass der Ausgang „fürwahr im Schoß der seligen Götter ruht". Es sind die Worte, die Hektor zu Achill just vor dem entscheidenden Zweikampf spricht, in dem er von ihm getötet werden wird (Ilias XX 435).

### Lorbeer für Hellas und einen neuen Olympier

Der Fußball-Zweikampf beginnt. Die Götter wissen, wem sie ihre Huld schenken wollen. Aber erst ganz am Ende zeigen sie es: Ihren Griechen natürlich, die an ihre Sprache, ihre Sprüche, ihre geistige Tradition fest geglaubt und sich davon haben beflügeln lassen. Sie ernten jetzt im übertragenen Sinne den Lorbeer, der ihren Vorfahren bei altgriechischen Sportwettkämpfen noch in Gestalt eines Kranzes aus Lorbeerzweigen überreicht worden ist. Ein Lorbeer, der – auch sprachlich – niemals welken wird.

Die Sensation ist perfekt. Spötter und Kritiker, die Mentor für seine Trainingsmethoden, seine Strategie und Psychologie mit Häme übergossen haben, huldigen nun „König Otto". Und wie sich da mancher journalistische Wendehals an ihn heranmacht und um ein Interview geradezu bettelt, ist schon ein „Bild für die Götter". Und zwar für die griechischen – die wussten ebenso wie Homer kräftig zu lachen, ja in homerisches Gelächter auszubrechen, wenn ihnen etwas komisch vorkam. Von *political correctness* ließen sie sich nicht ins Bockshorn jagen: Das früheste „Bild für die Götter" verbindet sich mit der Szene, in der der hinkende Hephaistos an der Göttertafel den Diener spielt. Bei dessen Anblick brechen die himmlischen Herrschaften in schallendes Gelächter aus (Ilias I 599). Behindertenfeindlich? Auch darüber hätten Zeus und Co gelacht.

Zurück zu unserem Philhellenen Otto. Er versteht den Kairos zu schätzen und vergibt all denen, die ihn wegen seiner unorthodoxen Methoden getadelt und geschmäht haben. Bis auf den einen: den, der am lautesten geschrien, ihn mit Sottisen gepiesakt, durch den vermeintlich altgriechischen Kakao gezogen und sein Konzept als „unter aller Kanone" verunglimpft hat – κανών, *kanón*, ist der „Maßstab" –, *ihm* versagt er seine Sieger-Huld. Was er tun könne, fragt dieser Rhadamanth verzweifelt (ein Kritiker, der so unerbittlich ist wie der Unterweltsrichter Rhadamanthys), um seinen Irrtum wieder gutzumachen. „Geh mir aus der Sonne!", gibt Mentor ihm cool zur Antwort, wohlwissend, dass er sich damit in die nahezu anarchistische Tradition des „Hundsphilosophen" Diogenes einreiht.

Fürwahr, nichts und niemand wird fortan dem gleißenden Sonnenlicht im Wege stehen, das auf Otto und seine Mannschaft fällt. Ihr festes Vertrauen auf die Motivationskraft einer großen, nicht wirklich abgebrochenen Vergangenheit hat sie zu Lichtgestalten werden lassen. Homer hätte seine Freude daran und nichts dagegen gehabt, wenn wir Otto aus dem Barbarenlande auf Goethes Spuren in den Rang eines Olympiers erheben und seine Spieler zu Heroen. Das allerdings ohne Zustimmung des frisch gebackenen Olympiers. Denn der möchte doch lieber an seinen „Männern" festhalten. Das ist Essen, und Essen bleibt er auch vom Olymp herab treu.

Eine Originalität, die uns schon ein bisschen zu schaffen macht. Haben *wir* uns doch, was die vielen in der Geschichte untergebrachten altgriechischen Redewendungen angeht, *nicht* besonders originell verhalten, als wir sie Reinhard Pohlkes Zusammenstellung entnommen, uns also „mit fremden Federn geschmückt" haben. Selbstredend auch schon ein griechisches Bild: Es geht zurück auf eine Fabel Äsops, in der die hässliche Krähe in den von Zeus ausgerufenen Wettbewerb um den König der Vögel einzugreifen versucht, indem sie sich mit Hilfe der herabgefallenen Federn anderer Vögel zur Schönheit aufplustern will.

Der Betrug fliegt auf und die Krähe ist blamiert. Das wird uns erspart bleiben, weil wir ehrlich sind. Und deshalb auch hinzusetzen wollen, dass unsere Legendenenthüllung über die „wahren" Wirkkräfte hinter dem riesigen Fußballerfolg des kleines Griechenlands pure Erfindung ist. Das einzig Echte ist das hohe Alter all der Weisheiten, geflügelten Worte und Redensarten, die noch heute in aller – und hoffentlich auch König Ottos – Munde sind.

Und unsere Anerkennung für die Leistung des Olympiers aus Essen und seiner heroischen griechischen „Männer".

# Johnny, Jürgen und Jolanthe

*Eine kleine griechische Namenskunde*

Die alten Sprachen sind wieder „in". Latein erzielt als Schulfach seit einigen Jahren phantastische Zuwachsraten – Zuwachsraten, die sich wahrlich „sehen lassen" können (φαίνειν, *phaínein*, davon abgeleitet φανταστικός, *phantastikós*, „fähig, sich etwas vorzustellen") – und die Zahl der Griechisch-Schüler (über lateinisch *schola*, „Schule", von griechisch σχολή, *scholé*, „Muße", „Zeit für Wissenschaft") ist stabil. Die Statistiken der Kultusministerien belegen das eindrucksvoll. Ein Phänomen (φαινόμενον, *phainómenon*, „Erscheinung"), das durch eine weitere Statistik erhärtet wird: In der „Hitparade" der beliebtesten Vornamen liegen die mit griechischem und lateinischem Ursprung ganz weit vorn.

Wir verkennen nicht, welche zentrale (κέντρον, *kéntron*, „Mittelpunkt eines Kreises") Rolle dabei die biblische Tradition spielt – erstaunlich in und trotz unserer säkularisierten Gesellschaft. Gleichwohl ist es bemerkenswert, dass die ersten zehn Plätze der Vornamenstatistik, die die Gesellschaft für deutsche Sprache für das Jahr 2006 ermittelt hat, bei Mädchen und Jungen ausnahmslos von griechischen, lateinischen und hebräischen Namen belegt werden. Bei den Mädchen lautet die Rangfolge: Marie, Sophie, Maria, Anna/Anne, Leonie, Lena, Emily, Johanna, Laura und Lea(h).

Gleich die ersten drei Plätze kann das Griechische für sich reklamieren. Maria mit der Nebenform Marie ist die gräzisierte Form von hebräisch Mirjam, Sophie dagegen ist wie Sophia eine genuin griechische Bezeichnung, die ihrer Trägerin „Weisheit" (σοφία, *sophía*) wünscht.

Mit Leonie und Lena auf den Plätzen fünf und sechs setzt das Griechische seinen Siegeszug fort: Leonie ist als Analogie-Bildung zu Lena die „Löwin" (λέαινα, *léaina*). Lena beanspruchen wir als Kurzform der „leuchtenden" Helena (wenngleich sie auch als Kurzform der hebräischen Magdalena „durchgeht"). Die übrigen Plätze gehen ans Lateinische (Emily aus Aemilia und Laura aus Laurentia) und ans Hebräische (Anna, Johanna und Lea).

### Männerabwehrer, Völkerbezwinger und Gottesfürchtige

Ein ähnliches Bild bei den Jungen. Auch hier hat das Griechische mit dem „löwengleichen" Leon (λέων, *léon*) die Nase vorn. Es folgen Maximilian, Alexander, Lukas, Paul, Luca, Tim, Felix, David und Elias. Die hebräischen Namen liegen „nur" auf Platz neun und zehn, die lateinischen stellen das Gros, doch hält das Griechische wacker mit. Neben dem ersten Rang erringt es auch den dritten – Alexander ist der „Männer Abwehrende", der „Schützer" – und den siebten Platz: Tim ist eine Kurzform von Timothy, der wiederum ist ein englisch gewandeter „Gottesfürchter" (Timotheus aus τιμᾶν, *timán*, „schätzen", und θεός, *theós*, „Gott").

Obere Plätze auf der Beliebtheitsskala männlicher Vornamen nimmt seit Jahren auch die „Nikolaus-Gruppe" mit den Varianten Nicolas, Nicola, Nikolai, Nick(y) sowie Klaus und Claas, Colin und Nils ein. Sie alle sollen, geht es nach dem Wunsch ihrer Eltern, „Völkerbezwinger" sein (λαός, *laós*, „Volk"; νικᾶν, *nikán*, „besiegen") – da wird's ein bisschen eng mit der Verteilung der „Verlierer" auf so viele „Sieger". Zumal auch noch einige Damen in der Bezwingungs-Konkurrenz mitmischen: Nicole, Nicolette, Nicolina und Nicky möchten ebenfalls zu den „Siegerinnen" (νίκη, *níke*, „Sieg") zählen.

Zu allem Überfluss beansprucht auch noch die ebenfalls populäre „Stephan-Gruppe" mit dem der Rechtschreibreform bereits sehr früh präludierenden f-Stefan, aber auch mit Steffen, Steven, Steve und dem slawischen Istvan ihren Sieger-Anteil – das sind nämlich die, denen bei der Namensgebung der (Sieges-)„Kranz" (στέφανος, *stéphanos*) fürs Leben überreicht worden ist. Fast unnötig anzumerken, dass sich auch Stephanie, Stephania und Steffi mit Siegeskränzen schmücken dürfen – und damit einer Berenike und Veronika ebenbürtig sind, die den „Sieg bringen" (νίκη, *níke*, „Sieg"; φέρειν, *phérein*, „bringen"). Ebenso wie Verona, deren Sieg bringende Fähigkeiten sich freilich nicht unbedingt auf die Grammatik erstrecken.

Zu den Tapferen im Lande gehören, wie oben angedeutet, auch Alexander sowie Andreas und Co. Der eine mit den Varianten Alex, Alec und Alexandre ist ein „Männer-Abwehrer" (ἀλέξειν, *aléxein*, „abwehren"; ἀνήρ, *anér*, Stamm ἀνδρ-, *andr-*, „Mann"); der andere, auch als André, Andi und Andreas gefeiert, einer, der ἀνδρεία, *andreía*, „Mannhaftigkeit", „Tapferkeit", verkörpert. Dass die zugrunde liegende Wurzel *andr-* den „Mann" bezeichnet, hat uns vor der „mannhaften" Andrea nicht bewahrt – wie eben auch, der Gleichberechtigung sei Dank, eine „Männer abwehrende" Alexandra ohne Amazonen-Allüren denkbar ist. Was auf die „Tarnnamen" Sandra, Sandy, Sandrina, Sonja und ähnliche Männerabwehrerinnen in Kurzform ebenso zutrifft. Wenn die wüssten…

### Die „gesalbte" Christiane, der „erweckte" Gregor

Der „Fels" in der Namensbrandung ist, seit vielen Jahrzehnten stabil und beliebt, Peter, egal, ob er als Pierre oder Pieter, Piotr, Pietro oder Petrus daherkommt – auch wenn sich nicht auf jeden gleich eine Kirche gründen lässt (πέτρος, *pétros*, „Fels"). Da das Griechische auch eine gleichbedeutende weibliche πέτρα, *pétra*, „Fels", kennt, enthalten wir uns tunlichst jeder süffisanten Bemerkung, die eine Petra uns verübeln könnte.

Mit „Peter" sind wir schon im Bereich religiös motivierter Vornamen. Bei Christian, Christoph, Christopher usw. ist wie bei den weiblichen Pendants Christa, Christina, Christiane und Kerstin die Zugehörigkeit zum „Gesalbten" (χριστός, *christós*) offenkundig. Vielversprechend zumindest für alle, die des Griechischen mächtig sind, klingen Theodor,

Theodora und Dorothea samt ihrer Kurzformen Theo und Thea. Denn sie werden als „Gottesgeschenk" gerühmt (θεός, *theós*, „Gott"; δῶρον, *dóron*, „Geschenk"). Gibt es auf weiblicher Seite mehr „Gottesgeschenke" als auf männlicher? Zumindest die Vielzahl der Dorothea-Variationen spricht dafür: Doris und Doro, Dörthe und Dortje, Doreen und Dorette, Dorothee und das russische Feodora.

Mit „Theophil" gelingt der maskulinen Partei ein nur schwacher Entlastungsangriff – selbst wenn man das gleichbedeutende „Gottlieb" (θεός, *theós*, „Gott"; φίλος, *phílos*, „Freund") hinzunimmt. „Gregor" macht indes einiges wett, zumal sich keine weibliche Form dazu herausgebildet hat. Der „Erweckte" (γρηγόριος, *gregórios*, „wachsam") ist und bleibt männlich – auch in den Nebenformen Gregory oder Grischa. Mit „Isidor" bleiben wir zwar im religiösen Bereich, verlassen aber den christlichen: Das „Geschenk der Isis" bleibt durch und durch heidnisch, ist aber auch ziemlich aus der Mode gekommen. Dieses Schicksal teilt es mit dem – allenfalls im Bayerischen noch populären – „Baptist", dem „Täufer" (βαπτιστής, *bastistés*). Biblisch bleiben wir auch mit Johannes, der gräzisierten Form des hebräischen Johanan, die auch als Koseform Johnny und als englisches John geläufig sind.

Sebastian ist ein überaus populärer Vorname, ohne dass all den Namen gebenden Eltern die religiöse Konnotation bewusst sein dürfte: σεβαστός, *sebastós*, ist der „Ehrwürdige" – und wenn man das ins Lateinische überträgt, gerät man rasch an einen der ganz Großen, die sich mit diesem Ehrentitel sehr deutlich von den Normalsterblichen abgrenzten: Die Rede ist von Kaiser Augustus.

### Angela – von Gott gesandt

Den von Gott gesandten Angelus (ἄγγελος, *ángelos*, „Engel") gibt es in der männlichen Ausprägung nur noch selten. Der Herr scheint sich hier ganz auf weibliche Dienstleister verlegt zu haben, die als Angelika (ἀγγελικός, *angelikós*, „engelhaft"), Angélique oder bundeskanzlerinnengleich als Angela oder Angie Dienst tun.

Auch andere männliche Vornamen, die zumindest etymologischen Glanz ausstrahlen, sind weitgehend in Vergessenheit geraten: Eugen, der „Wohlgeborene" (εὐγενής, *eugenés*, „von edler Abkunft"), Erasmus, der „Liebenswerte" (ἐράσμιος, *erásmios*, „geliebt", „willkommen"), der „königliche" Basil beziehungsweise Wassili (βασιλεύς, *basileús*, „König") und der „herrschaftliche" Cyril (κύριος, *kýrios*, „Herr"). Wer weiß noch, dass es neben der „guten", freilich auch in die Jahre gekommenen Agathe (ἀγαθή, *agathé*, „die Gute") auch die männliche Form „Agathon" gibt? Wer nennt seinen Sohn noch, auch wenn er damit an den berühmten trojanischen Stammvater der Römer anknüpfen könnte, „Aeneas", den „Lobenswerten" (von αἰνεῖν, *ainein*, „loben")?

Erheblich prosaischere Namen dagegen gehören zu den Spitzenreitern: Philipp, in den letzten Jahren stets unter den „Top Twenty" vertreten, ist der „Pferdefreund" (φίλιππος, *phílippos*, „Pferde liebend") – eigentlich doch eher eine weibliche Spezialität, die indes mit Philippine, Philippa oder Pippa nur zögerlich akzeptiert wird. „Georg" schwächelt zwar in den vergangenen Jahren etwas, macht aber mit seinen Nebenformen Jörg, Jürgen, George, Giorgio, Juri und York einigen Boden gut. Von der Bedeutung her handelt es sich bei ihnen allen um Bauern (γεωργός, *georgós*) – vom Sozialprestige her vielleicht nicht der ganz große Wurf, aber ohne Zweifel von entscheidender Bedeutung für das Überleben auch all derer, die nicht so heißen …

Wie wohlklingend und erwartungsfroh dagegen zahlreiche weibliche Vornamen! Beginnend mit der noch etwas hausbackenen „ordentlichen" Kosima (κόσμιος, *kósmios*) über die „liebliche" Larissa (λαρός, *larós*), die „schwarze" Melanie (μέλαινα, *mélaina*), die „leuchtende" Phoebe (φοῖβος, *phoíbos*) bis zur „reinen" Katharina (καθαρός, *katharós*), deren katharisches Wesen sich auch auf Käthe und Kati, Kathrin und Kathleen, Katja und Katinka erstreckt.

## Frieden, Weisheit, Perle – Vornamen-Wünsche

Mit der charakterlichen Reinheit war es bei ihr so eine Sache, dafür erstrahlte sie in einer einzigartigen Schönheit, die Eltern einer Tochter wünschen, wenn sie sie auf den Namen Helena („leuchtend") taufen lassen. Helen, Helene, Hella, Lena und andere Varianten wie die Lallform Nena erinnern – jedenfalls etymologisch – an die schöne, aber untreue Gattin des Spartanerkönigs Menelaos – und den um sie entbrannten Trojanischen Krieg.

Das Gegenteil davon verspricht die „friedliche" Irene (εἰρήνη, *eiréne*, „Frieden"). Und eine Margarete sollte sich als wahre „Perle" erweisen (μαργαρίτης, *margarítes*, „Perle") – ebenso wie Gritt und Greta, Gretchen und Grietje, Margot, Margrit und Rita. Der Reiz des Exotischen verbindet sich mit Bärbel und Barbara; denn das ist ursprünglich die „Fremde" oder „Fremdsprechende" (βάρβαρα, *bárbara*). Auch die uns so vertraute Barbie ist damit eigentlich eine Fremde. Besonders viel Klugheit trauten die Griechen den Barbaren nicht zu; insofern wirkt Sophia wie ein Gegenbegriff zu Barbara; σοφία, *sophía*, ist die „Weisheit".

Einige beliebte weibliche Vornamen gehen auf geographische Bezeichnungen zurück. Am erfolgreichsten war so gesehen die Insel Thera (heute Santorin): Sie gab jeder Therese, Tessa, Resi, Terry und Theres ihren Namen. Delia ist entsprechend ein „Mädchen von Delos" und Lydia eines aus Lydien, dem in der Antike von Griechen besiedelten Westen Kleinasiens.

Auch die Tier- und Pflanzenwelt hat bei manchen Namen Pate gestanden – so bei der „bienengleichen" Melissa oder Melitta (μέλισσα; μέλιττα, *mélissa*; *mélitta*, „Biene"), bei der mit „Lorbeer überhäuften" Daphne (δάφνη, *dáphne*, „Lorbeerbaum") und der veilchenartigen Jolanthe (ἴον, *íon*, „Veilchen"; ἄνθος, *ánthos*, „Blüte").

Deutlich weniger Poesie strömt der – freilich selten gewordene – Vorname „Stasi" aus – eine Abkürzung von Anastasia. Mit ihr verbindet sich die Hoffnung auf „Wiederauferstehung" (Adjektiv ἀναστάσιμος, *anastásimos*). Von dieser Hoffnung wollen wir uns zumindest im Hinblick auf die Kurzform denn doch lieber verabschieden.

# Dramatisches Szenario oder aufgepumpte Folter-Story?

## Eine Griechisch-lastige Skizze zur Klimakatastrophe

Welches Thema (θέμα, *théma*, „Satz", „zu behandelnder Gegenstand") erlaubt es, möglichst viele griechische Lehn- und Fremdwörter in einem – nur scheinbar – deutschen Text zu platzieren (von πλατεῖα, *plateía*, „breite Straße", über lateinisch *platea* zum „Platz"), um die aktuelle Wirkungsmacht der – nur scheinbar – historischen (ἱστορικός, *historikós*, „geschichtlich") Sprache der Hellenen zu illustrieren? Ursprünglich sollte es eine (durchaus kritische) „Ode an Oskar" sein (ᾠδή, *odé*, „Gesang"), in der auch das Wort „Demagoge" vorkam (im Athen des 5. Jahrhundert v. Chr. noch ein ganz unanstößiger „Volksführer", δημ-αγωγός, *dem-agogós*), doch überwog die Skepsis (σκέψις, *sképsis*, „Betrachtung") gegenüber einem natürlicherweise ephemeren Politiker-Phänomen (ἐφήμερος, *ephémeros*, „einen Tag dauernd", φαινόμενον, *phainómenon*, „Erscheinung").

Alles andere als ephemer dürfte dagegen ein anderes Phänomen sein – ein geopolitisches (γῆ, *gé*, „Erde") noch dazu. Die Rede ist von der Klima-Krise – das wäre, weil die Entscheidung noch offen wäre (κρίνειν, *krínein*, „entscheiden") die freundlichere Variante – beziehungsweise der Klima-Katastrophe – das wäre, weil dann die „Um-wendung", καταστροφή, *katastrophé*, schon vollzogen wäre, die weniger angenehme Möglichkeit. Griechisch ist jedenfalls beides – und auch das „Klima". Womit wir nach dem lateinischstämmigen Wort des Jahres 2006 („Fanmeile"; aus *fanaticus*, „begeistert", und *mille*, „tausend" [Doppelschritte]) ein griechischstämmiges Wort des Jahres 2007 hätten. Unter dem „Klima" verstanden die Griechen zunächst die „Neigung" der Erde zu den Polen hin, das Verb dazu ist κλίνειν, *klínein*, „neigen". Auch die „Klinik" ist davon abgeleitet. Sie verfügt über eine Reihe von Klinen (κλῖναι, *klínai*, „Liegen") für „bett"lägrige Kranke; die κλινικὴ τέχνη, *kliniké téchne*, ist die Heil-„Kunst", die sich um die „Bett"lägrigen bemüht. Nun scheint auch das Klima eines klinischen Eingriffs zu bedürfen. Die Übertragung der Erdneigung auf die Atmosphäre (ἀτμός, *atmós*, „Dampf", „Dunst" + σφαῖρα, *sphaíra*, „Kugel", „Ball", also „Lufthülle um die Erdkugel") lag nahe, weil es in den unterschiedlich „geneigten" Zonen der Erde zwischen Äquator und Polen unterschiedliche Wetterlagen gibt.

### Zitronen am Nordpol, Spargel in der Arktis?

Mittlerweile passt der Begriff noch in einem anderen Sinn. Denn offenkundig hat sich beim Klima etwas „schräg" entwickelt. Das wollen wir in der folgenden Skizze sozusagen mit griechischem Griffel zu Papier bringen – nachdem wir die griechischstämmigen Wörter dieses Satzes dingfest gemacht haben. Die „Skizze" geht über italienische Vermittlung auf σχεδόν, *schedón*, „beinahe", zurück; σχέδιον, *schédion*, ist etwas, das „in Eile", „aus dem Stegreif gemacht" ist. Der „Griffel" ist aus lateinisch *graphium* entstanden, das aber seinerseits ein Lehnwort zum γραφεῖον, *grapheíon*, war, dem „Schreibgerät" der Griechen (γράφειν, *gráphein*, „schreiben"). Den gleichen Weg hat das „Papier" genommen: Die lateinische *papyrus* ist nichts anderes als die griechische πάπυρος, *pápyros*, die „Papyrusstaude", auf deren verfilzte und geleimte Blätter man in der Antike schrieb.

Fast alle Sinn tragenden Nomina und Verben unseres kleinen Textes sind griechischstämmig, entweder in Gestalt immer noch erkennbarer Fremdwörter aus dem Griechischen oder in Gestalt eingedeutschter Begriffe, die sich ihrer neuen sprachlichen Heimat rasch angepasst und es geradezu darauf angelegt haben, ihren griechischen Ursprung zu verleugnen. Werden Sie, verehrte Leserinnen und Leser, diese Lehnwörter aus dem Griechischen erkennen? Und werden Sie den ganz wenigen nicht griechischstämmigen Begriffen, die wir eingeschmuggelt haben, auf die Schliche kommen? In ein, zwei Fällen werden wir Ihnen Pseudo-Etymologien auftischen und uns hinterher von unserem ψεῦδος, *pseúdos*, („Lüge", „Täuschung") distanzieren. Mit „auftischen" sind wir schon beim ersten Lehnwort. Oder hätten Sie gedacht, dass der scheinbar urdeutsche „Tisch" auf δίσκος, *dískos*, „Scheibe", „Schüssel", zurückgeht und damit, auf die „Tischplatte" übertragen, im selben Etymologieboot mit „Diskus", „Diskette" und „Disko" sitzt?

Hier also der deutsche Griechisch-Text:

„Die Generation Golf pumpt Myriaden Tonnen von Gas- und Ölrückständen in die Atmosphäre unseres Planeten. Bio-Meteorologen prophezeien, dass die $CO_2$-Bombe platzt, wenn die Katastrophen-Spirale nicht gestoppt wird. Politiker palavern, polemisieren, taktieren, teils elektrisiert, teils genervt. Zitronen am Nordpol, Spargel in der Arktis? Oder wird uns da von Lauttönern ein gepfefferter Skandal aufgetischt, der lediglich auf dem Papier halluziniert wird? Das Kyoto-Protokoll sympathisiert mit den Vorturnern der Trouble-Prognose. Wir sollten uns nicht als Öko-Strolche blamieren und uns von den Hohepriestern und Strippenziehern einer allzu pragmatischen Ökonomie-Leier keinen verplätten lassen. Was ist zu tun? Zelotische Hysterie ist fehl am Platze, aber Öko-Lethargie sollten wir uns abschminken. Analysiert zumindest der Chronist."

### „Marter" und „Folter" – Lehnwörter mit griechischer Genese

Die Kapitelüberschrift ist gewissermaßen griechisch katexochen (κατ'ἐξοχήν, „schlechthin"; früher ganz gebräuchlich, heute bevorzugt man „par excellence"): Drei Fremd- und zwei Lehnwörter tummeln sich dort: „Dramatisch" von δρᾶμα, *dráma* („Handlung", „Schauspiel"), „Szenario" von σκηνή, *skené* („Bühne", „Schauplatz") und „Story" von ἱστορία, *historía* („Forschung"; „Geschichtswissenschaft", über lateinisch *historia*, „Geschichte", zur englischen *story*). Die „Pumpe" verdankt ihren Ursprung dem lautmalerischen βομβεῖν, *bombeín*, „tief und dumpf tönen", „dröhnen" – ebenso wie die im Text folgende „Bombe". Die „Folter" erinnert an ein übles Martergerät, das einem „Fohlen" ähnelte, griechisch πῶλος, *pólos*. Einmal beim Quälen, können wir auch die „Marter" als griechischstämmigen Begriff entlarven. Darin versteckt sich μαρτύριον, *martýrion*, das „Zeugnis", das christliche Märtyrer auch unter körperlicher Qual für ihren Glauben abgelegt haben. Der Märtyrer ist also ein „Zeuge" (μάρτυς, *mártys*), und auch das Marterl am bayerischen Wegesrand erinnert an die „Blutzeugenschaft" des christlichen Gottes.

Kommen wir zum Text: Die Generation „Golf" ist natürlich nur ein Teil einer weltgeschichtlichen Epoche (ἐποχή, *epoché*, „Anhalten"; „fester Zeitpunkt"), in der der geographische Thermostat (θερμός, *thermós*, „warm"; στατός, *statós*, „gestellt") anthropogen kräftig nach oben gestellt wird, d. h. „vom Menschen (ἄνθρωπος, *ánthropos*) ausgehend". -γενής, *-genés*, bedeutet „stammend von", „hervorbringend", und ist Teil des Stammes *gen-*, der im Griechischen wie im Lateinischen den „Ursprung", die „Abstammung" angibt. Wir kennen ihn von den Genen, der Genetik, der Genese, der Genealogie, dem Genos, dem Genre und der Gentechnologie. Die „Generation" freilich ist, darüber täuscht auch unsere ganze eindrucksvolle Gen-„Arithmetik" (ἀριθμός, *arithmós*, „Zahl") nicht hinweg, lateinischen Ursprungs (*generatio*, „Zeugung", „Generation").

Anders als der „Golf". Der hört sich – zumal in Verbindung mit dem genetisch allzu deutschen Volkswagen – sehr deutsch an, ist aber tatsächlich ein Lehnwort zum griechischen κόλπος, *kólpos*, dem „Busen" und „Meerbusen" (vgl. S. 185 f.). Die Assoziation „gigantisch" bleibt da der Phantasie (φαντασία, *phantasía*, „Sichtbarmachung", „Vorstellungskraft") des Einzelnen vorbehalten. Im Ursprung ist es das Adjektiv zu den „riesigen" Giganten der griechischen Mythologie, die uns auch das Wortelement *giga-*, „Milliarde", beschert haben. Mit „Myriaden" bleiben wir bei großen Zahlen: Für die Griechen war die μυριάς, *myriás*, zunächst eine Einheit von 10 000, die aber auch schon im Sinn von „Unzahl", "unübersehbarer Zahl" verwendet wurde. Mit der bescheideneren Maßeinheit „Tonne" haben sich die Griechen nicht abgegeben, jedenfalls nicht als Wort-Abgeber fürs Deutsche.

### Ohne Griechisch kein „Stoppen" von „Spiralen"

Als den beiden wichtigsten Trägern von Energie (ἐνέργεια, *enérgeia*, „Tätigkeit", Wirksamkeit") steht es Öl und Gas gut an, edler griechischer Provenienz zu sein. „Gas" freilich ist ein im 17. Jahrhundert erfundenes Kunstwort; es wurde von dem Chemiker van Helmont in Anlehnung an χάος, *cháos*, „leerer Raum", gebildet. „Öl" dagegen ist authentisches (αὐθεντικός, *authentikós*, „verbürgt", „zuverlässig") Griechisch – na ja, ein bisschen hat neben ἔλαιον, *élaion*, „Öl", auch das damit verwandte lateinische *oleum* mitgeholfen. Statt der – schon erläuterten – Atmosphäre hätten wir auch „Äther" schreiben können, von uns Heutigen ja häufig auch synonym mit „Himmelsluft" gebraucht. Dafür hätten die Griechen freilich gerade angesichts der dort hineingepusteten Myriaden von Abgas-Tonnen wenig Verständnis gehabt. Für sie war der αἰθήρ, *aithér*, wirklich noch ätherisch – die helle, leichte Himmelsluft über dem schwereren ἀήρ, *aér*, der Luftschicht über der Erde. Als in der Regel wenig ätherische Wesen haben wir mit dem *aér* deutlich mehr Kontakt. Kein Wunder also, dass er bei der Fremdwortbildung die Nase vorn hat. Die Aerodynamik, der Aeroclub, der Airport und die Aerosole (in der „Luft" schwebende, „gelöste" Teilchen; lateinisch *solutio*: „Lösung") sind dort etymologisch ebenso zu Hause. Und außerdem das Aerobic. Dabei kommt es ja entscheidend darauf an, mit Hilfe des Bizeps (-bic!) und anderer Muskeln in der Luft zu zappeln.

Dass Bio-Meteorologen ohne Griechisch geradezu ein Nichts wären, springt sofort ins Auge: βίος, *bíos*, ist das „Leben", μετέωρος, *metéoros*, heißt „in die Höhe gehoben", „schwebend" (μετέωρα, *metéora*, sind mithin „Höhen- und Himmelserscheinungen") und -logen sind bekanntlich „Sager" (von λέγειν, *légein*; vgl. S. 208 ff.). Sie mutieren zu Pro-pheten, wenn sie etwas „vorhersagen" (von φάναι, *phánai*, „sagen"). Der

Klimakiller $CO_2$ ist, wir gestehen es ungern, im klassischen Altertum beheimatet. Gottlob nur sprachlich: Das C steht für *carbo*, lateinisch „Kohle", $O_2$ für eine griechisch „doppelt scharfe" Verbindung (δίς, *dís*, „doppelt" + ὀξύς, *oxýs*, „scharf", „sauer" + Suffix -ιδής, *-idés*, „ähnlich aussehend"). Wenn die $CO_2$-Bombe platzt, wird sie das zwar ohne den etymologisch zu erwartenden akustischen (ἀκούειν, *akoúein*, „hören") βόμβος, *bómbos* („Donner") tun, aber um so spürbarer. Und der gigantische Platz (πλατεῖα, *plateía*, „breite Straße", „freier Platz") dafür wird die gesamte Erdkugel sein.

Beim Treibgasausstoß sind wir nach wie vor in einer Spiralbewegung nach oben – einer Bewegung, die sich „windet": σπεῖρα, *speíra*, ist das „Gewundene", die „Windung". Die „Spirale" ist demnach ein Lehnwort aus dem Griechischen. So wie auch das „stoppen". Auch wenn dem Lateinischen hier wichtige sprachliche Schrittmacherdienste zukommen (*stuppare*), führt uns jeder Stopp doch letztlich auf griechisch στύππη, *stýppe*, zurück. Damit bezeichneten die Griechen den „Werg", mit dessen Hilfe Undichtigkeiten „zugestopft" und das Tropfen damit „gestoppt" wurde. Das Stoppschild und der Stöpsel, der Stopper im Fußball und das Stopfen von Socken – was hätten die Griechen verdient, wenn es für sprachliche Übernahmen Lizenzgebühren gäbe! Phantastereien (φανταστής, *phantastés*, „einer, der sich zur Schau stellt"), die wir mit einem energischen Stopp! beenden.

## Palavern und polemisieren – Wort „kriege" mit „Vergleichen"

Wie reagieren die Politiker auf die Klima-Nachrichten, mithin diejenigen, die die Geschicke der Polis (des „Staates", vgl. S. 166 f.) lenken? Die einen sind „elektrisiert", will sagen: Sie reiben sich, wie weiland der Bernstein (ἤλεκτρον, *élektron*) an der Herausforderung und fordern programmatisch (πρόγραμμα, *prógramma*, „öffentliche Bekanntmachung") ein praktisches (πρακτικός, *praktikós*, „zum Handeln gehörig") Umsteuern. Die anderen wollen sich nicht durch eine „Öko-Hysterie" (οἶκος, *oíkos*, gemeinsames „Haus"; ὑστέρα, *hystéra*, die „Gebärmutter" als angeblicher Sitz seelischer Übererregung – erst eine moderne Lokalisierung psychischer Exzentrik, für die die alten Griechen nichts können!) nervös machen lassen (die Römer verdankten ihre *nervi* den griechischen νεῦρα, *neúra* – und über diese Vermittlung auch wir). Klar, dass deshalb ein heftiger Krieg (πόλεμος, *pólemos*) mit Worten entflammt, dass end- und ergebnislos palavert wird (englisches *palaver* geht auf griechisch παραβολή, *parabolé*, zurück, „das „Nebeneinanderstellen von Argumenten", ihr „Vergleich") und dass berechnend taktiert wird. Die τακτική (τέχνη), *taktiké (téchne)*, war die „Kunst" der Truppenführung durch richtige „Anordnung" (τάττειν, *táttein*) der Kämpfer.

Muss man angesichts der Erderwärmung wirklich mit dem Schlimmsten rechnen? Wird es dazu kommen, dass Zitronen (κίτριον, *kítrion*, „Zitronenbaum") und Spargel (ἀσπάραγος, *aspáragos*) in klimatisch bisher eher ungünstigen Zonen (ζώνη, *zóne*, „Gürtel", „Zone") der Erde an den Polen (πόλος, *pólos*, „Achse", „Drehpunkt") in der Arktis (ἄρκτος, *árktos*, der „Bär" als Gestirn über dem Nordpol) oder der Ant-arktis („Gegen-Bär") gedeihen? Sind solche hyperbolischen (ὑπερβολικός, *hyperbolikós*, „übertrieben") Szenarien, fragt die andere Seite, nicht an sich schon Ausdruck einer reichlich gummihaften (κόμμι, *kómmi*, „Gummi") Rhetorik (ῥητορική (τέχνη), *rhetoriké (téchne)*, „Redekunst")?

Nicht wenige bezweifeln, dass wir es tatsächlich mit solch einem massiven Risiko zu tun haben. Mit „massiv" sind wir auf der sicheren Etymologie-Seite; hinter dem lateinischen Klumpen (*massa*) scheint noch die griechische μᾶζα, *máza*, durch, das „Geknetete", der „Klumpen". Anders beim „Risiko", dem eine durchaus riskante Herleitung zugrunde liegt. Sie bringt griechisch ῥίζα, *rhíza*, die „Wurzel", mit lateinisch *resecare*, „abschneiden", in Verbindung. Trifft sie zu – die Sprachwissenschaftler sind sich uneins darüber –, so ist „Risiko" tatsächlich griechischstämmig; ist sie falsch, so bleibt immerhin eine lateinische „Wurzel": *resectum*, die vom Festland „abgeschnittene" Felsklippe, barg – damals wie heute – Gefahren – oder eben Risiken.

## Spleenige Typen sind „Milz-geprägt"

In der folgenden Frage sind „aufgetischt", „Papier" und „Öko" als griechischstämmige Begriffe bereits anfangs skizziert worden. Will sagen: Sie stellen nichts „Geheimnisvolles", μυστικόν, *mystikón*, mehr für uns dar. Und „halluzinieren" hört sich so richtig schön griechisch an. Stimmt auffallend. Es leitet sich ab von ἀλύειν, *alýein*, „verwirrt sein". Wer unter Halluzinationen leidet, ist in der Tat von Sinnestäuschungen und Verwirrungen seiner Wahrnehmung heimgesucht. Auch „Skandal" klingt griechisch – und ist tatsächlich eine urgriechische „Falle" (σκάνδαλον, *skándalon*), ein in den Weg gelegter „Stein des Anstoßes", der zum „Ärgernis" wird. „Skandalös" ist eine griechisch-lateinische Neubildung, bei der das eine Fülle bezeichnende lateinische Suffix *-osus* an den griechischen Stamm gehängt wird.

Der „Pfeffer" hat eine nachgerade gepfefferte Begriffsgeschichte, die seinen Siegeszug vom ostasiatischen Gewürzstrauch zum unentbehrlichen Gewürz auch in der deutschen Küche widerspiegelt. Das indische *pippari* wurde bei den Griechen zum πέπερι, *péperi*, und bei den Römern zum *piper*. Das althochdeutsche Lehnwort hieß noch *pfeffur/pfeffar*, daraus entwickelte sich unser heutiger „Pfeffer". Vom „Pfeffer" zu den „Lauttönern". Welcher der beiden Bestandteile ist deutsch, welcher griechisch? Falsch geraten! Es ist der „Ton". τόνος, *tónos*, ist die „Spannung", auch die „Anspannung der Stimme" – und eben das, was dabei herauskommt.

Über der tönenden Akustik des Mundes ein paar Zentimeter höher im Gesicht stoßen wir bei vielen Menschen auf ein optisches Phänomen: die Brille. Diese segensreiche Erfindung geht auf das 14. Jahrhundert zurück, als man sie aus einem klaren Halbedelstein schliff, den die Griechen βήρυλλος, *béryllos*, oder βηρύλλιον, *beryllion*, nannten. Der Beryll hat neben der „Brille" eine noch glänzendere sprachliche Karriere gemacht: Auch der „Brillant" geht auf ihn zurück. Gibt es, fragen wir herausfordernd, über den Brillenrand der Altphilologie schauend, etwas Näherliegendes, als dass „Brillanz" und brillant" griechischen Ursprungs sind?

Die Klima-Debatte ist ja, um von der Brillanz der Sprache zur Brisanz der Erderwärmung zurückzukommen, keineswegs ein völlig neues Thema auf der geopolitischen Agenda – und auch nicht von ein paar spleenigen Öko-Typen daraufgesetzt. Diese „Typen" bitten wir nicht als Ausdruck von Geringschätzung misszuverstehen. Der τύπος, *týpos*, ist zumindest im Griechischen ganz wertfrei ein „Schlag", ein „Gepräge"; und der Singular „Typus" ist im Deutschen ja durchaus respektvoll gemeint – was beim „Typ" oder bei der „Type" nicht unbedingt unterstellt werden kann. Der scheinbar englische „Spleen" ist in Wirklichkeit eine griechische „Milz" (σπλήν, *splén*); von ihr gingen nach antiker Auffassung Gemütskrankheiten aus – und die spleenige Verschrobenheit mag ja im weiteren Sinne dazu zu rechnen sein.

Spleenige Klima-Vorstellungen wird man indes den Urhebern des Kyoto-Protokolls wohl kaum nachsagen können, sondern eher denen, die das Protokoll *nicht* unterschrieben haben. „Kyoto" hört sich nicht ungriechisch an, bleibt aber trotzdem japanisch. Anders das „Protokoll": Das ist das „erste vorgeleimte" Blatt an einer Schriftrolle, zusammengesetzt aus den Grundbegriffen πρῶτος, *prótos*, „der erste", und κόλλα, *kólla*, „Leim".

Die Unterzeichner des Kyoto-Protokolls hegen mit den um das Weltklima Besorgten die „gleichen Empfindungen"; sie „leiden mit" ihnen (συμ-παθεῖν, *sym-pathein*). Sie erwarten, wenn nicht gegengesteuert wird, die gleiche „Verwirrung", den gleichen „Tumult" auf der Erde wie die Mahner: Das nächste scheinbar englische Wort *trouble* geht in Wirklichkeit über die lateinische *turba*, „Unordnung", auf die griechische τύρβη, *týrbe*, zurück, die „Verwirrung", das „Getümmel" – oder eben griechisch-deutsch „Trubel".

Die etwas umgangssprachlich-despektierliche Bezeichnung „Vorturner" für die Warner und Mahner haben wir uns nur deshalb erlaubt, weil wir das deutsche „turnen" als Lehnwort zu τορνεύειν, *torneúein* – erneut über lateinische Vermittlung via *tornare* – „unterbringen" wollten. *torneúein* drückt eine auch dem Turnen eigentümliche Bewegung aus: „drehen", „runden". Womit auch der Turnus als regelmäßiger „Wechsel", der Segel-Törn als Abfolge von „Wendungen" zur See und auch das An- und Abtörnen als einschlägiger „Dreh" erklärt wären. Die Vor-Turner passen bestens zur Pro-gnose. Deren Wesen ist es ja, etwas „vorher zu wissen" (πρό, *pró*, „vor" + γνῶσις, *gnósis*, „Erkenntnis").

## Blamage und Blasphemie – „Lästerlich" ist beides

Die Leser haben schon längst gemerkt, welcher These (θέσις, *thésis*, „Setzung", „aufgestellter Satz") der Autor zuneigt. Sie werden sich daher über seine Skepsis gegenüber einem allzu pragmatischen (πραγματικός, *pragmatikós*, „am Handeln orientiert", hier sogar in der ursprünglichen Bedeutung „Geschäftsmann" passend!), letztlich myopischen (μύωψ, *myops*, „die Augen schließend", „kurzsichtig") Weiter-so!-Kurs nicht wundern. Und auch nicht über seine Distanz gegenüber Aposteln (ἀπόστολος, *apóstolos*, „Abgesandter"), Apologeten (ἀπολογητικός, *apologetikós*, „Weg-Redner", „Verteidiger"), Hohepriestern (πρεσβύτερος, *presbýteros*, der „Kirchen-Älteste") und Strippenziehern (στρόφος, *stróphos*, „Band", „Schnur", über lateinisch *struppus* ins Deutsche gelangt) neoliberaler (νέος, *néos*, „neu") Durchhalte-Ökonomie. Deren Argumentations-Leier (λύρα, *lýra*) ist nämlich mindestens ebenso monoton (μονότονος, *monótonos*, „eintönig") wie die ihrer Öko-Antipoden (ἀντίπους, *antípous*, „Gegenfüßler").

Natürlich wollen wir eine vernünftige und realistische Wirtschaftspolitik nicht verketzern („Ketzer" sind seit dem 13. Jahrhundert Anhänger der vermeintlich „reinen" Lehre; von καθαρός, *katharós*, „rein") oder gar verteufeln (der „Teufel" ist ein Lehnwort zu διάβολος, *diábolos*, „Verleumder") – wenn sie denn vernünftig ist und vernünftige Prognosen ernst nimmt. Aber wenn man manche Hardliner vom Typ (τύπος, *týpos*, siehe oben) George Bush hört (manchmal ist die Etymologie hilfreich: γεωργός, *georgós*, ist der „Bauer"), gerät man in Sorge, die im Prinzip vernunftbegabte Menschheit könnte sich dereinst furchtbar blamieren. Und damit im ursprünglichen Sinne den Schöpfergott „schmähen". „Blamage" und „blamabel" leiten sich – über lateinisch *blasphama-*

re und französisch *blâmer* – von griechisch βλασφημεῖν, *blasphemeín*, ab. βλασφημία, *blasphemía*, ist die „lästernde Schimpfrede", die sich in christlichem Verständnis gegen Gott richtet. Ach ja, die „Strolche". Sie gehen wohl – sicher ist das allerdings nicht – auf die ἀστρολόγοι, *astrológoi*, zurück, die „Sterndeuter", denen schon in römischer Zeit der Ruf der „Umstürzler" und Gegner der herrschenden Ordnung anhaftete. Ihre Seriosität stand stets auf Messers Schneide; insofern hat die Etymologie Strolch – Astrologe eine gewisse Wahrscheinlichkeit für sich.

Plattdeutsch, Platin und Platine –
Stets dieselbe griechische Platte

Was für ein jämmerliches Deutsch, mag sich manch einer empört haben, als er stirnrunzelnd das umgangssprachliche „verplätten" las. Schlimmer noch – wenn's denn unter Hellenophilen noch schlimmer geht: Der eine oder die andere konnte mit diesem Ausdruck gar nichts anfangen, weil er einem regionalen Idiom (ἰδίωμα, *idíoma*, sprachliche „Eigentümlichkeit") angehört. Sei's drum: In „verplätten" steckt „platt", und das ist, so platt es manch einem vorkommen mag, ganz authentisches Griechisch: πλατύς, *platýs*, heißt nun einmal „platt", „breit", und das „Plätten" als Synonym für „Bügeln" ist mithin pures Griechisch. Da sind Sie aber platt, oder?

Selbst das Plattdeutsche ist in seinem ersten Bestandteil griechischen Ursprungs und auch das teure Platin und die für unsere Zivilisation so bedeutsamen Platinen gehen auf auf πλατύς zurück. Und zwar über spanisch *plata*, „(Blatt-)Silber", und *platina*, „kleines Silber". Als Platitüde werden Sie diese Erkenntnis ja wohl kaum einstufen – was unser „verplätten" vermutlich auch bei Sprach-Ästheten (αἰσθητής, *aisthetés*, „einer, der (Schönheit) wahrnimmt") in milderem Licht erscheinen lässt. Die Einzigen, die sich so richtig ärgern, sind möglicherweise die Griechisch-Gegner. Und zwar darüber, dass der Autor stets dieselbe Platte auflegt. Das, verehrte Apostaten (ἀποστάτης, *apostátes*, „Abtrünniger") des Griechischen, ist das erklärte Thema dieses Buches. Und was unser

„Thema" (θέμα) ist, haben wir Ihnen ja schon mal erläutert: eine „Setzung", die wir freilich auch durch zahlreiche Beispiele zu untermauern nicht müde werden – und seien sie noch so platt ...

Hysterie, so scheint uns, ist trotz aller Probleme (πρόβλημα, *próblema*, die „vorgelegte Aufgabe") fehl am Platze (der ist ebenfalls in der Regel „platt", und tatsächlich ist πλατεῖα, *plateía*, das Femininum zu *platýs*) – zumal da das ganz falsche Organ (ὄργανον, *órganon*, „Körperteil") zum Ratgeber gemacht wird, über das auch nur die Hälfte der Menschheit verfügt: Die Gebärmutter (ὑστέρα, *hystéra*).

Und zelotisch wollen wir auch nicht sein. Eiferer (Singular: ζηλωτής, *zelotés*) sind erfahrungsgemäß auch nicht gerade kephalokybernetische Koryphäen. Oho, da haben wir aber neologistisch gepunktet! Nicht mit „Koryphäen", das sind eingeführte „Geistesgrößen", die ursprünglich den Chor im Drama anführten, wohl aber mit „kephalokybernetisch". κεφαλή, *kephalé*, ist der „Kopf", und κυβερνητικὴ τέχνη, *kybernetiké téchne*, ist die „Kunst des Steuerns", sodass wir auf diese Weise auch „kopfgesteuert" mit einem griechischen Fremdwort ausdrücken können. Nicht mehr ganz so kopfgesteuert scheint uns das zu sein, was wir in den virtuellen Räumen des Internets so alles antreffen können – weshalb der von der „Steuerungs"-Wissenschaft „Kybernetik" abgeleitete Begriff „Cyberspace" vielleicht doch unpassend ist. Es sei denn, man versteht ihn so, dass sich diejenigen, die sich darin bewegen, von Cyber und Co. willenlos „steuern" lassen – was für uns Freunde des griechischen *lógos* keine angenehme Vorstellung ist.

### Ein riechendes Loch über dem „Gegen-Bären" –
### Wo Schlafmützigkeit fehl am Platze ist

Unsere Kephalokybernetik sollte uns jedenfalls erkennen lassen, dass die Zeit der Öko-Lethargie auch im Hinblick auf den Treibhaus-Effekt und das Ozon-Loch (ὄζον, *ózon*, „das Riechende") endlich vorbei ist, jene Haltung mithin, die sich der Lethe, dem „Fluss des Vergessens", verpflichtet weiß. λήθαργος, *léthargos*, nannten die Griechen einen

"Schlafsüchtigen". Etwas weniger vornehm ausgedrückt, könnte man auch von einer "Schlafmütze" sprechen. Und Schlafmützigkeit in Klima-Sachen können wir uns wohl nicht mehr leisten. Wenn wir sie uns abschminken, so tun wir uns damit auch im etymologischen Sinne etwas Gutes. Denn die "Schminke" hat sich vermutlich als Lehnwort aus σμῆγμα, *smégma*, entwickelt – und das ist die "Schmiere" (von σμήχειν, *sméchein*, "reiben", "schmieren"). Weg also mit dem Umwelt-Phlegma, dem zähflüssigen, durch "Entzündung" entstandenen Schleim (φλέγμα, *phlégma*, von φλέγειν, *phlégein*, "entzünden"), der uns zur "Trägheit" verleitet!

Die Situation, in der wir stehen, bezeichnen wir heutzutage als Dilemma. Eine unerfreuliche Alternative steht hier zur Wahl. δίς, *dís*, "zwei", kennt man von anderen griechischen Verbindungen: Die Di-ode ist eine Zweipolröhre (δίς, *dís* + ὁδός, *hodós*, "Weg"), das mittlerweile berüchtigte Di-oxid ein "doppeltes" Oxid, ein Di-plom ursprünglich ein "doppelt gefalteter Brief" (δίπλωμα, *díploma*) und ein Di-stichon ein "Zwei-Zeiler". Das λῆμμα, *lémma*, ist eine "Annahme". Die antike Rhetorik verstand unter einem διλήμματον, *dilémmaton*, die Vorhaltung eines Redners gegenüber seinem Gegner, mit der er ihn vor zwei unangenehme Möglichkeiten stellte.

Diese wenig erquickliche Situation zu analysieren ist nur scheinbar ein bequemer Ausweg. Die ἀνάλυσις, *análysis*, ist eine mittels Verstandeskraft bewirkte "Auflösung" des Problems, aber noch nicht seine Lösung. Insofern lässt der Chronist – eigentlich der Verfasser einer Zeitgeschichte; χρόνος, *chrónos*, "Zeit" + Suffix -ιστής, -*istés*) – seine Leser in einer gewissen Aporie zurück (ἀπορία, *aporía*, "Ratlosigkeit") – jedenfalls darüber, wie es mit dem Klima weitergehen wird.

Eine andere möglicherweise noch bestehende – sprachliche – Aporie kann indes rasch beseitigt werden. Welche als griechischstämmig eingeschmuggelten Begriffe gehen in Wirklichkeit nicht aufs Griechische zurück? Der Autor hat Sie, verehrte Leserinnen und Leser, nur ein einziges Mal aufs etymologische Glatteis geführt – und zwar dort, wo er die Bombe "platzen" ließ. Da der "Platz" bekanntlich nicht zum Platzen neigt, ist das Verb auch nicht von πλατεῖα, *plateía*, abgeleitet. Es ist also als angeblich griechisches Verb falsch platziert worden – *das* wiederum ist, weil es ja an einen bestimmten „Platz" gesetzt wurde, tatsächlich griechischer Provenienz.

Bevor sie jetzt vor Zorn ganz ungriechisch platzen, weil Sie mit nur einem nichtgriechischen Begriff hinters Licht geführt worden sind, legen wir vorsichtshalber mit unserer durchaus griechischen Platzierung weiterer griechischer Begriffe eine Pause ein. Damit ist allerdings, diese weitere Enttäuschung können wir den Enttäuschten und Entrüsteten nicht ersparen, keine Pause im griechischen Sinne gemeint. Dort bezeichnet παύειν, *paúein*, ein „Aufhören", „Beenden", im Deutschen ist die „Pause" bekanntlich zu einem nur vorläufigen Ende mutiert. Schlimmer noch: Sie impliziert eine Fortsetzung nach einem Augenblick des Innehaltens. Wer pausiert, macht zwangsläufig weiter. So ungerecht kann Sprache manchmal sein.

## Psychosen, Arthritis, Neuralgien

*Das alles verdanken wir den Griechen*

Die Überschrift verheißt nichts Gutes. Und tatsächlich müssen Sie, verehrte Leserinnen und Leser, jetzt ganz stark sein. Wir beschäftigen uns mit Krankheiten. Muss das sein? Ja, es muss; sonst würden wir Ihnen einen nicht unerheblichen Teil unseres sehr aktuellen griechischen Spracherbes vorenthalten. Denn die von manch einem der Benutzung einer Geheim- oder gar Herrschaftssprache verdächtigten Mediziner sprechen eben kein Fachchinesisch, sondern neben Fachlatein auch mit Vorliebe Fachgriechisch. Was Ihnen meist erst auffällt, wenn Ihnen die Diagnose (διάγνωσις, *diágnosis*) – das „Durchschauen" der Krankheit – gestellt wird und sich bei Ihnen zum Gram über die Krankheit auch noch der Ärger darüber einstellt, dass Sie der einzige sind, der mangels Griechisch-Kenntnissen nicht richtig durchblickt.

Sehen Sie die folgenden Seiten also als eine Art Lebenshilfe an – solche Ratgeber stehen ja allgemein hoch im Kurs. Sollten Sie nicht erkranken – umso besser, dann erfahren Sie hier, was Ihnen alles erspart bleibt.

Es bleibt Ihnen manches erspart, wenn Ihr Arzt Ihnen nie eine Diagnose mit dem Suffix -*itis* stellt. Das drückt nämlich eine akute entzündliche Krankheit aus, die, an den meist griechischen Ausdruck für das betroffene Körperorgan angehängt, auch direkt lokalisiert wird. Ist eine Grippewelle auf dem Vormarsch, so schnellt die Zahl der Rhinitis, Laryngitis, Bronchitis und Otitis lautenden Diagnosen steil in die Höhe. ῥίς, *rhis*, Genitiv ῥινός, *rhinós*, ist die „Nase", λάρυγξ, *lárynx*, die „Kehle", βρόγχια, *brónchia*, das „Ende der Luftröhre" und οὖς, *oús*, Genitiv ὠτός, *otós*, das „Ohr" (weshalb, nebenbei bemerkt, die Otiatrie die „Ohrenheilkunde" und das vornehm klingende „Otophon" ein banales Hörgerät ist). Bei einer Dermatitis liegt eine Entzündung der „Haut" (δέρμα, *dérma*) vor, bei einer Daktylotitis – selbst die gibt es! – ist zumindest ein Finger (δάκτυλος, *dáktylos*) entzündet.

### Achillobursitis – Klassischer kann nichts entzündet sein

Eine ebenso schmerzhafte wie weitverbreitete Erkrankung betrifft die ἄρθρα, *árthra*, „Gelenke". Schon die griechischen Ärzte sprachen von einer ἀρθρῖτις, *arthrítis*, und bezeichneten damit meist die Gicht. Weil sie sich oft am Fußgelenk äußerst unangenehm bemerkbar macht, firmierte sie auch unter dem volkstümlichen Begriff ποδάγρα, *podágra* (von πούς, pous, Genitiv ποδός, *podós*, „Fuß").

Wenn lebenswichtige innere Organe betroffen sind, wird die *-itis*-Diagnose umso gravierender. Bei einer Hepatitis ist das ἧπαρ, *hépar*, die „Leber", betroffen, bei einer Enteritis das ἔντερον, *énteron*, der „Dünndarm", bei einer Kolitis das κόλον, *kólon*, der „Dickdarm", und bei einer Pankreatitis das πάγκρεας, *pánkreas*, die „Bauchspeicheldrüse". Sind die Nieren (νεφροί, *nephroí*) entzündet, so sprechen die Ärzte von einer Nephritis, ist die Galle (χολή, *cholé*) betroffen, so liegt eine Cholangitis vor. Größte Eile ist geboten, wenn ein lateinisch benannter „überflüssiger" kleiner Körperteil entzündet ist: Die Appendizitis (*appendix*, „Anhang") ist eine Blinddarmentzündung.

Auch Herz und Hirn bleiben von Erkrankungen nicht verschont. Die Folgen sind bei dem einen Organ eine Enzephalitis (ἐγκέφαλος, *enképhalos*, „Hirn") oder eine Meningitis (μῆνιγξ, *méninx*, „Hirnhaut"), bei der anderen ist stets die καρδία, *kardía*, betroffen, das "Herz". Bei einer Perikarditis ist die Gegend „um" das Herz „herum" entzündet (περί, *perí*), mithin der Herzbeutel, bei einer Endokarditis die Herzinnenhaut (ἔνδον, *éndon*, „drinnen") und bei einer Myokarditis der Herzmuskel (μῦς, *mys*). „Kardial" ist demnach alles, was das „Herz" betrifft, der Kardiologe der „Herzspezialist", das Kardiogramm eine „schriftliche" Darstellung der Herzbewegungen und ein Kardiakum ein herzstärkendes Arzneimittel.

Das beängstigende -itis-Kapitel ließe sich über Seiten fortsetzen. Aber wir haben ein Einsehen mit den Lesern und wollen ja auch niemanden in die Hypochondrie jagen. Der Hypochonder (ὑποχόνδριος, *hypochóndrios*) heißt nach der Stelle „unter dem Brustbein", die als Sitz von Gemütskrankheiten galt, und die Hypochondrie gab es natürlich auch schon im Altertum. Einer hat uns von seinen einschlägigen Obsessionen sogar ausführlich berichtet: Der Rhetor Ailios Aristides in seinen *hieroí lógoi*, „Heiligen Reden". Eine -itis-Erkrankung wollen wir aber doch noch „unterbringen", weil sie moderne medizinische Terminologie mit einem kulturkundlichen „Schmankerl" verbindet. Die einzige Stelle, an der der große Held Achill bekanntlich verwundbar war, war seine Ferse. Das sollte ihm durch Hektors gezielten Pfeilschuss zum Verhängnis werden. Manchmal geht es indes auch glimpflicher ab – und zwar, wenn die Diagnose „Achillobursitis" heißt. Dann liegt eine – durchaus heilbare – Schleimbeutelentzündung (βύρσα, *býrsa*, ursprünglich „Ledersack", daraus „beutelförmiger Körperhohlraum", vgl. S. 279 ff.) an der Achillesferse vor.

### Bei Ostealgie hilft der Arzt, bei Ostalgie Gregor Gysi

Das Suffix -itis bedingt in aller Regel ein weiteres, nämlich -*algie*. ἄλγος, *álgos*, ist der „Schmerz"; eine Achillobursitis ist demnach vermutlich mit Achillobursalgie verbunden. Geläufiger ist das Suffix im Zusammenhang mit anderen Körperteilen. Sollten Sie sich nicht zu gemeinen Ohrenschmerzen bekennen wollen, können Sie zur vornehmeren Otalgie (οὖς, *ous*, Genitiv ὠτός, *otós*, „Ohr") Zuflucht nehmen; Nephralgie und Kardialgie lokalisieren Ihren Schmerz bei den Nieren beziehungsweise beim Herzen. Ostalgie und Ostealgie gilt es trotz nur eines trennenden Buchstabens fein säuberlich zu unterscheiden. Das erste ist eine Analogiebildung zur Nostalgie, dem „Heimweh" (νόστος, *nóstos*, „Heimkehr"), das zweite betrifft die ὀστέα, *ostéa*, „Knochen", bezeichnet also einen „Knochenschmerz". Noch eine Verwechslungsmöglichkeit gefällig? Bitte sehr: Notalgie mag sich zu einer wahren Not ausweiten, hat aber trotzdem mit ihr nichts zu tun, sondern bringt mehr oder weniger heftigen Rückenschmerz auf den sprachlichen Punkt: νῶτος, *nótos*, ist nämlich der „Rücken".

Im Prinzip braucht man an die griechischen Vokabeln für Körperteile nur *-algie* anzuhängen – und schon ist es klar, wo es einen schmerzt. Machen wir die Probe aufs Exempel. Dermalgie? Richtig, da ist δέρμα, *dérma*, die „Haut", im Spiel. Die Rede ist also von einem Hautnervenschmerz. Hepatalgie kennen die Mediziner auch, Laien nennen das eher eine „Leberkolik". Die Gastralgie (γαστήρ, *gastér*, „Magen") ist besser bekannt unter der Bezeichnung „Magenkrampf". Die – noch nicht erwähnte – Pleuritis geht konsequenterweise mit einer Pleuralgie einher, einem Schmerz im Brustfell (πλευρά, *pleurá*). Wenn's beim Mann weiter unten wehtut, könnte das auf eine Orchitis schließen lassen, eine „Hodenentzündung" (ὄρχις, *órchis*), die eine Orchalgie im Gefolge hat. Kurzfristig kann man sich die allerdings auch ohne *-itis*-Diagnose beim Fußballspiel zuziehen – weshalb die Vorsichtigeren unter den Kickern sich zumindest bei gegnerischen Freistößen mit den Händen schützen. Die gegebenenfalls daraus resultierende Daktylalgie – gibt's den Begriff überhaupt? – ist sicher eher erträglich als die Orchalgie. Zumal sie nicht in den chronischen (χρόνος, *chrónos*, „Zeit"; also „anhaltend", „dauerhaft") Zustand des πάθος, *páthos* („Krankheit"), überzugehen droht.

*-pathie* an einen Körperteil gehängt, lässt auf ein langwieriges Leiden schließen. Gastropathie ist eine Erkrankung des Magens, Kardiopathie eine des Herzens, Hepatopathie eine der Leber, Nephropathie eine der Nieren und Osteopathie ein Knochenleiden. Wenig erfreulich auch die Arteriopathie, die eine Schlagader (ἀρτηρία, *artería*) betrifft, die Neuropathie, die die Nerven (νεῦρα, *neúra*; Singular νεῦρον, *neúron*) angreift, und die Psychopathie, die die Seele (ψυχή, *psyché*) in Mitleidenschaft zieht und den Kranken im medizinischen – nicht unbedingt im landläufigen – Sinne zum Psychopathen macht.

## Wenn's einem graut, kann das eine Psychose oder eine Poliose sein

Von der Psychopathie zur Psychose – auch nichts, über das man zu jubeln geneigt wäre, ganz gleich, ob es einen selbst oder andere betrifft. Das Suffix *-osis* beziehungsweise verdeutscht *-ose* drückt einen Zustand aus, der im medizinischen Kontext meist ein krankhafter ist. Bei der Sklerose hat sich ein Gewebe oder Organ verhärtet (σκληρός, *sklerós*, „hart", „trocken"), bei einer Nekrose ist das Gewebe schon abgestorben (νεκρός, *nekrós*, „tot"). Eine Blutpfropfbildung (θρόμβος, *thrómbos*) führt zur Thrombose, knötchenförmige Geschwülste in der Lunge, lateinisch *tubercula*, führen zur Tuberkulose. Da ist man, auch wenn es ein Warnzeichen ist, mit einer Pyrosis fast noch gut bedient. Bei der brennt gewissermaßen Feuer (πῦρ, *pyr*) im Rachen; im Alltag sprechen wir vom Sodbrennen. Vergleichsweise harmlos ist die Poliosis. Darin steckt πολιός, *poliós*, „grau". Die Poliose ist also nichts anderes als das Ergrauen der Haare – vor ihr sollte eigentlich niemandem grauen, es sei denn, er oder sie ist geradezu grauenhaft eitel.

Dass die Gürtelrose nicht zur *-osis*-Gemeinschaft gehört, obwohl sie einen sehr schmerzhaften Zustand beschreibt, merkt man spätestens beim Versuch, das Wort zu trennen. Gleichwohl können wir hier mit Griechisch dienen. Der medizinische Fachbegriff heißt nämlich Herpes zoster. ἕρπης, *hérpes*, ist das „Hautgeschwür" und ζωστήρ, *zostér*, der „Gürtel". Und was ist mit der Narkose? Sie zählt natürlich zur *-osis*-Gruppe, denn sie drückt ja durchaus einen Zustand aus. Wenn auch keinen krankhaften – νάρκη, *nárke*, ist die „Erstarrung", „Lähmung". Und bei allen Ängsten, die sich mit der νάρκωσις, *nárkosis*, der künstlichen Betäubung, verbinden, hat sie ja zumindest *ein* Gutes: Sie lässt den Narkotisierten alle *-osen* und *-itides*, alle *-algien* und *-pathien* wenigstens eine Zeit lang vergessen.

Angst-Diagnose -om –
Zwischen lebensbedrohend und harmlos

Mit dem Suffix -om (griechisch -ωμα) in der medizinischen Terminologie verbinden sich viele Ängste. Man denkt unwillkürlich an die bekannteste und gefürchtetste -om-Diagnose, das Karzinom. Es taucht schon als καρκίνωμα, *karkínoma*, „Krebsgeschwulst", im medizinischen Schrifttum der Griechen auf und bezeichnet natürlich eine lebensbedrohende Krankheit. Allerdings verrät die Endung allein noch nicht, ob etwas Bösartiges vorliegt. Das Suffix -om bedeutet an sich „nur" eine Schwellung, die auch vergleichsweise harmloser Natur sein kann. So etwa beim Hämatom – sicher eine schmerzhafte, aber doch wieder abklingende „Blutgeschwulst" (αἷμα, *haíma*, „Blut"). Der Stamm von *haíma* ist übrigens *haimat-*; das ist hier besonders wichtig, damit man sich nicht bei einer falschen Zusammensetzung des Wortes darüber wundert, wie denn Blut „geschnitten" werden solle: Das Wortelement -*tomie* (τομή, *tomé*, „Schneiden") bringt man eher mit dem ärztlichen „Handarbeiter" (χειρ-ουργός, *cheir-ourgós*, „Chir-urg") in Verbindung als mit dem Onkologen („Geschwulst"-Spezialist, von ὄγκος, *ónkos*, „Last", „Geschwulst").

Auch ein Lipom ist eine gutartige und harmlose Fett-Geschwulst (λίπος, *lípos*, „Fett") – im Unterschied zum malignen Liposarkom. Das σάρκωμα, *sárkoma*, geht begrifflich ebenfalls schon auf die altgriechische Medizin zurück; in der modernen Medizin wird damit eine bösartige Bindegewebsgeschwulst bezeichnet (σάρκωμα, *sárkoma*, „Auswuchs" von σάρξ, *sarx*, Genitiv σαρκός, *sarkós*, „Fleisch"). Ist das Gewebe über den Knochen betroffen, so lautet die Diagnose Osteosarkom (ὀστέον, *ostéon*, „Knochen").

Beim Mamma-Karzinom (μάμμη, *mámme*, lateinisch ebenfalls *mamma*, „Brust") liegt ein Brustkrebs vor, beim Hepatom ein Leberkrebs (ἧπαρ, hépar, Genitiv ἥπατος, *hépatos*, „Leber"), beim Melanom zeigen „schwarze" (μέλας, *mélas*) Wucherungen einen gefährlichen Hautkrebs an. Wir wünschen den Leserinnen und Lesern, dass sie allenfalls mit der benignen oder sogar harmlosen Variante einer -*om*-Diagnose Bekanntschaft machen. Und dass sie, wenn es doch anders kommt, die wunderbare Wirkung eines anderen griechischen Wortes erfahren: eine Therapie (θεραπεία, *therapeía*, „Dienst", „Behandlung") die den Patienten als im medizinischen Sinne „therapiert" entlässt. Wobei auch im griechischen Verständnis „drastische" Heilmittel willkommen sind: Unter φάρμακα δραστικά, *phármaka drastiká*, verstanden die Griechen „wirksame Heilmittel" (von δρᾶν, *dran*, „handeln", also „Wirkkraft entfalten").

Die letzten Anmerkungen deuten es an: Es wäre kultur- und medizingeschichtlich verfehlt, die griechische Antike nur als Wortsteinbruch für die ärztliche Terminologie der Gegenwart anzusehen. Die griechische Sprache ist – wie die lateinische auch – als ein solcher benutzt worden – bis hin zu Neubildungen wie „Allergie" (Reaktion auf ein ἄλλον ἔργον, *állon érgon*, „anderes Werk", „anderer Stoff", 1906 geprägt). Deshalb gehört zum Medizinstudium auch ein Terminologie-Kurs, in dem diejenigen Studierenden die besten Karten haben, die Latein und möglichst auch Griechisch auf der Schule (im Sinne einer richtig verstandenen σχολή, *scholé*, „Muße", die nicht nur unmittelbar Verfügbares im Visier hat) gelernt haben. Den umgangssprachlichen Ausdruck mit den „Karten" erlauben wir uns nur deshalb, um deren Herkunft von χάρτης, *chártes*, „Papyrusblatt", en passant zu dokumentieren – nicht ohne darauf hinzuweisen, dass sich über lateinisch *charta* auch „Karton", „Kartusche", „Kartell" und sogar „Skat" davon ableiten.

Vom Hippokratischen Eid zum Priapismus –
Unser griechisches Medizin-Erbe

Über dieses sprachliche Erbe hinaus gibt es durchaus auch ein fachliches Erbe. Die griechische Medizin war eine gut ausgebildete Wissenschaft, in deren Tradition auch noch die ärztliche Kunst der Moderne steht. Das umfangreiche Corpus Hippocraticum aus dem 5. und 4. Jahrhundert v. Chr. gehört gemeinsam mit den ebenfalls sehr ausführlichen, rund drei Millionen Wörter umfassenden Schriften Galens, des wohl berühmtesten griechischen Arztes überhaupt (2. Jahrhundert n. Chr.), zum fundamentalen medizinischen Schrifttum der abendländischen Tradition. Hervorragende antike Ärzte wie Galen seien aufgrund ihrer „intellektuellen und praktischen Fähigkeiten mindestens ebenso erfolgreich gewesen wie ein Arzt in der ersten Hälfte des 20. Jahrhunderts", vermutet Vivian Nutton, eine Kapazität in der Erforschung der antiken Medizingeschichte (Neuer Pauly VII 1116).

Selbst wenn dieses Urteil etwas zu elogial sein sollte, lässt es doch den hohen Standard der ärztlichen Kunst der Griechen erkennen. Sie dominierten auch in der römischen Kaiserzeit das Gewerbe – auch wenn sie sich den „Markt" mit einer Menge Latein sprechender Scharlatane teilen mussten (was nicht heißt, dass es nicht auch griechischsprachige Versager in der durch keine staatlichen Prüfungen oder Approbationen regulierten Heilkunst gegeben hätte). Wer mehr darüber erfahren möchte, sei auf das von Karl-Heinz Leven herausgegebene Lexikon „Antike Medizin" verwiesen.

Zu den großartigen Traditionen altgriechischer Medizin gehört auch das „wirkungsmächtigste Arztgelöbnis der abendländischen Medizingeschichte" (Leven): der „Hippokratische Eid". Er stammt vermutlich aus dem 4. Jahrhundert v. Chr. und setzt bis auf den heutigen Tag Maßstäbe für die medizinische Ethik. Es sind weniger die einzelnen Bestimmungen dieses – in der Antike nicht verbindlichen – Gelöbnisses, die seine ungebrochene Bedeutung ausmachen, als der am unbedingten Wohl des Patienten orientierte Geist, den dieses Dokument atmet und zur Basis auch noch des modernen ärztlichen Ethos (ἦθος, *éthos*, „Gewohnheit", „Sitte") macht.

Der kurze Hinweis auf diesen kulturgeschichtlichen Aspekt unseres griechischen Erbes soll den sprachgeschichtlichen Befund selbstverständlich nicht schmälern. Zumal zahlreiche wichtige Begriffe und Krankheitsbezeichnungen der modernen Medizin wie „Antidot" (ἀντίδοτος, *antídotos*, „dagegen gegeben", „Gegenmittel") oder „Asthma" (ἄσθμα, *ásthma*, „schweres Atemholen") schon Teil der ärztlichen Nomenklatur der Antike sind. Gelegentlich, hat man zumindest als Laie den Eindruck, waren die griechischen Ärzte terminologisch etwas kreativer als ihre heutigen Berufskollegen. Eine – sicher recht unangenehme – spezifisch männliche Erkrankung bezeichnete Galen als Priapismus. Um diese anschauliche, fast ein wenig poetische Diagnose verstehen zu können, muss man sich in der griechischen Mythologie ein bisschen auskennen. Priapos war ein Fruchtbarkeitsgott, dessen hervorstechendes anatomisches Merkmal sein gewaltiger Phallos (φαλλός, *phallós*, „Penis") war. Mit diesem – stets in erigiertem Zustand dargestellten – Körperteil stand er vogelscheuchenartig in antiken Gärten, um Unfruchtbarkeit und Diebe abzuwehren. Männer, die ihm krankheitsbedingt „nacheiferten", litten deshalb an πριαπicμός, *priapismós*. Was sich zumindest netter anhört als das Viagra-indizierte Gegenteil, das medizinterminologisch indes den gleichen Befund aufweist: erektile Dysfunktion.

# Zwischen Idyll und Horoskop

*Ein Panorama des Sehens*

Jede Sprache verfügt über ihren gepflegten Grundbestand an unregelmäßigen Verben – eine der größten Gemeinheiten beim Sprachenlernen, finden viele und beneiden die jeweiligen Muttersprachler um diese ihnen in die Wiege gelegte Lernersparnis. Deutsche sind hier aufgrund vieler „starker" Verben – Verben mit Wechsel des Stammvokals – in ihrer Sprache massiv im Vorteil, auch wenn sie es sich selten klarmachen. Genug Kapazität also, um lateinische und griechische Stammformen zu lernen, schlussfolgert der Altsprachler. Womit wir beim Thema wären. Unter den unregelmäßigen Verben im Griechischen ist kaum eines so unregelmäßig wie ὁρᾶν, *horán*, „sehen". Mit dem Präsensstamm bildet es nur ganz wenige Fremdwörter. Das bekannteste ist eine Neubildung des späten 18. Jahrhunderts: Das „Panorama" bietet eine „Gesamtsicht" (πᾶν, *pan*, „alles"). Auf ältere Wurzeln geht der Ephorus als Leiter eines evangelischen Seminars oder anderweitiger Funktionsträger im kirchlichen Bereich zurück; im alten Sparta waren die Ephoren („Aufseher", von ἐφ-ορᾶν, *eph-horán*) die beiden höchsten politischen Beamten.

Erheblich dichter wird das „optische" Fremdwortnetz beim Futur von ὁρᾶν: Es heißt ὄψεσθαι, *ópsesthai* – womit „optisch" und „Optik", die „Lehre vom Sehen", geklärt wären. Während sich der Optiker – wieso hört und liest man eigentlich ständig von „Augenoptikern"? Gibt es ein anderes Organ des Sehens? – sich mit Maßeinheiten des „Durchsehens" (Di-optrien; διά *diá*, „durch") lebender Probanden beschäftigt und das zur Not auch delegieren kann, sieht sich der Pathologe lieber „selbst" die Verfassung seiner toten Probanden an: Die Autopsie ist eine

„Selbstsicht" (αὐτός, *autós*, „selbst"), eine Leichen-Schau mit eigenen Augen. Auch Philologen, „Wortfreunde", kennen – ohne sonstige Affinität zu den Pathologen, „Krankheitskundlern" – die Autopsie: Wer eine neue Textausgabe eines Klassikers veranstalten will, „schaut" sich die Manuskripte oder Handschriften in Archiven und Bibliotheken möglichst „selbst" an – behandelt sie aber deutlich pfleglicher, als die Pathologen bei ihrer Autopsie vorgehen.

### Ideen und Idole – „Geschaute Bilder"

Bei unserer Synopse (σύν-, *syn-* „Zusammen-Sicht") des „sichtbaren" Griechisch-Erbes stoßen wir als nächstes auf den Aorist, eine dem Griechischen eigentümliche Aktionsart, von ὁρᾶν: Er heißt ἰδεῖν, *ideín*, und ist unschwer als Ursprung der „Idee" zu erkennen. Sie ist seit Platon die „Schau" (ἰδέα, *idéa*) der unveränderlichen „Urbilder" der Dinge (vgl. S. 147). Das geistige „Sehen" von etwas, das ausgeführt werden kann oder sollte, bezeichnen wir als „Idee" im Sinne von „Plan", „Einfall". Das Ideelle, lehrt die Erfahrung, ist selten deckungsgleich mit dem Pragmatischen (πρᾶγμα, *prágma*, „Handlung", „Tatsache"). Gleichwohl sind (griechische) Ideale als – zumindest in der Vorstellung „geschaute" – Sinnbilder der Vollkommenheit als Gegengewicht zum (lateinischen) Realismus (*res*, „Sache", „Ding") wichtig, um dem Handeln eine Richtung zu geben. Wer freilich aus dem von ihm Gesehenen eine systematische Lehre (λόγος, *lógos*) macht, ohne die Ideen anderer und die praktische Umsetzbarkeit zu berücksichtigen, den pflegen wir als „Ideologen" zu verdächtigen.

Vom Idioten ist er allerdings auch sprachlich weit entfernt. Dem liegt die extreme Konzentration auf das Eigene (ἴδιον, *idion*) zugrunde, ἰδιώτης, *idiótes*, ist bei den Griechen noch ohne negativen Unterton der „Privatmann", der „Laie". Erst die Römer haben den *idiota* zu dem gemacht, was er für uns heute ist.

Zurück zum Stamm *id-* (und eben nicht *idio-*)! Mit dem „Idol" sind wir wieder auf festem Schau-Grund; εἴδωλον, *eídolon*, ist das „Bild", das in der Bibel seine negative Färbung zum „Kult"- beziehungsweise „Götzenbild" erhielt, bevor es in der Neuzeit über das französische *idole* wieder positiver als „Abbild" des „Idealen" und damit als Gegenstand inbrünstiger Verehrung in Gebrauch kam. Auch das „Idyll" oder die „Idylle" wurde erst spät zum „Bild" eines behaglich-beschaulichen Lebens, allerdings vorgeprägt durch den griechischen Dichter Theokrit. Er schrieb im 3. Jahrhundert v. Chr. Gedichte mit der Darstellung des Hirtenlebens, die er εἰδύλλια, *eidýllia*, „Bildchen", nannte – zusammen mit Vergils „Eklogen" der Beginn der „idyllischen" europäischen Schäferdichtung. Nach einem der darin „auftretenden" Protagonisten (πρωταγωνιστής, *protagonistés*, „erster Kämpfer", „erster Schauspieler") nennt man sie auch „Bukolik" (βοῦς, *bous*, „Rind").

Orchideenfach Griechisch – Und wonach „sieht es aus"?

Das aoristische ἰδεῖν hat auch ein Suffix hervorgebracht, das sich in verschiedenen Bereichen großer Beliebtheit erfreut. Die Rede ist von *-(o)id*, hervorgegangen aus *-(e)ides*, „ähnlich aussehend". So ist ein Aster-oid ein „sternenartiges" (ἀστήρ, *astér*) Gebilde, ein kleiner Planet. Ein Arachn-(o)ide ist ein spinnenähnliches (ἀράχνη, *aráchne*) Tier und ein Anthrop-oide ein menschenähnliches (ἄνθρωπος, *ánthropos*); im Klartext: ein Menschenaffe.

Als faschist-oid gilt ein Denken oder eine Organisation, die den Faschisten in bedenklicher Weise ähneln. Auch die Chemiker haben beim *-id* kräftig zugegriffen, mögen sich auch Substanzen wie Chlor-ide und Glukos-ide, was das Aussehen angeht, weit von ihren Ursprungsstoffen entfernt haben. Hier deutet *-id* nur auf einen grundlegenden Inhaltsstoff hin, der optisch nicht mehr erkennbar ist. Ein Suffix wie *-id* bietet sich auch für Neubildungen an. Wie wäre es mit gamo-id zur Bezeichnung „eheähnlicher" (γάμος, *gámos*, „Ehe") Verbindungen? Das wäre deutlich näher an der Ursprungsbedeutung als etwa Zellul-oid, dem man das Ausgangswort „Zelle" (lateinisch *cella*, „Kammer") allenfalls sprachlich ansieht.

Möchten Sie, verehrte Leserinnen und Leser, zum Abschluss des griechischen „Sehens" noch ein dem „Orchideenfach" Griechisch angemessenes „Schmankerl"? Bitte schön: Es ist die Orchidee selbst. Sie verdankt ihren Namen der Tatsache, dass ihre Knollen wie „Hoden" (Singular ὄρχις, *órchis*) aussehen. Auf diese Sichtweise, oder besser: Idee wären Sie wohl nicht gekommen.

## Skepsis gegenüber dem Horoskop – Ein Sehen prüft das andere

Wo bleibt das in der Überschrift angekündigte „Horoskop", werden Sie vielleicht fragen. Und wenn sich dann eine gewisse Skepsis gegenüber der Wahrhaftigkeit des Autors breitmacht, sind wir beim Thema. Das zweite folgenreiche griechische Verb für „sehen" ist σκοπεῖν, *skopeín*, „beobachten", beziehungsweise das Medium σκέπτεσθαι, *sképtesthai*, „umherschauen", mit dem deutschen „spähen" und dem lateinischen *spectare* urverwandt. Mit dem *-skop* lässt sich allerhand „erschauen": die „Ferne" (τῆλε, *téle*, „fern") mit dem Tele-skop, die „Brust" (στῆθος, *stéthos*) drinnen mit dem Stetho-skop und auch, was uns die „Stunde" (ὥρα, *hóra*) geschlagen hat – eben das verspricht uns jedenfalls das „Horo-skop".

Das Epi-dia-skop gewährt sogar zweierlei: die „Auf"- (ἐπί, *epí*) und die „Durch-sicht" (διά, *diá*), während sich der „Bischof" mit der „Aufsicht" über seine Schäfchen begnügt: „Bischof" ist ein Lehnwort zu ἐπίσκοπος, *epískopos*, „Aufseher".

Erheblich treffsicherer als das Horoskop ist mittlerweile die Demoskopie. Sie „beobachtet" das „Volk" (δῆμος, *démos*), seine Stimmungen, Gewohnheiten und Vorlieben. Ein junges Wort, das jedermann kennt – ganz im Unterschied zu dem alten Wort τειχοσκοπία, *teichoskopía*, das kaum jemandem geläufig ist, obwohl es in der Technik des Dramas eine wichtige Rolle spielt. Mithilfe der „Mauerschau" werden dem Zuschauer Geschehnisse geschildert, die er, weil sie sich gewissermaßen hinter einer „Mauer" (τεῖχος, *teichos*) abspielen, selbst nicht sehen kann – zum

Beispiel eine Schlacht, die man ohne den Kunstgriff der Teichoskopie sonst mit großem Aufwand inszenieren müsste.

Bleibt am Ende die Skepsis. Darunter verstanden die alten Griechen ein genaues Betrachten und Prüfen (σκέψις, *sképsis*, „Betrachtung", „Überlegung"). Eine Haltung, die ihnen als Korrektiv zu dem scheinbar oder anscheinend „Erkannten" so wichtig war, dass der Skeptizismus in der Antike zu einer einflussreichen philosophischen Lehre gedieh. Sie macht den Zweifel zum Prinzip des Denkens. Heutzutage bezeichnet man als „Skeptizismus" auch eine übertriebene Form, alles und jedes in Frage zu stellen, gewissermaßen eine „Zweifelsucht". Sie läge vor, wenn man die in diesem Kapitel besprochenen griechischstämmigen Begriffe des Sehens noch einmal allzu skeptisch unter die Lupe nähme, obwohl wir sie doch fast mikroskopisch genau (μικρός, *mikrós*, „klein") untersucht haben.

# Boliden und Boxen

## Schumi im Dialog mit Archimedes

Beginnen wir mit einem ganz herzlichen Dank an Guido Knopp. Er hat es seinerzeit in „Romdeutsch" geschafft, dass Caesar sich von Günther Jauch geduldig hat befragen lassen und durch sein Wirtschaftslatein mächtig Eindruck machen konnte. Diesmal ist dem ZDF-Chefhistoriker (ἱστορία, *historía*, „Geschichte") ein weiterer Coup gelungen, den wir nur als ausgesprochen willkommene „Ohrfeige" empfinden konnten (so die Bedeutung des Ursprungswortes von „Coup": κόλαφος, *kólaphos*, „Faustschlag"). Er hat für uns ein Treffen zwischen Archimedes und Michael Schumacher arrangiert und die beiden gebeten, sich über ein Thema (θέμα, *théma*, „zu behandelnder Gegenstand") auszutauschen, das sie beide fesselt: Technik (τέχνη, *téchne*, „fachliches Können", „Handwerk"). Das Gespräch moderiert ein renommierter Gräzist (Suffix -ιστής, *-istés*, zur Bezeichnung einer handelnden Person), der die aus seiner Sicht etwas anrüchige sprachliche Infotainment-Szene dieses Buches (σκηνή, *skené*, „Bühne") nur unter Pseudonym (ψεῦδος, *pseúdos*, „Lüge" + ὄνομα, *ónoma*, „Name") betreten möchte. Nennen wir ihn Herrn Kapelos.

**Kapelos:** Unser Programm (πρόγραμμα, *prógramma*, „öffentliche Bekanntmachung") ist ein Technik-Dialog (διάλογος, *diálogos*, „Unterredung") zweier Koryphäen (κορυφαῖος, *koryphaíos*, „Chorführer") aus verschiedenen historischen Epochen (ἐποχή, *epoché*, „Anhalten"). Der eine ist, wenn ich so sagen darf, das Alphatier der antiken Physik und Mathematik: Ich begrüße Archimedes sehr herzlich. Der andere ist ebenfalls geradezu ein Mythos (μῦθος, *mýthos*, „Erzählung", „Legende") auf seinem Gebiet. Er ist einer der erfolgreichsten Autorennfahrer aller Zeiten. Ich begrüße Michael Schumacher, von Rennsport-Enthusiasten (ἐνθουσιαστής, *enthousiastés*, „Begeisterter") liebevoll „Schumi" genannt. Bevor ich unseren beiden Protagonisten (πρωταγωνιστής, *protagonistés*, „erster Kämpfer", „Hauptperson") das Wort erteile, sollten wir die Frage der Anrede klären: Griechisches „Du" oder deutsches „Sie"?

### Vom hippischen zum Auto-Rennstall

**Schumacher:** Ich bin für „Du", ist näher an der Formel-1-Sprache Englisch – „you"; meinetwegen auch „Schumi".
**Archimedes:** Ich finde die Unterscheidungsmöglichkeiten Ihres barbarischen (βάρβαρος, bárbaros, „nichtgriechisch") Idioms (ἰδίωμα, *idíoma*, „sprachliche Eigentümlichkeit") phantastisch. Also bitte „Sie" – und mit „Archi" möchte ich auch nicht tituliert werden.
**Kapelos:** Also gut, Sie sind der Gast aus dem Hades (Ἅδης, *Hádes*, „Unterwelt"), Sie bestimmen den Ton (τόνος, *tónos*, „Ton") – ich hoffe, ohne dass die Gesprächsatmosphäre darunter leidet.
**Schumacher:** Aber ich bitte Sie. Auch im Fahrerlager gibt's Exoten. Kein Drama!
**Archimedes:** Sprechen Sie Griechisch, Herr Schumacher? Es hört sich fast so an!
**Schumacher:** Also ... nicht wirklich. Wieso?
**Archimedes:** ἐξωτικόν, *exotikón*, nennen wir etwas „Ausländisches", „Fremdes". Und das δρᾶμα, *dráma*, ist eine „Handlung", ein „Schauspiel".
**Schumacher:** Schauspiel? Gab's bei Ihnen auch schon Wagenrennen?
**Archimedes:** Und ob! Im Rahmen der hippischen Wettbewerbe (ἵππος, *híppos*, „Pferd"). Übrigens die einzige Möglichkeit, dass auch Frauen Olympiasieger werden konnten. Nämlich dann, wenn ihnen der Rennstall gehörte, aus dem die siegreichen Pferde kamen.
**Schumacher:** Rennstall? Es gab schon Rennställe?

**Archimedes:** Na ja, man könnte sie so nennen. Pferderennställe natürlich. *Sie* reden ja wohl von anderen Rennställen. Herr Kapelos sprach vorhin von Autorennen. αὐτός, *autós*, heißt „selbst". Sie sind *selbst* gelaufen? Ein Athlet?

**Schumacher:** Athlet schon, und ich habe, hat mir mal ein Antike-Fan erzählt, jede Menge ἆθλα, *áthla*, abgeräumt, „Siegespreise", um die es uns „Wettkämpfern" ja geht. Aber ich bin nicht selbst gelaufen, sondern mein Auto. Übrigens auch nicht wirklich ein Selbstläufer, ohne Benzin läuft nichts, Benzin in rauen Mengen: 80 Liter auf 100 Kilometer.

**Archimedes:** Interessant, eure Maßbezeichnungen kommen also aus dem Griechischen: Unser Hohlmaß λίτρα, *lítra*, und χίλια μέτρα, *chília métra*, „tausend Maß"? Ist ja beachtlich!

**Schumacher:** Wirklich super. Kommt nicht Ihre Berufsbezeichnung Mathematiker und Physiker auch aus dem Griechischen?

**Archimedes:** Richtig. φυσικός, *physikós*, ist der Philosoph, der die φύσις, *phýsis*, „Natur", erforscht, und der μαθηματικός, *mathematikós*, ist einer, der sich in den „Lerngegenständen" – μάθημα, *máthema*, ist das „gelernte Wissen" schlechthin – gut auskennt. Herr Kapelos hat das vorhin ganz richtig gesagt. Mir persönlich gefällt „Physiker" am besten.

Ballistik und Boliden – Fluggeschosse sind immer in

**Schumacher:** Nicht „Techniker"? Sie haben doch, hört man, ganz schön anwendungsbezogen gearbeitet. Und haben die Römer mit Ihren Kriegsmaschinen ziemlich genervt, oder?

**Archimedes:** Die waren wirklich ziemlich, wie sie selbst sagten, *enervati*, „weg mit den Nerven". Deren *nervi* waren übrigens ursprünglich νεῦρα, *neúra*. Haben Sie auch von uns übernommen. Die Maschinen, von denen Sie sprachen, sind wohl von unserer μηχανή, *mechané*, abgeleitet, „Hilfsmittel", „Werkzeug". Es waren vorwiegend ballistische Waffen, die ich da zur Verteidigung meiner Heimatstadt Syrakus entwickelt habe, „werfende" (βάλλειν, *bállein*) Maschinen, die wir καταπέλται, *katapéltai* („Wurfmaschinen") nennen.

**Schumacher:** „Katapulte" – auch griechisch?! Und *mechané* – ist ja total spannend! Was meinen Sie, wie viele Mechaniker in meinem Rennstall beschäftigt waren! Die kümmerten sich also alle um mein „Werkzeug", könnte man sagen.
**Archimedes:** Bei uns sind μηχανικοί, *mechanikoí*, „geschickte" Facharbeiter. Die brauchen Sie für die Technik Ihrer Rennautos wohl auch?
**Schumacher:** Und ob! Ohne die Jungs geht praktisch nichts …
**Archimedes:** πρακτικός, *praktikós*? Hat das was mit „handeln", πράττειν, *práttein*, zu tun?
**Schumacher:** Praktisch nur! Die stellen alles perfekt fürs Rennen ein: Technik, Elektrik, Elektronik, Hydraulik, Aerodynamik.
**Archimedes:** Musik in meinen Ohren! Alles griechisch, alles Physik. Sie gefallen mir, Herr Schumacher.
**Kapelos:** Wenn ich mich da vielleicht mal kurz einschalten darf, um Archimedes die etwas veränderte Bedeutung der genannten Begriffe zu erläutern?
**Schumacher:** Klar, interessiert mich ja auch. Aber ich will noch schnell loswerden, dass ich Archimedes auch total sympathisch finde. Nicht so theoretisch wie Platon und so.
**Archimedes:** Vielen Dank, aber als Mathematiker bin ich natürlich auch ein Mensch der geistigen „Schau" und „Untersuchung", der θεωρία, *theoría*.
**Kapelos:** Schön, schön, aber jetzt vielleicht doch kurz die, wenn ich so sagen darf, noch ausstehende Begriffs-Diagnostik.
**Archimedes:** Aha, ein Begriffs-„Durchschauer"…
**Schumacher:** Diagnostik! Auch bei uns das A und O vor, bei und nach dem Rennen. Was meinen Sie, wie der Bolide – sorry, mein Rennauto – immer wieder durchgecheckt wird? Da wird diagnostiziert ohne Ende.
**Archimedes:** „Bolide" sagen Sie? Wissen Sie, was griechisch βολίς, *bolís*, heißt?
**Schumacher:** Sie werden's mir verraten.
**Archimedes:** Genau das, was ich mir gegen die Römer massenhaft ausgedacht habe: „Wurfgeschoss".

**Schumacher:** Bitte? Sagen Sie *das* noch mal!

**Archimedes:** Klar, βόλος, *bólos*, ist der „Wurf", βάλλειν, *bállein*, heißt „werfen" und βολίς, *bolís*, ist eben das „Wurfgeschoss". Und Sie sitzen in so einem Ding? Wo wird das denn abgeschleudert?

Hetären an der Abschussrampe?

**Schumacher:** Im Prinzip an der Box. Da geht's schon richtig ab, aber man bleibt auf dem Asphalt – hoffentlich.

**Kapelos:** Wenn ich eben dazwischen darf, jetzt auch noch „Asphalt" …

**Archimedes:** Sie sprachen von einer Box, Herr Schumacher. Mir kommt da ein Verdacht. Ist die sogenannte Box so eine Art Kasten?

**Schumacher:** Mehr 'ne Garage mit Tankstelle davor. Gut, aber kastenförmig im weiteren Sinne ist sie.

**Archimedes:** Also eine πυξίς, *pyxís*.

**Schumacher:** „Büchse"?

**Archimedes:** Offensichtlich: Büchse, Box – alles eine *pyxís*.

**Schumacher:** Mein Gott, Boliden und Boxen, alles Griechisch! Am Ende auch „Boxenluder"?

**Kapelos:** Aber, Herr Schumacher! Niveau, bitte! Archimedes spräche allenfalls von „Boxen-Hetären". Aber ich wollte doch noch …

**Archimedes:** ἑταῖραι, *hetaírai*, „Freundinnen" an der Abschussrampe! Lockere Frauenzimmer im Startbereich! Stört das nicht die Konzentration?

**Schumacher:** Ach wissen Sie, Archimedes, in so'n Monocock passt kaum der Pilot rein …

**Archimedes:** Klar: μόνος, *mónos*, „allein". Pilot? Hat das etwas mit „Steuerruder" zu tun, πηδόν, *pedón*?

**Schumacher:** Na klar, ich sitze ja am Steuer. *Das* geht noch nicht automatisch.

**Archimedes:** αὐτόματον, *autómaton*, „aus eigenem Antrieb" – darüber haben auch wir schon geforscht. Habe gehört, dass Heron, ein Kollege aus dem 1. Jahrhundert, sogar einen Weihwasser-Automaten entwickelt hat! Was mich jetzt aber interessieren würde: Wohin steuern Sie eigentlich Ihren Boliden?

### Monotonie und Faszination des Kreises

**Schumacher:** Ja gut, einfallsreich ist das vielleicht nicht: Immer im Kreis herum. Niki Lauda, einem Kollegen von mir, war das mal ein bisschen peinlich.
**Archimedes:** Aber warum? Wissen Sie, dass ich lange über den Kreis geforscht und ausführlich darüber geschrieben habe? Und die Kreiszahl Pi erfunden habe? Was hat denn dieser Niki gegen den Kreis? Der war doch bestimmt so ein Sieger-Typ wie Sie?
**Schumacher:** Jedenfalls fast so. Aber wie kommen Sie darauf?
**Archimedes:** νίκη, *níke*, der „Sieg" – Niki, klingt für mich naheliegend. Aber bei sprachlichen Dingen bin ich nur Laie.
**Kapelos:** Wenn ich vielleicht mal ... Also, Sie haben im Prinzip recht. „Niki" ist eine Kurzform von „Nikolaus", und das ist der „Volks-Besieger", von λαός, *laós*, „Volk", Sie wissen schon. Davon kommt übrigens auch der Laie; λαϊκός, *laikós*, „der zum Volk Gehörige", „nicht Eingeweihte". Darf ich zurückkommen auf ...
**Archimedes:** Gleich. Die Kreis-Form fasziniert mich. Unsere Hippodrome waren oval. Ihre – wie sagt man: Autodrome? – sind also kreisförmig?
**Schumacher:** „Motodrome". Motor ist, glaube ich, nicht griechisch ...
**Kapelos:** Nein, sondern lateinisch, aber eine Neubildung. Immerhin: δρόμος, *drómos*, das ist griechisch der „Lauf".
**Schumacher:** Danke, Herr Kapelos. Was die Form angeht, muss ich Sie leider enttäuschen, Archimedes. Der gute Niki hat das mit dem Kreis nicht so geometrisch genau gemeint. Der war damals auch noch ziemlich fertig nach seinem Katastrophen-Crash.
**Archimedes:** „Crash" verstehe ich nicht. Aber καταστροφή, *katastrophé*, „Umwenden", „Zerstörung". Wenn ich Sie richtig verstehe, gab es damals ein Unglück mit Herrn Niki?

**Schumacher:** Und ob! Er wäre fast verbrannt. Ein Desaster! Die Chirurgen hatten jede Menge zu tun.

**Archimedes:** Interessant: Die χειρουργοί, *cheirourgoí*, sind also auch bei Ihnen noch die „handarbeitenden" Ärzte. „Desaster" hört sich auch fast griechisch an; ἄστρον, *ástron*, ist der „Stern".

**Kapelos:** Und *dis-* heißt in der Sprache der Ihnen nicht ganz so sympathischen Römer „auseinander", „weg".

**Archimedes:** Verstehe. Man könnte sagen: Nikis Rennen stand damals unter einem „Unstern"?

**Schumacher:** Sehr freundlich formuliert.

**Archimedes:** Ein εὐφημισμός, *euphemismós*, würden wir sagen.

**Schumacher:** Ein was?

**Kapelos:** Wir auch – also jedenfalls die … die … Nicht-Rennfahrer. Wir müssten aber noch …

**Archimedes:** Noch mal zurück, Herr Schumacher. Also, Sie fahren nicht wirklich im Kreis, und Sie werden auch nicht aus den Boxen herauskatapultiert. Wie muss man sich Ihr Rennen denn eigentlich vorstellen?

Warten vor der roten Amphore – und dann Gummi!

**Schumacher:** Na ja, wir stehen zunächst vor einer Ampel und warten darauf, dass die roten Lichter ausgehen. Dann geht's los: Gummi, was das Zeug hält.

**Archimedes:** κόμμι, *kómmi*, „Klebstoff"?

**Schumacher:** Ungefähr, die Reifen sind aus dem Material. Und „Gummi geben" heißt megadynamisch losbrettern.

**Archimedes:** „Mit großer Kraft" – μέγας, *mégas*, und δύναμις, *dýnamis*. Sie sind ja ein Halb-Grieche, Herr Schumacher!

**Schumacher:** Na ja.

**Kapelos:** Vielleicht kann ich Herrn Schumacher auch erklären, wieso die Ampel griechischen Ursprungs ist?

**Schumacher:** „Ampel" griechisch? Das wüsst' ich aber.

**Kapelos:** Offenbar eben nicht. Auf sprachlichem Gebiet hört es mit Ihren Bravourleistungen rasch auf. Da brillieren andere.
**Archimedes:** Sie denken da wohl an sich. Dann machen Sie es nicht so spannend. Was ist mit der Ampel?
**Kapelos:** Sie leitet sich von der „Amphore" ab, dem „zweihenkligen Trage"-Gefäß (ἀμφορεύς, *amphoreús*). Die Römer übernahmen das griechische Wort als *amphora*, bildeten die Verkleinerungsform *ampulla* und nutzten solche Ampullen als Schmink- und Parfümfläschchen. In den christlichen Kirchen hingen später mit Öl gefüllte *ampullae* als Ewiges Licht – und die wurden im Deutschen zu Ampeln, „Lampen", die im Amtsdeutsch übrigens „Lichtzeichenanlagen" heißen. Da Sie beide mich endlich mal ausreden lassen, erkläre ich Ihnen auch gleich noch „brillant" und „Bravourleistung". Das eine geht auf den βήρυλλος, *béryllos*, zurück, den die Griechen als „glasklaren" Edelstein schätzten, und die „Bravour" auf den ungestümen, draufgängerischen βάρβαρος, *bárbaros*. Passt doch bestens zur Formel-1-Szene – das ist die Bühne (σκηνή, *skené*), nicht wahr, Herr Schumacher?
**Schumacher:** Ich bin ehrlich geplättet. Ist ja mega-krass!
**Kapelos:** Zu „mega" hat Archimedes ja vorhin schon das Notwendige gesagt. „Krass" geht, hören Sie einen Moment weg, lieber Archimedes, auf lateinisch *crassus* zurück, „fett". Und wenn Sie, verehrter Schumi, platt sind, dann hat Archimedes das vermutlich durchaus verstanden.
**Archimedes:** πλατύς, *platýs*, „flach", „platt". Aber eine Frage hätte ich noch an Herrn Schumacher …
**Schumacher:** Gern, wenn's kein Griechisch ist.
**Archimedes:** Ist das Rasen im sogenannten Kreis nicht reichlich monoton – so wie „ein einziger Ton" (μόνος τόνος, *mónos tónos*)?
**Schumacher:** Eintönig? Von wegen! Erstens mega-gefährlich, zweitens giga-anspruchsvoll, drittens eine Super-Atmosphäre. Die Leute sind frenetisch, manche absolut hysterisch. Da kocht nicht nur der Asphalt!
**Archimedes:** Sie haben's wirklich mit „mega", Herr Schumacher! Und erhöhen dann noch mit „giga". Offenbar von unseren riesigen Γίγαντες, *Gígantes*, abgeleitet. Und die Zuschauer sind, wenn ich recht verstehe,

φρενιτικοί, *phrenitikoí*, „Wahnsinnige". Die ὑστερικαί, *hysterikaí*, müssen dann weibliche Zuschauer sein, die an ihrer „Gebärmutter leiden"?
**Schumacher:** Nein, bei uns können auch Männer hysterisch sein.
**Archimedes:** Wohl eine Folge der Emanzipation. Aber was verstehen Sie unter „Asphalt"? Für mich ist ἄσφαλτος, *ásphaltos*, „Erdharz".

## Hydraulik und andere „Wasser-Techniken"

**Kapelos:** Ich schalte mich, wenn Sie gestatten, kurz ein. Mit „Asphalt" ist die Rennstrecke bedeckt, heute nicht mehr Erdharz, sondern Bitumen, ein ähnlicher, aus Erdöl gewonnener Stoff. Ich schulde Ihnen noch andere Erklärungen: Elektrik und Elektronik: Das hat etwas mit der durch Reibung nicht nur von Bernstein (ἤλεκτρον, *élektron*) erzeugten Energie zu tun, „Hydraulik" mit dem von Flüssigkeiten ausgehenden Druck – ὕδωρ, *hýdor*, das „Wasser", Sie verstehen, und bei der „Aerodynamik" geht es um Luftschnittigkeit: ἀήρ, *aér*, die „Luft", δύναμις, *dýnamis*, die „Kraft".
**Archimedes:** Lieber Kapelos, Sie unterschätzen uns! Mit Wasserdruck haben auch wir schon gearbeitet. ὑδραυλικός, *hydraulikós*, das sollten Sie eigentlich wissen, ist das Adjektiv zur „Wasserorgel"; und was Aerodynamik angeht, sage ich nur: Daidalos und Ikaros! Aber etwas anderes: Aus welchem Material sind die heutigen Rennautos eigentlich gebaut? Ich vermute aus μέταλλον, *métallon*, „Erz"?
**Schumacher:** Schon lange nicht mehr. Sondern aus Karbonfaser. Die ist viel leichter als Metall. Vielleicht haben Sie schon mal von der „Dichte" gehört, früher sagte man „spezifisches Gewicht"?
**Archimedes:** Schumi, Schumi, *ich* habe es herausgefunden!
**Schumacher:** *Sie?* Das spezifische Gewicht? Wie das?
**Archimedes:** Ach, wissen Sie, die Leute lachen dann immer. Aber gut: Ich habe einfach Gold und Silber in Wasser eingeführt und festgestellt, dass sie eine unterschiedliche Verdrängung und damit Dichte haben.
**Schumacher:** Und *darüber* lachen die Leute? Das ist doch toll, was Sie da entdeckt haben!

**Archimedes:** Fand ich auch, aber die Umstände waren etwas ... kurios. Ich habe das nämlich in der Badewanne entdeckt und habe dann etwas zu enthusiastisch reagiert, indem ich pausenlos ηὕρηκα, *heúreka!* schrie, „ich hab's gefunden".
**Schumacher:** So, wie ich früher auf dem Siegerpodest mit der Trophäe rumgewedelt habe und hin und her gehüpft bin?
**Archimedes:** „Podest"? „Trophäe"? Klingt nach πόδιον, *pódion*, „Füßchen", „Untergestell". Und τρόπαιον, *trópaion*, „Siegeszeichen". Aber *Sie* hatten dabei was an?
**Schumacher:** Ja, sicher. Sie etwa nicht bei ihrer Heureka-Orgie?
**Archimedes:** Wenn es nur ein „geheimer Gottesdienst" gewesen wäre, den ich zelebriert hätte – echte ὄργια, *órgia*! Aber ich war damals vom Gott der Wissenschaft so enthusiasmiert, dass ich aus der Badewanne gesprungen und stracks in die Öffentlichkeit gelaufen bin.
**Schumacher:** Nackt?
**Archimedes:** So wird's jedenfalls erzählt.
**Schumacher:** Ganz schön schräg! Zeigt aber doch, dass Sie ein echter Forschungs-Freak sind.
**Archimedes:** Freak?
**Kapelos:** Herr Schumacher meint: Ein bisschen manisch veranlagt; μανία, *manía*, aber mehr im Sinne von „Verzückung" als von „Raserei". Ein starker Typ, von beeindruckendem „Gepräge" (τύπος, *týpos*).
**Schumacher:** Danke, Herr Kapelos. Haben Sie eigentlich noch weitere bedeutende Erfindungen gemacht, Archimedes?
**Archimedes:** Es ist ja immer ein bisschen misslich, sozusagen die eigene Aretalogie zu ...
**Schumacher:** Was, bitte?
**Kapelos:** ἀρετή, *areté*, die „Tugend", „Tüchtigkeit". Aretalogie ist die „Lobpreisung" eines Gottes oder Heros. „Heros" kennen Sie, Herr Schumacher?
**Schumacher:** Ich *bin* einer, verehrter Herr Kapelos. Ein Heros des Motodroms!

## Archimedes als Chefmechaniker bei Ferrari – Eine Mega-Ohrfeige für Mercedes

**Archimedes:** Also, ich meine, man soll, wie wir Griechen das immer vertreten haben, auch bei der Selbstdarstellung das Maß halten oder, wie Sie wohl eher sagen würden, auf der τάπης, *tápes*, dem „Teppich", bleiben. Aber bei der Erforschung und Anwendung der Hebelgesetze war ich schon ziemlich vorn dabei. Sie glauben gar nicht, wie dankbar König Hieron mir war, als wir sein Luxusschiff dank der von mir konstruierten Flaschenzüge von der Werft endlich ins Wasser gekriegt haben! Im Überschwang habe ich mich damals zu dem Ausspruch hinreißen lassen: „Gib mir einen Punkt, wo ich stehen kann, und ich werde die Erde bewegen!" Manche meinten, das sei Hybris pur (ὕβρις, *hýbris*, „frevelnder Übermut") oder Blasphemie (βλασφημία, *blasphemía*), „Schmähung der Götter". War aber nicht so gemeint! Und stimmt außerdem!
**Schumacher:** *Sie* könnten wir bei der Weiterentwicklung unserer Boliden gut gebrauchen. *Sie* wären die Idealbesetzung als Chefmechaniker.
**Archimedes:** Ideal? ἰδέα, *idéa* als „Urbild", „Urvorstellung". Sie sind Platoniker, Herr Schumacher?
**Schumacher:** Hmm, nicht wirklich. Ich meinte eben: Sie würden super in jedes Formel-1-Team passen. Archimedes bei Ferrari: Das wäre der Mega-Coup!
**Kapelos:** Vorsicht, Herr Schumacher! Archimedes kennt κόλαφος, *kólaphos*, nur als „Ohrfeige". Der *kólaphos*, verehrter Archimedes, hat sich zum – nicht mehr körperlichen – Überraschungsstreich entwickelt.
**Schumacher:** Da haben Sie damals – so als Ikone der Mechanik – bestimmt jede Menge Autogramme geben müssen. Eine Seuche heutzutage! *Ein* Schritt in die Öffentlichkeit – und die Kugelschreiber-Hektik geht los!
**Archimedes:** Wenn ich Sie recht verstehe, müssen sie – ich vermute: Ihren Namen – „selbst schreiben", αὐτός, *autós*, „selbst", und γράμμα, *grámma*, „Schrift", für die ἑκτικοί, *hektikoí*, die „Fieber-Besessenen"? War zu meinen Zeiten eher unüblich. Zumindest bei Wissenschaftlern. Aber was meinen Sie mit „Ikone"? εἰκών, *eikón*, ist doch das „Bild".

**Schumacher:** Das wissen Sie nicht? Ich bin doch auch eine Ikone. „Ikone des Rennsports" – super Überschrift. Ich bin gerne Ikone.

**Kapelos:** Archimedes kann nicht wissen, dass die *eikón* bei der christlichen Ostkirche zum Heiligen-„Bild" geworden und davon ausgehend auf Pop-, Rennsport- und andere Stars übertragen worden ist. Archimedes ist viel zu bescheiden. Daher füge ich hinzu, dass er deshalb auf den Thron – θρόνος, *thrónos*, „Sessel" – der antiken Naturwissenschaft gehört, weil er ein ebenso exzellenter Theoretiker wie Praktiker gewesen ist, einer, der die Dinge „erschaut" und „untersucht" hat (θεωρία, *theoría*, „Anschauen", „Untersuchung"), der aber eben auch „gehandelt" hat, ein πρακτικός, *praktikós*, der seine Erkenntnisse in die „Tat" umsetzt.

### Störe meine Kreise nicht! Berufsunfall einer Technik-Ikone

**Archimedes:** Sehr schmeichelhaft, lieber Kapelos, aber das hätten Sie mal dem römischen Legionär sagen sollen, der da plötzlich bei der Eroberung meiner Heimatstadt in mein Haus eindrang und mich grob anfuhr – ein Barbar wie aus dem Bilderbuch.

**Schumacher:** *Sie* haben sich das doch wohl nicht gefallen lassen?

**Archimedes:** Ach, wissen Sie, ich war in meine Arbeit so vertieft – ich hatte gerade geometrische Figuren in den Sand gemalt, sozusagen als mathematischen Inspirationsquell –, dass ich einfach so reagiert habe, als hätte meine Frau mich bei der Arbeit mit irgendeiner Banalität überfallen.

**Schumacher:** Und zwar wie?

**Archimedes:** Ich habe ihn angeraunzt: „Störe meine Kreise nicht!"

**Schumacher:** Genial! *Das* Motto für jeden Formel-1-Piloten! So einfach: Lasst mich einfach meine Runden fahren! „Störe meine Kreise nicht!" Toll! Dass *mir* das nie eingefallen ist!

**Archimedes:** Seien Sie froh! Mir ist der Spruch nicht so gut bekommen – wird jedenfalls von manchen Historikern kolportiert.

**Schumacher:** Nämlich?

**Archimedes:** Der Kerl hat einfach sein Schwert gezückt und mich ge-

tötet. Prototyp von Barbar: aufbrausend, unbeherrscht, erst handeln, dann denken.
**Schumacher:** Tut mir echt leid. Dann sind Sie so eine Art Opfer Ihres Berufs? Kommt in meinen Kreisen auch vor, früher allerdings viel häufiger als heutzutage.
**Archimedes:** Berufsunfall, sagen Sie – so hab' ich das noch nie gesehen. Ist aber auch egal. Unfallversicherungen gab's zu meiner Zeit noch nicht. Aber immerhin habe ich der Welt einiges hinterlassen: Ein κτῆμα ἐς ἀεί, *ktéma es aeí,* hat Thukydides von seinem Geschichtswerk gesagt, und das gilt wohl bei aller Bescheidenheit auch für mich.
**Schumacher:** Ktema was?
**Kapelos:** Ein „Besitz für immer", ein unsterbliches Vermächtnis.
**Schumacher:** Wissen Sie was, Archimedes? Dieses Griechisch – das ist ja eine irre sprachliche Basis …
**Kapelos:** βάσις, *básis,* „Grundlage" …
**Schumacher:** … und ich habe ja jetzt nach meinem Ausscheiden aus dem aktiven Rennsport eine Menge Zeit: Ich lerne jetzt Griechisch!
**Archimedes:** κύριε, ἐλέησον! *kýrie, eléison!* „Herr, erbarme dich!"

# Pumpernickel, Pasta, Plätzchen
*Aus griechischer Sprachküche auf den deutschen Tisch*

Sprachliebe geht offenbar auch durch den Magen. Erst recht, wenn der auf griechisch γαστήρ, *gastér*, heißt und das schöne Fremdwort „Gastronomie" hervorgebracht hat, die „Bräuche des Magens" (νόμος, *nomos*, „Brauch", „Gesetz"). Die Anspruchsvollen unter den Genießern der Tafelfreuden nennen sich gelegentlich Gastrosophen, die „Magen-Weisen" (σοφός, *sophós*). Ob sie bei unserem kleinen gastronomischen Etymologie-Abc auf ihre Kosten kommen, wollen wir offenlassen. Immerhin wünschen wir ihnen, dass sie zumindest von einer Gastritis (-ῖτις,-*itis*: Suffix zur Bezeichnung einer entzündlichen Krankheit) oder Gastralgie (ἄλγος, *álgos*, „Schmerz") verschont bleiben.

Angesichts mancher aus gastrosophischer Sicht fragwürdigen Delikatessen können sie diese Wünsche gut gebrauchen. Eisbein etwa dürfte nicht auf ihrer Speisekarte (χάρτης, *chártes*, über lateinisch *charta*, „Papyrusblatt") stehen. Freilich hat es sich auch erst spät zu einem „urdeutschen" Gericht gewandelt. Mit *ischbeen* bezeichneten die Niederländer ursprünglich Knochen, die zum Eislaufen geeignet waren. Genauer gesagt: zur Herstellung von Schlittschuhen. Das Wort geht auf lateinisch *ischium* zurück, das seinerseits von griechisch ἰσχίον, *ischíon*, abstammt, dem „Hüftknochen". Aus dem *ischbeen* wurde dann das gekochte Eisbein-Schweinefleisch, das man nicht allzu häufig genießen sollte, wenn man zu Schmerzen wo neigt? Genau: am Ischium. Als „Ischias" bezeichnen die Mediziner nämlich die schmerzhafte „Lendengicht".

Gehört Pumpernickel zu den kulinarischen Höhepunkten? Die Skepsis verstärkt sich, wenn man die Wortgeschichte unter die Lupe nimmt. „Nickel" ist tatsächlich eine Kurzform von Nikolaus (Νικόλαος, *Nikólaos*), dem „Völkerbezwinger". Die Bergleute des Mittelalters bezeichneten damit Berggeister, von denen sie sich genarrt fühlten – und zwar immer dann, wenn sie auf „Kupfernickel" stießen, aus dem sich trotz seines Aussehens das Metall Nickel nicht gewinnen ließ. Ein Pumpernickel ist eine wenig freundliche Bezeichnung für jemanden, der „pumpert": „Furzkerl". Eine Wirkung, die man auch dem Schwarzbrot nachsagt. Und so wurde aus dem „furzenden Völkerbezwinger" eine Brotspezialität, die heutzutage deutsche Tische ziert.

### Karamellen und Lakritz – Süßes für den Altphilologen

Apropos „Tisch". Auch den verdanken wir – auf deutlich weniger verschlungenen Pfaden – den Griechen. Seine runde Form erinnert an das von den Griechen erfundene Sportgerät, den Diskus (δίσκος, *dískos*, „Wurfscheibe"). Der hat uns, das Aussehen der Schallplatte verrät es, auch die „Disko" beschert. Die sprachlichen Vermittlungsdienste des Lateinischen wollen wir indes nicht übergehen; sie verhalfen nicht nur beim *discus*, sondern auch bei einigen kulinarischen Begriffen den griechischen Ursprungswörtern zum Überleben. Und manch eine der im Folgenden erwähnten sprachlichen Übernahmen geht nicht direkt auf die alten Griechen zurück, sondern kam erst aus späteren Sprachepochen – etwa der byzantinischen Zeit – ins Deutsche.

Was ist mit der Pasta? Das ist doch geradezu eine italienische Nationalspeise – und keine griechische, mögen die ob der Überschrift Alarmierten protestieren. Sprachlich geht indes kein Weg am griechischen „Copyright" vorbei: πάστη, *páste*, ist der „Mehlteig", „Brei" – und entsprechend ist auch die in Teig gefüllte „Pastete" griechischen Ursprungs. Was den „Teig" angeht, so dürfte wohl auch er ein Lehnwort zu griechisch τεῖχος, *teíchos*, „Mauer", sein: Ziegel aus luftgetrocknetem Lehm-„Brei" fanden beim Mauerbau Verwendung. Allerdings ist diese Etymologie nicht unumstritten.

Anders ist es bei der „Butter". Sie ist als „Rindskäse" (βοῦς, *bous*, +

τυρός, *tyrós*) ohne Zweifel aus dem Griechischen übernommen; ähnlich wie das mit ihr verwandte „Öl" (ἔλαιον, *élaion*, lateinisch *oleum*) und die ebenso fetthaltige „Creme", die sich aus χρίσμα, *chrísma*, „Salbe", „Salböl"; vgl. dazu S. 181 f.) entwickelt hat.

Süßes ist in der griechischen Küche beliebt. Kein Wunder, dass sich die deutsche Küche von ihr sprachlich hat inspirieren lassen. Allen voran mit dem Zucker, der sich von griechisch σάκχαρον, *sákcharon*, ableitet. Der in der Antike unbekannte Rohrzucker kam im 11. Jahrhundert aus Indien nach Byzanz und wurde dort als σάχαρ, *sáchar*, bezeichnet. Bemerkenswert, dass auch der Zucker-Ersatzstoff Saccharin auf *sákcharon*, zurückgeht. Süß ist auch der Zimt, und ihn verdanken wir dem – aus dem Hebräischen übernommenen – griechischen κίνναμον, *kínnamon*. Und nicht zuletzt das „Lakritz". Das wurde und wird aus dem Saft des Süßholzes gewonnen – und das heißt auf griechisch γλυκύρριζα, *glykýrriza*, „Süßwurz".

Ordentlich süß sind auch Karamellbonbons, Karamellpudding oder anderes Karamelliertes. Süß für den Altphilologen, dass erneut das Griechische dabei Pate gestanden hat. Das Schilfrohr heißt κάλαμος, *kálamos*, und über das mittellateinische *calamellus/cannamella* wurde das mit dem Zuckerrohr „vereinigt" und sprachlich karamellisiert. Die Marmelade dagegen fand über das Portugiesische Eingang ins Deutsche. Die Portugiesen machten aus μελίμηλον, *melímelon*, „Honigapfel", *marmelo*, „Quittenmus", und stellten auch die erste *marmelada* her. Womit beiläufig auch der sprachliche Ursprung der „Melone" geklärt wäre: Als μηλοπέπων, *melopépon*, bezeichneten die Griechen die „apfelförmige" Frucht.

Weitere sprachliche Früchte aus dem Griechischen sind – sicher – die „Kirsche" und – mit Fragezeichen – die „Dattel". Die Dattel bringen einige Sprachwissenschaftler mit δάκτυλος, *dáktylos*, „Finger", in Verbindung, weil gespreizte Finger eine Ähnlichkeit mit den Blättern der Dattelpalme oder einer bestimmten Dattelsorte aufweisen. Auf deutlich festerem etymologischem Grund sind wir bei der Kirsche. Die lernten die Römer als Frucht von Kerasos, einer Stadt am Schwarzen Meer, kennen und gaben ihr nach ihrem griechischen Namen κέρασος, *kérasos*, den lateinischen *cerasus*. Die Germanen zeigten sich mit „Kirsche" und „cherry" für die Sache wie für den Begriff dankbar. Nicht minder für den Göttertrank νέκταρ, *néktar*, den sie als köstlich-süßen Saft direkt übernahmen – ohne dass er zwingend aus der ebenfalls danach benannten Pfirsichsorte „Nektarine" hergestellt sein muss.

Zu den Gewürzen, die es vom Griechischen ins Deutsche „geschafft" haben, zählen Thymian (θύμον, *thýmon*), Senf (σίναπι, *sínapi*), Pfeffer (πέπερι, *péperi*) und Liebstöckel (λιβυστικόν, *libystikón*). Als nicht minder würzige Pflanzen(früchte) heißen wir im Deutschen die Kaper (κάππαρις, *kápparis*), die Petersilie (πετροσέλινον, *petrosélinon*) und den Sellerie (σέλινον, *sélinon*) willkommen. Auch der Pilz (βωλίτης, *bolítes*) hat über lateinische Vermittlung (*boletus*) Eingang in die deutsche Sprache gefunden. Und außerdem, hier endlich unser Angebot an die Gastrosophen, der Spargel und die Austern, ἀσπάραγος, *aspáragos*, von den Griechen der eine, ὄστρεια, *óstreia*, (Singular *óstreion*, lateinisch *ostreum*) die anderen genannt.

### „Buttercremetorte" – Noch mehr Altertum geht nicht

Und was servieren wir als Nachtisch? Sie haben, verehrte Leserinnen und Leser, die Wahl zwischen einer „barbarischen" Pflanze, die an den Ufern der Wolga (griechisch Ῥᾶ, *Rha*, daher „Rhabarber") wuchs und scheinbar echt deutschen Plätzchen. Die sind, ob Sie's glauben oder nicht, aus einem „flachen Kuchen" der Griechen hervorgegangen, der sich πλακοῦς, *plakoús*, nannte.

Enttäuscht über so viele kulinarische Entlehnungen? Ärgerlich gar, dass die Ursprungssprache der „Askese" (ἄσκησις, *áskesis*, „Übung") sich im Bereich des Essens so wenig asketisch verhält, dass eine „Kalorienbombe" (βόμβος, *bómbos*, „dumpfes Geräusch", „Dröhnen") wie „Buttercremetorte" (*torta*, lateinisch „rundes Gebäck", von *torquere*) sprachlich ganz und gar antiken, überwiegend griechischen Ursprungs ist? Schließlich geht doch auch die „Diät" aufs Griechische zurück!

Richtig, doch verstanden die alten Griechen unter δίαιτα, *díaita*, einfach nur eine „Lebensweise", die keineswegs von diätetischem Charakter (χαρακτήρ, *charaktér*, „Gepräge") sein musste. Bevor Sie dem Aufklärer, der Sie über Sachverhalte aufgeklärt hat, die Ihnen vielleicht lieber verborgen geblieben wären, am liebsten im übertragenen Sinne „eine reinsemmeln" möchten, klärt er Sie pflichtgemäß darüber auf, dass Sie auch damit auf griechischen Spuren wandeln würden: Die „Semmel" geht auf σεμίδαλις, *semídalis*, zurück: „feines Mehl".

Nun können Sie sich, liebe Gastrosophen, entweder mit dem ja wieder zum In-Getränk aufgestiegenen Absinth (ἀψίνθιον, *apsínthion*, „Wermut") die Kante geben (diesen neben „reinsemmeln" zweiten Ausrutscher ins Umgangsdeutsch erlauben wir uns nur, um das Ursprungswort κανθός, *kanthós*, „eiserner Radreifen", zu erwähnen). Oder Sie gehen halt zum nächsten Griechen und holen sich eine ordentliche Portion Gyros. An dieser zweifelhaften kulinarischen Spezialität haben die alten Griechen nur sehr indirekt Schuld. Als Speise haben sie Gyros noch nicht gekannt, wohl aber haben sie den Begriff γυρός, *gyrós*, „rund", in die Welt gesetzt. Und deswegen ist Gyros, ob es den Aposteln des guten Geschmacks passt oder nicht, einfach eine runde Sache.

# Platoniker, Stoiker, Kyniker

*Wie man vor lauter Staunen auf den Hund kommt*

Dem Griechischen verdanken viele Wissenschaften ihren Namen, vermutlich sogar die meisten – all jene *-logien*, die sich einer bestimmten „Kunde" verschrieben haben (vgl. S. 208 ff.). Und auch viele Fachbegriffe in diesen Wissenschaften sowie Begriffe, die Prinzipien wissenschaftlichen Arbeitens bezeichnen – das „methodische" Vorgehen, das „Systematisieren" des Wissens, das „Analysieren" eines „Problems" – sind griechischer Abstammung. Das ist, auch wenn manche Begriffe moderne Kunstbildungen sind, die die Griechen selbst noch nicht geprägt haben, alles andere als ein Zufall. Die Griechen haben – das gilt zumindest für den europäischen Kulturraum und weitere von ihm beeinflusste oder geradezu dominierte Kulturräume der Welt – das erfunden, was wir als „Wissenschaft" zu bezeichnen pflegen. Sie nannten die Suche nach Wissen φιλοσοφία, *philosophía*, die „Liebe zur Weisheit" (φίλος, *phílos*, „Freund"; σοφία, *sophía*, „Weisheit").

Wissenschaft und Philosophie sind zu Anfang – im 6. und 5. Jahrhundert v. Chr. – unzertrennliche Schwestern. Ihre Wiege stand in Ionien. So nannten die Griechen ihr „überseeisches" Siedlungsgebiet an der Westküste Kleinasiens, wo in der Zeit der großen griechischen Kolonisation zahlreiche Pflanzstädte gegründet worden waren. Homer, *der* Dichter des Altertums schlechthin – er lebte gegen Ende des 8. Jahrhunderts v. Chr. –, stammte mit großer Wahrscheinlichkeit aus Ionien. War er noch ein klassischer Vertreter des Mythos als Methode der Welterklärung, so sicherte sich Ionien auch im Übergang vom Mythos zum Logos die Vorreiterrolle. Thales, Anaximander und Anaximenes kamen aus Milet, der ionischen Metropole, Heraklit aus dem nahe gelegenen Ephesos. *Ex oriente lux:* Das Gros der bedeutenden Vorsokratiker war im östlichen Kolonisationsgebiet beheimatet.

## Philosophie ist Wissenschaft – am Anfang steht das Fragen

Wer in die Welt hinausfährt, wer neue Räume geographisch erschließt, ist auch mental weltoffener, beweglicher, neugieriger. Er neigt dazu, sich umzuschauen, neue Eindrücke in sich aufzunehmen, zu fragen, auch anders zu fragen. Diese Kolonisten-Mentalität ist sicher ein wesentlicher Teil der Erklärung dafür, dass die Philosophie an den „Küsten des Lichts" das Licht der geistigen Welt erblickte. Hinzu kamen die vielen Kontakte über die griechische Welt hinaus, die Begegnung mit fremden Kulturen – eine Bereicherung, aber auch eine Herausforderung, das Griechische vom „Barbarischen" abzugrenzen, Position gegenüber anderen Positionen zu beziehen. Für die Ionier gab es demnach manchen Anreiz und manche Notwendigkeit, mit offenen Augen durch die Welt zu gehen und alles um sich herum bewusster wahrzunehmen als die Menschen im griechischen Mutterland. Sie guckten sich um und staunten. Eben dieses Staunen, werden Platon und Aristoteles später feststellen, stand am Anfang der Philosophie. θαυμάζειν, *thaumázein*, steht da, das griechische Wort für „staunen", „sich wundern", „bewundern".

Schade, dass dieser für das philosophisch-wissenschaftliche Fragen so grundlegende Begriff kaum Spuren in unserem griechischen Spracherbe hinterlassen hat! Bis auf eine Wissenschaft, die bezeichnenderweise das „Wunder" (allerdings im theologischen Sinne) wissenschaftlich erforscht: Die Thaumatologie ist die „Lehre von den Wundern" (θαῦμα, *thaúma*, „Wunder").

Die Neugier der frühen Philosophen richtete sich wesentlich darauf, die Vielfalt der Welt-Erfahrungen auf einen allgegenwärtigen Urgrund zurückführen zu können. Ist es das Wasser, das Feuer, die Erde, die Luft? So unterschiedlich die Antworten waren, so unabdingbar war es, auch und gerade die Natur dabei einzubeziehen und „verstehen" zu lernen:

die φύσις, *phýsis*. Für Heraklit war die *phýsis* das „Sein" – eine Natur, die freilich „dazu neigt, sich zu verbergen". Dieses Verborgene aufzudecken wird zur Sache der Wissenschaft „Philosophie", die dazu auch das Erkenntnismittel der Empirie einsetzt. ἐμπειρία, *empeiría*, ist die „Erfahrung"; „Kenntnis". Die „Physik" (φυσική, *physiké*) als die Erkundung, die wissenschaftliche Erforschung der Natur ist damit ein Gegenstand philosophischen Fragens – und bringt mit Demokrit und anderen (5. Jahrhundert v. Chr.) eine erste „Atomtheorie" hervor. Als ἄτομον, *átomon*, definiert Demokrit das kleinste, räumlich „nicht (mehr) Teilbare". Dass auch die Mathematik (von μανθάνειν, *manthánein*, „lernen"; μάθημα, *máthema*, „Erlerntes", „Wissenschaft"), die der Antike als *die* Wissenschaft schlechthin erschien, philosophische Implikationen hatte und hat, sei nur am Rande erwähnt.

Das zweite Ursprungsland der europäischen Philosophie ist mit Süditalien und Sizilien ebenfalls griechisches Kolonialgebiet. Hier dachten im 6. und 5. Jahrhundert v. Chr. Parmenides über die Einheit von Sein und Denken und die „Wahrheit" nach (ἀ-λήθεια, *a-létheia*, ein wunderbarer Begriff: „wahr" ist, was „un-verborgen" ist; von λανθάνειν, *lanthánein*, „verbergen"), Empedokles über die Elemente und Pythagoras (aus Ionien gebürtig, aber später in Kroton ansässig) über Zahlentheorie und „Harmonie" („harmonisch" ist, was sich – wie die Naturgesetze – zu einer sinnvollen Ordnung „fügt"; ἁρμόττειν, *harmóttein*, „zusammenfügen"; ἁρμονία, *harmonía*, „Proportion", „Einklang" z. B. in der Musik).

Nicht alles, was diese frühen Denker – „Naturphilosophen" ist ein gebräuchlicher, aber missverständlich einschränkender Begriff – dachten, ist so zeitlos gültig wie der „Satz des Pythagoras". Aber *wie* und mit welcher Einstellung sie fragten und die Dinge erkundeten (ἱστορία, *historía*, ist zunächst das „Erforschen", das „Nachfragen", das sich erst später auf das geschichtliche „Erkunden" und „Berichten" verengt) – das ist das Fundamentale, Zeitlose und Vorbildhafte. Und ein entscheidender Grund dafür, warum *philosophía* nicht nur im sprachlichen Sinne etwas ureigen Griechisches ist.

## Ideen als „geschaute" Vorbilder

Das griechische Verb für „wissen" heißt εἰδέναι, *eidénai*, und das bedeutet nicht zufällig im ursprünglichen Sinne „gesehen haben". Unser Wissen ist also das, was wir sicher, zuverlässig und in der Regel nicht nur einmal gesehen haben und was wir damit wiedererkennen können. Das führt zu einem anderen zentralen Begriff der griechischen Philosophie: der ἰδέα, *idéa*, die in unserer „Idee" weiterlebt. Die *idéa* ist das „Aussehen", die „Sicht" – auch von etwas, das man nicht unbedingt körperlich sehen muss; es steht uns vielmehr als Sicht auch geistig vor Augen. Die gespeicherte Sicht auf etwas, das dadurch eine Identität gewinnt, verdichtet sich zu einer abstrakten *idéa*, die auch im vorhinein etwas sieht, ohne es konkret vor Augen zu haben.

Wir sind damit sozusagen schon auf platonischem Grund. Platon radikalisiert in gewisser Weise die Vorstellung des geistigen Schauens, indem er die *idéa* nicht mehr als sinnlich-körperliches Sehen von etwas real Da-Seiendem, sondern als noetischen Akt begreift. „Noetisch" ist das Adjektiv zu νοῦς, *nous*, „Verstand". Die Ideen sind für Platon „Urbilder", die das „wirkliche Sein" darstellen. Diese Ideen sind etwas „Gedachtes" (νοητόν, *noetón*), rein geistig Geschautes. Auf diese Weise gibt es auch eine Idee des „Schönen", des „Ewigen", des „Gerechten" und des „Unzeitgemäßen": Abstrakta, die man physisch nicht sehen kann und die in unterschiedlichen Kontexten unterschiedliche Ausprägungen haben – eine schöne Frau sieht anders aus als eine schöne Blume oder das schöne Wetter –, die aber etwas Identisches haben, das der Verstand erschaut und als Idee „festlegt". Das Ideale wird dann im praktischen Leben zu dem nur in der Vorstellung existierenden Urbild, einem geistig geschauten Vollkommenen, das sich indes mit der Realität, den *res* („Dingen"), wie sie physisch zu schauen sind, nicht immer deckt. Oder eigentlich nie – und trotzdem entfaltet es als „Muster" und „Vorbild" selbst in der rauen Welt der Dinge seine Wirkung.

Auch wenn wir uns dessen jedenfalls gelegentlich nicht ganz so bewusst sind, wollen wir Platon zufolge das Schöne, Wahre und Gute erkennen. Der Wunsch, die Ideen zu schauen, ist in uns angelegt, und dieses Streben nach dem Geistigen ist für Platon Teil einer Kraft des Verlangens und Sich-Hingezogen-Fühlens, die die Griechen „Eros" (ἔρως) nannten. Das ist im Ursprung jene vergeistigte „platonische Liebe", die etwas holzschnittartig als Gegenbegriff zur körperlich-sexuellen Erotik verwendet und belächelt wird. Zu Unrecht: Es wäre jedenfalls schon einiges erreicht, wenn möglichst viele Menschen ein „platonisches Verhältnis" zur griechischen Sprache hätten!

## „Wissenschaftstheorie" – Im ursprünglichen Wortsinn eine Tautologie

Platons Idealismus ist in heutiger Diktion eine aprioristische Theorie, eine bestimmte „Lehrmeinung" oder ein „Gedankengebäude". Für Platon und vor allem für seinen Schüler Aristoteles, der den Theorie-Begriff besonders nachhaltig verwendet hat, war die θεωρία, *theoría*, etwas zumindest partiell Anderes. Auch bei der *theoría* haben wir es mit einer „Schau", einem „Zuschauen" zu tun, das sich indes geistig vollzieht – ein Wahrnehmen mit den Augen des Geistes. Dieses geistige Erfassen verbindet sich mit einem Ordnen. Die geschauten Dinge stehen in einer inneren Beziehung zueinander. Wir beobachten den Sternenhimmel, stoßen auf bestimmte Konstellationen und bemühen uns, die beobachteten Einzelerscheinungen in einen Kontext zu bringen, der logisch-rationalen Nachfragen nach Möglichkeit standhält. Dieses Vorgehen nennen wir „Wissenschaft" – und die aristotelische θεωρία bezeichnet eben dies: „Wissenschaft" ist auf Griechisch *theoría*.

Diese auf die Erkenntnis des Wahren gerichtete Schau verfolgt Aristoteles zufolge keinen anderen Zweck als eben sicheres, als wahr erkanntes Wissen zu gewinnen. Nicht die Nutzanwendung ist die Auftraggeberin der Wissenschaften, und nicht einmal der Seitenblick auf die praktischen „Handlungs"-Möglichkeiten (πρᾶξις, *práxis*) ist erlaubt, weil er eine Ablenkung des Schauens im gerade definierten Sinne bedeuten würde. Für die „Umsetzung" theoretischer Erkenntnisse ist der „Techniker" zuständig, nicht der Wissenschaftler, der stets ein θεωρητικός, *theoretikós*, bleibt, ein betrachtender „Theoretiker".

Echte Wissenschaft dient nach Aristoteles keiner Utilität – und kann daher nicht verantwortlich gemacht werden für das, was die „Praktiker", die „Techniker" oder die Politiker daraus machen. Ob dieses Wissenschaftsverständnis zeitgemäß ist und ob es die von Aristoteles postulierte reine geistige Schau ohne Erkenntnis leitendes Interesse überhaupt geben kann – das kann und muss man wohl ideologiekritisch hinterfragen (auch in „Ideologie", aber auch in „Ideologiekritik" ist eine ἰδέα, *idéa*, eine bestimmte „Sicht", nicht nur sprachlich präsent). Doch ist dafür hier nicht der Ort. Wir wollten nur in Erinnerung rufen, dass die Theorie beginnend mit den Griechen die Entfaltung „wissenschaftlichen Wissens" meint. Und dass wir auch hier den philosophischen „Sehern" des alten Griechenlands mehr verdanken als nur das Wort „Theorie".

## Logik, Ethik, Metaphysik –
## Nicht nur sprachlich in Hellas zu Hause

Im Rahmen seines grandiosen Gesamtwerks hat sich Aristoteles mit Fragen der Philosophie beschäftigt, die bis heute zu den wichtigsten Teildisziplinen der „Weisheitsliebe" zählen und – erneut nicht zufällig – griechische Bezeichnungen tragen. Zum einen mit der „Logik", die im Altertum häufiger als „Dialektik" bezeichnet wird (διαλεκτική, *dialektiké*, von διαλέγειν, *dialégein*, „auseinander-lesen", sich in These und Gegenthese unterhalten). Ihr geht es um „vernunftgemäße" Regeln, nach denen im Denken, Argumentieren, Urteilen und Anwenden verfahren wird. Die Gesetze der Logik sind dem λόγος, *lógos*, dem „Verstand", und dem von ihm geleiteten „Sprechen" als entscheidender Instanz unterworfen.

Die zweite Teildisziplin ist die Ethik; darunter verstehen wir heute die Lehre von den Normen menschlichen Handelns. ἠθικός, *ethikós*, „den Charakter betreffend", „sittlich", ist das Adjektiv zu ἦθος, *éthos*. Damit bezeichneten die Griechen allgemein die „Gewohnheit". Auf den

Menschen bezogen, machen seine Gewohnheiten seinen „Charakter", seine „Wesensart" aus. Aristoteles als Begründer der philosophischen Ethik geht nicht präskriptiv oder gar mit erhobenem Zeigefinger vor. Er beschreibt und analysiert vielmehr, nach welchen „Gewohnheiten" die Menschen ihr Leben führen und welches Ziel sie verfolgen. Dabei stößt er auf die εὐδαιμονία, *eudaimonía*, das „Glück". Offenbar führen indes nicht alle Gewohnheitswege zum „Glück", zumal sich die Eudämonie des Einen mit der des Anderen „vertragen" muss – für alle Ethiker in der Nachfolge des Aristoteles eine Problemstellung, die bekanntlich mehr als nur einen Lösungsvorschlag hervorgebracht hat.

Was rund dreihundert Jahre nach seinem Tode als „Metaphysik" des Aristoteles bezeichnet wurde, war im Wesentlichen seine „Wissenschaft vom Sein", die Ontologie (τὸ ὄν, *to on*, „das Seiende"). Ein Teil dieser „Seinslehre" betrifft philosophische Aussagen, die sich über die Alltagswelt hinaus erstrecken und sich mit dem beschäftigen, was die Menschen als „Gott" bezeichnen – Fragen, die „über die Natur hinaus" reichen, die „jenseits der Dinge der Natur" liegen. Auf Griechisch: μετὰ τὰ φυσικά, *metá tá physiká*. Die Metaphysik entwickelt sich sozusagen zu einer philosophischen Theologie, die sich mit dem „Übernatürlichen", „Jenseitigen" befasst.

Beide großen Denker, Platon und Aristoteles, haben sich nicht in den ätherischen Höhen philosophischer Theorie verloren. Sie haben auch – mit ganz praktischen, wenngleich nicht unbedingt praktikablen Schlussfolgerungen – über das Zusammenleben der Menschen im Staat nachgedacht und diese Gedanken in staatsphilosophischen Schriften niedergelegt, die noch heute als Basiswerke der Staatsphilosophie anerkannt sind (vgl. S. 162 ff.). Für sie war es eine gewissermaßen staatsbürgerliche Pflicht als Mitglieder ihrer Polis-Gemeinschaft, sich auch über das Politische, die jeden Politen (πολίτης, *polítes*, Bürger einer πόλις, *pólis*, „Bürgerschaft", „Stadt") betreffenden „Angelegenheiten der Polis", Gedanken zu machen – erst recht, wenn man den Menschen mit Aristoteles als ζῷον πολιτικόν, *zóon politikón*, begreift, als „ein auf die (Polis-)Gemeinschaft bezogenes Wesen" (Politik 1278 b 19). Eine berühmte

Definition, die Seneca als *sociale animal* ins Lateinische übersetzen wird (De beneficiis VII 1, 7; De clementia I 3, 2).

## Stoische Ruhe oder epikureischer Hedonismus? – Philosophie als Glückssuche

Mit Seneca sind wir bei der Stoa, einer der bedeutenden Philosophenschulen des Hellenismus. Stoiker heißen ihre Anhänger, weil Zenon, der Begründer der Schule, seine Lehrtätigkeit in der „bunten Säulenhalle" (στοὰ ποικίλη, *stoá poikíle*) in Athen ausgeübt hatte. Auch Platon war eher ein „stationärer" Philosophie-Lehrer gewesen, der seine Schüler in der Akademie, dem Bezirk des Heros Akademos in Athen, getroffen hatte, während Aristoteles nachgesagt wurde, das Unterrichtsgespräch im Gehen bevorzugt zu haben. Seine Schule wurde deshalb nach diesem „Herum-gehen" (περι-πατεῖν, *peri-patein*) oder doch wohl eher nach dem Ort des Herumgehens in einer der „Säulenhallen" (περίπατος) Peripatos genannt.

Als Zenon die Stoa begründete, hatte sich die politische Situation im griechischen Raum von Grund auf gewandelt. Im Hellenismus waren die vorher autonomen (αὐτόνομος, *autónomos*, „nach eigenen Gesetzen lebend", aus αὐτός, *autós*, „selbst", und νόμος, *nómos*, „Gesetz") Poleis in Großreiche eingegliedert, die die Politik als Angelegenheit jedes einzelnen Polis-Angehörigen so nicht mehr zuließen. Die wichtigen Entscheidungen wurden alle in einer mehr oder weniger fernen Hauptstadt getroffen und unterlagen nicht mehr der Partizipation der Politen. Man fühlte sich, zugespitzt formuliert, mehr als Objekt denn als Subjekt einer Politik, die im griechischen Sinne keine mehr war, da sie den engen Bezug zur Polis verloren hatte.

Und man fühlte sich angesichts der gewaltigen Umwälzungen, die der Alexander-Zug im 4. Jahrhundert v. Chr. und die spätere Aufteilung seines Königreiches mit sich gebracht hatten, stark verunsichert. Das Walten der Schicksalsgöttin Tyche (Τύχη) schien unberechenbar. Wie konnte man sich gegen diese Willkür am besten wappnen, wie konnte man jene individuelle *eudaimonía* erreichen, das „Glück", dem schon Aristoteles und andere Philosophen auf der Spur gewesen waren?

Die Philosophieschulen des Hellenismus greifen diese Fragen und Unsicherheiten auf. Sie alle stellen das individuelle Glück des Menschen in den Vordergrund ihrer philosophischen Systeme. Die Wege, die dahin zu führen versprechen, sind verschieden, das Ziel aber ist das eine: Glück als einen vom Wirken der launischen Tyche unabhängigen Zustand zu sichern. Dass sich dieses Glück nicht von äußeren Einwirkungen abhängig machen kann, sondern im Menschen selbst angelegt sein muss, ist klar – denn sonst wäre ja die Tyche in der einen oder anderen Weise wieder mit im Spiel, und Glück wäre dann das Ergebnis eines Glücksspiels.

Als vernunftbegabte Wesen müssen wir, lehrt die Stoa, lernen, unsere Affekte (πάθη, *páthe*; Singular: πάθος, *páthos)* zu beherrschen, um uns nicht von Furcht und Freude abhängig zu machen. Denn diese Emotionen werden von anderen ausgelöst und beendet, von Wirkkräften mithin, die uns nicht verfügbar sind und uns in unserer Freiheit einengen. Da das wahre Glück mit der inneren Freiheit identisch ist, der das Walten der Tyche nichts anhaben kann, ist ein Zustand anzustreben, der „frei von Affekten" ist – die ἀπάθεια, *apátheia*. Der Weise, der im Besitz dieser stoischen „Apathie" ist, lässt sich durch nichts erschüttern. Er ist ein echter Stoiker, der in allen Situationen „stoisch" bleibt und sozusagen die „stoische Ruhe" weg hat.

Die scheinbaren Antipoden der Stoiker sind die nach dem Begründer ihrer Philosophenschule, Epikur, benannten Epikureer. „Scheinbar" deshalb, weil sie das zentrale Ziel ihrer Philosophie ebenso wie die Stoiker im individuellen Glück und in der Unabhängigkeit von der launischen Tyche sehen. Die Epikureer ziehen allerdings andere Schlussfolgerungen aus der auch von ihnen empfundenen allgemeinen Unsicherheit und der daraus folgenden Notwendigkeit, sich auf das Individuum zu konzentrieren. Anders als die Stoa empfehlen sie, sich von politischen „Händeln" fernzuhalten und das persönliche Glück „im verborgenen Leben" zu finden. λάθε βιώσας, *láthe biósas*, „Lebe im Verborgenen!", ist ihr Wahlspruch.

Und sie bekennen sich zur ἡδονή, *hedoné*, dem „Süßen" (ἡδύς, *hedýs*, „süß") im Leben, der „Freude", dem „Genuss"; einem Genuss allerdings, der auch die Konsequenzen im Auge hat und deshalb den langfristigen gegen den kurzfristigen Genuss abzuwägen weiß – Hedonismus mit Nachhaltigkeit gewissermaßen. Die Epikureer sind daher zwar die Namenspaten, aber keineswegs die geistigen Väter eines Hedonismus im alltäglich-unphilosophischen Sinne einer mehr oder weniger ungezügelten Anhängerschaft an Sinnenfreuden. Champagner, Kaviar und ungehemmtes Ausleben sexueller Wünsche mögen „Accessoires" eines modernen Hedonismus sein, mit der eher auf Konsumverzicht abstellenden Lehre Epikurs hat dieser indes nichts zu tun: Der sah im „Lebensgenuss" durchaus auch den selbstgenügsamen Lebensstil etwa eines Hirten, der mit einem Becher Wein, einer Ration Brot und einem Stück Käse satt wird und damit glücklich ist. Wahrer epikureischer Hedonismus erweist sich in seelischer Ausgeglichenheit, nicht in einem mit lukullischen Delikatessen vollgestopften Magen.

Schon in römischer Zeit flüchteten sich allerdings etliche *luxuriosi*, „Luxusjünger", unter das scheinbar schützende philosophische Legitimationszelt Epikurs, sodass *Epicureus* auch schon einmal als Synonym für „Schlemmer" und „Wollüstling" verwendet wurde – ähnlich wie wir noch heute unter einer epikureischen eine dem (Sinnen-)Genuss verpflichtete Lebensweise verstehen. Als Ehrenrettung Epikurs hilft da nur noch ein Paradoxon (παράδοξος, *parádoxos*, „wider Erwarten"): Epikur war kein Epikureer!

Philosophie auf dem Marktplatz –
Sokrates als die „Hebamme der Wahrheit"

Am Ende unserer skizzenhaften (σχεδόν, *schedón*, „beinahe"; σχέδιος, *schédios*, „in Eile"; „Skizze" daher: „Entwurf") Anmerkungen zur griechischen Philosophie, die mit ihrer Orientierung an Begriffen allenfalls Schlaglichter auf Inhalte werfen können, stehen zwei Philosophen, die keine geschriebene Lehre hinterlassen haben und doch von großer, im ersten Falle von größter Bedeutung für die Geschichte des europäischen Denkens gewesen sind: Sokrates und Diogenes, zwei unverwechselbare, echte „Typen" (τύπος, *týpos*, „Gepräge", „Gestalt"), die eines verbindet: Sie betrieben die Philosophie im dicksten Menschengewühl auf dem Marktplatz und nicht am still-beschaulichen Schreibtisch.

Den Athener Sokrates verband eine Hassliebe mit den Sophisten, die als „Weisheitslehrer" (σοφός, *sophós*, „weise") durch ganz Griechenland zogen und ihre philosophischen und rhetorischen Dienste gegen klingende Münze anboten. Das brachte ihnen in der „feinen" Gesellschaft eine schlechte Presse ein: Erwerbstätigkeit an sich war dort verpönt, sich aber als Weisheitslehrer geradezu mieten zu lassen war noch ein σκάνδαλον, *skándalon* („Beleidigung"), obendrauf. Wenn heute noch die Sophisten in Misskredit stehen, so hängt das mit ihrer aufklärerisch-skeptischen Grundhaltung zusammen: Sie stellten das scheinbar Selbstverständliche in Frage und zeigten die Grenzen der Erkenntnis auf, indem sie mit rhetorischen Mitteln eine Behauptung genauso als „richtig" erwiesen wie die Gegenbehauptung. Wer so mit Worten „jongliert", gerät rasch in den Verdacht des spitzfindigen Wortverdrehers. Aus dem σοφιστής, *sophistés*, als „kundigem" Lehrer der Weisheit kann so ein „raffinierter Betrüger" mit Worten werden. Das hängt den Sophisten im Deutschen immer noch an – „sophistisch" heißt „haarspalterisch", „spitzfindig" –, während das Englische ihnen mit *sophisticated* Tribut für ein „ausgeklügeltes", „geistreiches", ja „weltläufiges" Auftreten zollt.

Sokrates lehrte zwar nicht für Geld, aber im philosophischen Ansatz und in der Methode war er den Sophisten durchaus vergleichbar. Auch er betrieb „lebendige" Philosophie, indem er die Menschen auf den Straßen und Märkten ansprach und mit ihnen das philosophische Gespräch suchte – und das nicht selten auch ungefragt. Was wissen wir wirklich? Was ist Wahrheit? Das waren die grundlegenden Fragen des Sokrates. Und wer zu Beginn der Unterhaltung geglaubt hatte, die Antwort darauf zu kennen oder sich jedenfalls im Besitze zumindest fester Teil-Gewissheiten gewähnt hatte, stellte am Ende des Gesprächs mit dem unbequemen Frager fest, dass seine scheinbare Wissenssicherheit mächtig erschüttert war. Er fand sich unversehens in einer logischen Sackgasse wieder, aus der es keinen Ausweg zu geben schien: eine echte ἀπορία, *aporía*, „Rat-Losigkeit", in die ihn die unwiderstehliche Fragetechnik des „Meisters" hineingetrieben hatte.

Sokrates betätigte sich als „Hebamme der Wahrheit" – auch wenn diese vielfach darin bestand, das Nichtwissen an die Stelle des Scheinwissens zu setzen. Nach der tatsächlichen Hebammenkunst, die Sokrates' Mutter praktiziert hatte, sprechen wir noch heute von der sokratischen Mäeutik (μαιευτικὴ τέχνη, *maieutiké téchne*, „Hebammenkunst"). Oder schlicht von der „sokratischen Methode".

Es war eine harte Schule der Erkenntnistheorie, die Sokrates da auf seinem Wege, das Einzelne mit Hilfe des Allgemeinen zu bestimmen und die Menschen durch Erkenntnis „gut" und „tüchtig" zu machen, betrieb. Und sie wurde nicht dadurch leichter, dass er sich beim Philosophie-„Verhör" seiner Landsleute der εἰρωνεία, *eironeía*, bediente, der „Verstellung" im Sinne des „Anscheins von Unwissenheit", die erst lange nach seiner Zeit als „Ironie" im heutigen Sinne Schule machte.

Mit verunsichernder „Ausfragerei" macht man sich nicht nur beliebt. Sokrates hatte Feinde, auch weil er so manch einen bei der Enthüllung seines Nichtwissens an den intellektuellen Pranger stellte. Dass er wegen Asebie (ἀσέβεια, *asébeia*, „Gottlosigkeit") und „Verführung der Jugend" zum Tode verurteilt wurde, ist alles andere als ein Ruhmesblatt seiner Heimatstadt Athen, war aber letztlich ein Ergebnis der Kompromisslosigkeit und Radikalität seiner Anfrage an das vermeintlich Selbstverständliche. Der Glaubwürdigkeit seines Auftrages als intellektueller Störenfried entsprach es, dass er sich, auf sein δαιμόνιον, *daimónion* („innere Stimme"), vertrauend, in sein Schicksal ergab und den Schierlingsbecher austrank, obwohl es ihm ein Leichtes gewesen wäre, ihm zu entgehen. Nicht alle Philosophen haben, wenn es ums Standhaftbleiben ging, diese Botschaft ihres Daimonions erhalten.

## Nur ein Philosophie-Clown? – Zyniker war Diogenes jedenfalls nicht

Ein anderer, dem man ebenfalls vieles nachsagen konnte, nicht aber eine tiefe Kluft zwischen Anspruch und Lebenswirklichkeit, war der philosophische „Ummünzer" Diogenes von Sinope. Er stand in mancher Hinsicht in der Nachfolge des Sokrates, sowohl geistig als auch mit seiner Art, Philosophie in den öffentlichen Raum zu tragen. Seine Methode unterschied sich indes von der des Sokrates grundlegend: Diogenes provozierte durch Aktionen; er gab den Bürgerschreck und Philosophie-Clown, der seine Theorien mit spektakulärem Verhalten in die Praxis umsetzte – und die bürgerliche Gesellschaft mehr als einmal vor den Kopf stieß.

Diogenes predigte die radikale Autarkie (αὐτάρκεια, *autárkeia*, „Selbstgenügsamkeit") und er praktizierte sie. Ähnlich wie die Stoiker fühlen sich die Kyniker – ursprünglich wohl so genannt, weil der Schulgründer Antisthenes im Gymnasion Kynosarges lehrte –, der Natur als obersten Leitinstanz verpflichtet. Für Diogenes bedeutet diese Rückbesinnung auf die Natur eine Abkehr von den bürgerlichen Konventionen und Sitten, die sich nach seiner Meinung vom natürlichen Verhalten entfernt und den Menschen verbogen haben. Dass der Mensch Grundbedürfnisse hat, erkennt Diogenes an. Warum deren Befriedigung aus Rücksicht auf Mitmenschen und gesellschaftliche Regeln häufig hinausgeschoben wird, leuchtet ihm nicht ein. Also isst er, sobald ihn Hunger überkommt – auch in der Öffentlichkeit, was in Griechenland verpönt war –, also geht er sexuellen Bedürfnissen in dem Moment nach, da sie sich einstellen – auch das nicht gerade im Einklang mit den Konventionen. Und er macht den Mund auf, sagt das, was er für richtig hält – auch wenn es andere noch so sehr beschädigt.

Dass er dabei auch vor hochgestellten Persönlichkeiten und ehrwürdigen Traditionen nicht haltmacht – er verulkt Alexander den Großen ebenso wie den „Großphilosophen" Platon, er macht sich über die Olympischen Spiele, über Orakel und Priester lustig –, lässt seine „Lehre" authentisch und glaubwürdig erscheinen, macht ihn aber auch zu einem Enfant terrible, einem „bunten Hund" in der Szene der Weisheitslehrer. Die Schamlosigkeit, die er im Rahmen seiner Zurück-zur-Natur-Philosophie auf seine Fahnen geschrieben hat, stellt ihn aus der Sicht der Skeptiker auf eine Ebene mit dem Straßenköter, dessen Verhalten allgemein als Inbegriff von Schamlosigkeit gilt. Die Leute beschimpfen ihn als κύων, *kýon* („Hund"; Genitiv κυνός, *kynós*) – was Diogenes zum Ehrentitel ummünzt. Fortan wird der „Hund" zum Markenzeichen der kynischen Schule.

In ihrer Offenheit sind die Κυνικοί, *Kynikoí* („Hundsphilosophen"), bissig und frech; ihre Respektlosigkeit ist legendär, ihre aggressive Schamlosigkeit verstörend. Eines aber haben gerade sie, die sich einer radikalen Ehrlichkeit verpflichtet fühlten, sicher nicht verdient: Dass sie zu Namenspatronen eines Zynismus geworden sind, dessen hervorstechende Merkmale Inhumanität und Verletzung der Menschenwürde sind. Es ist nachgerade ein Zynismus der Begriffsgeschichte, dass ausgerechnet solchen Kämpfern für Wahrhaftigkeit und Offenheit wie Diogenes und Co dieses extrem negative Rezeptionsetikett angehängt worden ist.

Viele Philosophie-Lehrer der Moderne schenken den Kynikern erstaunlich wenig Beachtung. Wirkt da etwa die Opposition der „Hundsphilosophen" gegen das Establishment nach? Das können wir uns angesichts der Intellektualität, Offenheit und geistigen Unbestechlichkeit unserer – wenn auch vielfach beamteten – Philosophie-Verwalter überhaupt nicht vorstellen.

# Polit-Griechisch
## Wie die Athener die Demokratie erfanden

Für gestandene Altphilologen ist klar, warum der Sowjet-Sozialismus letztlich scheitern musste: Schon die Bezeichnung der Satellitenstaaten als „Volksdemokratien" zeigt die Bodenlosigkeit des Systems. Jedenfalls seine sprachliche, denn das „Volk" ist in „Demokratie" schon recht prominent präsent: δῆμος, *démos*, heißt „Volk" – und das muss man nicht durch eine Verdopplung noch einmal aufgreifen. Erst recht nicht, wenn das Volk in den „Volksdemokratien" nichts zu sagen hatte. Aber vielleicht war das ja auch der kompensatorische Grund für die tautologische (ταὐτά, *tautá*, „das gleiche") Prägung; zumindest sprachlich sollte das Volk bei einer Volksherrschaft die Nase vorn haben.

Die Demokratie ist eine Staatsform, in der der Demos über das κράτος, *krátos*, die „Macht", verfügt beziehungsweise verfügen soll. Und nach Möglichkeit keine anderen Gruppen die Kontrolle über das *krátos* ausüben sollten: Weder die Bürokraten noch die Eurokraten, weder die Technokraten noch die Plutokraten, auch nicht die Anhänger einer Theokratie oder einer Gerontokratie und schon gar nicht irgendwelche Autokraten. Die fünf letzteren Antipoden der Demokratie sind begrifflich rein griechisch geprägt. Technokraten neigen dazu, aufgrund ihres fachlichen Könnens (τέχνη, *téchne*) und fachlicher „Sachzwänge" die Macht an sich zu reißen, bei einem plutokratischen System geben diejenigen den Ton an, die über Reichtum" (πλοῦτος, *ploútos*) verfügen. In der Theokratie soll allein Gott (θεός, *theós*) herrschen; das delegiert er dann gern auf seine priesterlichen „Stellvertreter" auf Erden; bei einer Gerontokratie geben „alte Männer" (Singular γέρων, *géron*, Stamm: *geront-*) den Ton an.

## Aristokraten – Die „Besten" an der „Macht"?

Der Autokrat dagegen will einfach nur „selbst" (αὐτός, *autós*) herrschen – ein Machtmensch, der sich nach modernem Verständnis vom Tyrannen kaum unterscheidet. Auch diesen Begriff hat das Griechische der internationalen Sprachenwelt vermacht – wobei sich seine Konnotation im Laufe der Zeit immer mehr verschlechtert hat. Zwar waren auch die frühen Tyrannen in den griechischen Stadtstaaten „Einzelherrscher", die die Macht durch einen Putsch usurpiert hatten. Doch richtete sich ihr Machtstreben weniger gegen das Volk – das damals ohnehin noch reines Objekt der politischen Willensbildung war – als gegen den Adel. Die „Ältere Tyrannis" (τυραννίς) von der Mitte des 7. bis zum Ende des 6. Jahrhunderts v. Chr. war ein Kampf mächtiger Einzelner gegen das Kollektivregiment des Adels. Und der eine oder andere Tyrann suchte sogar den Schulterschluss mit dem Volke – nicht weil er zum Demokraten mutiert wäre, sondern um Verbündete gegen seine Standesgenossen zu gewinnen. So erklärt es sich, dass manche Athener die Tyrannis des Peisistratos im 6. Jahrhundert v. Chr. geradezu als Wiederkehr des „Goldenen Zeitalters" empfunden haben. Auf *die* Idee wäre bei späteren Ausprägungen der Tyrannis sicher niemand mehr gekommen – schon gar nicht in Mittelalter und Neuzeit, als sich die Wahrnehmung einer Tyrannenherrschaft auf eine menschenverachtende Despotie (δεσπότης, *despótes*, „Herr", „Herrscher") verengte.

Die ursprünglichen Gegner des Tyrannen waren diejenigen, die sich aufgrund ihrer wirtschaftlichen und gesellschaftlichen Stellung für die „Besten" hielten, griechisch οἱ ἄριστοι, *hoi áristoi*, und die daraus die Legitimation für ihre Herrschaft ableiteten. Diese bezeichneten sie – je nach Standpunkt: selbstbewusst oder unbescheiden – als Aristokratie, ἀριστοκρατία, *aristokratía*, „Herrschaft der Besten". Selbstverständnis und Selbstbewusstsein dieser Elite waren nicht nur bei den Griechen bemerkenswert. Bei den Römern stoßen wir anfangs auf die *patricii*, d. h. „diejenigen, die über (nennenswerte) Väter (*patres*) verfügen", während die anderen den Staat gewissermaßen nur auffüllen (Plebejer von *plere*, „füllen"). Später verstand sich die Senatspartei im Unterschied zu den „volksfreundlichen" Popularen als „Optimaten" (*optimus*, „der Beste"). Das deutsche Wort „Adel" hebt ebenfalls auf das Besondere auch in charakterlicher Hinsicht ab: Das Adjektiv zu „Adel" ist „edel". Dabei beruhte die reklamierte ethische Überlegenheit in allen Fällen auf einer ökonomischen Vorrangstellung: Adlige waren Großgrundbesitzer, die von den Erträgnissen ihrer Güter ohne eigene Erwerbsarbeit leben konnten.

Sie setzten die Normen der traditionalen Gesellschaft und das Volk konnte lange Zeit gar nicht anders, als die Geschicke des Staates in den Händen der *áristoi* zu belassen. Wer wollte es sich anmaßen, den „Besten" – und in der Staatsführung Erfahrenen! – ihren Herrschaftsanspruch streitig zu machen? Erst als – in Athen um 600 v. Chr. – eine tiefe soziale Krise ausbrach und die Aristokratie die Verelendung vieler Menschen nicht verhindern konnte, begann das heile Bild der Bestenherrschaft Risse zu bekommen. Das Erlebnis der Tyrannenzeit ließ die Athener dann die Erfahrung machen, dass die Dinge unter *einem* Herrn eher besser liefen als zuvor. War die Herrschaft der Besten also wirklich das Beste für den Demos?, fragten sich die Menschen.

Außerdem war es schon lange zu einer einschneidenden Änderung in der Wehrverfassung des Staates gekommen. Die Einführung der Hoplitenphalanx (ὁπλίτης, *hoplítes*, „Schwerbewaffneter"; φάλαγξ, *phálanx*, „Walze"), der Formation gleichwertiger und gleichberechtigter Schwerbewaffneter, hatte den alten, den Adligen vorbehaltenen Einzelkampf abgelöst. Bürger, die vorher nur militärische Hilfsdienste verrichtet hatten, wurden so zu viel „wertvolleren" Kriegern, auf deren Schultern die Verteidigung ihres Staates ruhte.

### Experiment Demokratie – Ein Schritt zu mehr Gerechtigkeit

Wer militärische Verantwortung trägt und in der Schlacht den Kopf für sein Gemeinwesen hinhält, beginnt allmählich zu fragen, ob er nicht auch politisch stärker mitbestimmen darf – zumal wenn der Staat offensichtlich nicht mehr in den „besten" Händen ist. Das war die Geburtsstunde oder besser der Geburtsprozess des großen Experiments, das sich *demokratía* nannte. Allerdings kommt der Begriff erst in der zweiten Hälfte des 5. Jahrhunderts v. Chr. auf. Der Vorgänger-Begriff war wohl ἰσονομία, *isonomía* – eine Verfassung, in der jedem „das Gleiche zugeteilt wird" (ἴσος, *ísos*, „gleich", „ähnlich"; und νέμειν, *némein*, „zuteilen"), jeder den gleichen Anteil am νόμος, *nómos*, „Gesetz", hat. Man könnte *isonomía* auch mit „Gleichberechtigung" übersetzen – Herodot zufolge „der schönste Name" dort, „wo die Menge herrscht" (Historien III 80, 6). Wenige Jahrzehnte später setzt sich δημοκρατία, *demokratía*, durch für eine politische Ordnung, „die sich nicht auf wenige, sondern auf die überwiegende Zahl stützt". So definiert der große athenische Historiker Thukydides die Verfassung seiner Heimatstadt (Historien II 37).

Seitdem ist ein Begriff in der Welt, der zu leidenschaftlichen Diskussionen Anlass gegeben hat und gibt. Demokratisch – ein Zauberwort, das heutzutage alle für sich beanspruchen, dem es aber an einer eindeutigen Definition mangelt. Merkwürdig: Wir sind schnell damit zur Hand, ein Verhalten oder einen Zustand als undemokratisch zu tadeln, geraten aber rasch ins Stocken, wenn wir aufgefordert werden, den Begriff positiv mit Inhalt zu füllen oder gar klar zu definieren. Natürlich gibt es zumindest im Westen einen weitgehenden Konsens darüber, was einen demokratischen Staat ausmacht. Und trotzdem bleiben „demokratisch" und „undemokratisch" ideologieanfällige Kampfbegriffe. War Putin ein „lupenreiner Demokrat", wie der frühere Bundeskanzler Schröder befand? Sind Kriegsentscheidungen demokratisch legitimiert, wenn sie mit einer offenkundigen gezielten Fehlinformation der Öffentlichkeit einhergehen?

Auch in der griechischen Welt war „Demokratie" durchaus ein Kampfbegriff, stritten sich Politiker, Publizisten und Philosophen darüber, ob es mit der Gerechtigkeit im Staat vereinbar sei, wenn der Demos über die „Edlen" und „Reichen" herrsche und sie – so die Klage eines Demokratie-Gegners – geradezu ausbeute und sich die Herrschaft des Volkes von den Wohlhabenden finanzieren lasse. Ist es schon Wahnsinn, so hat es doch Methode – nach diesem Motto knöpft sich ein anonymer Pamphletist die athenische Demokratie vor. In der angloamerikanischen Forschung gilt er als „The Old Oligarch". Tatsächlich gab es auch im Mutterland der Demokratie politische Kräfte, die die Volksherrschaft zum Teufel wünschten und sie am liebsten durch ein oligarchisches Regime ersetzt gesehen hätten – ähnlich wie in Sparta, der Antipodin Athens, eine kleine, elitäre Schicht den Staat lenkte. ὀλίγοι, *olígoi*, sind die „Wenigen", ἀρχή, *arché*, ist die „Herrschaft"; die ὀλιγαρχία, *oligarchía*, bezeichnet mithin die „Herrschaft der Wenigen" – ein Begriff, der in der politischen Auseinandersetzung als Gegenmodell zur Demokratie je nach Standpunkt gepriesen oder verabscheut wurde.

Mit ἀρχή, *arché*, verbinden sich weitere Begriffsbildungen, die bis heute Bestand haben. Wo nur einer allein (μόνος, *mónos*) herrscht, da sprechen wir von einer Monarchie. Ein Herrschaftsvakuum dagegen, in dem es keine Ordnung oder Gesetze gibt beziehungsweise niemand sie durchsetzt, gilt als An-archie, „Verneinung von Herrschaft", „Herrschaftslosigkeit" (verneinendes ἀ(ν)-, *an-* + ἀρχία, *archía*). Fazit: Ob Anarchist oder Aristokrat, Demokrat oder Despot, Oligarch oder Monarch – sie alle verdanken ihre sprachliche Existenz den alten Griechen.

## Nachdenken über den besten Staat – eine Anstiftung zur Klassiker-Lektüre

Und damit nicht genug. Das Nachdenken über die richtige Staatsverfassung, das Füllen der bloßen Begriffe mit Inhalten, der leidenschaftliche Diskurs über die Stärken und Schwächen der Staatsformen – auch das gehört zu unserem unvergänglichen griechischen Erbe. Platon und Aristoteles zählen zu den Klassikern der Staatstheorie. Auch wenn manches in ihren Schriften – Platons „Politeia" („Staat") und seinen „Nomoi" („Gesetze") sowie der „Politik" des Aristoteles – zeitgebunden und nicht auf die Moderne übertragbar ist, so sind ihre grundsätzlichen Überlegungen und Einsichten doch alles andere als überholt. Sie zählen nach wie vor zur geistigen Standardausrüstung eines jeden, der über

Staatstheorie nachdenkt – wobei es gerade das Unzeitgemäße ist, das als sperriges, provokantes, antagonistisches Potential zum geistigen Mainstream der Gegenwart so besonders wertvoll ist. Sie glauben das nicht? Dann greifen Sie zu den einschlägigen Werken – und lesen Sie sie als Ganzes, nicht nur als häppchenhaft dargebotene Auszüge in Überblickskompendien zur europäischen Staatsphilosophie!

Greifen Sie dabei möglichst auch zu Polybios! Im 6. Buch seines Geschichtswerkes stoßen Sie auf die Weiterentwicklung der platonischen und aristotelischen Theorien vom besten Staat in hellenistischer Zeit. Die optimale Staatsform ist für Polybios – und andere Denker seiner Zeit – eine Mischverfassung, die monarchische, aristokratische und demokratische Elemente vereint. Nur durch die Ausgewogenheit verschiedener Machtansprüche – modern gesprochen: durch ein System der *checks and balances* – sei jene Stabilität von Staaten erreichbar, in der die Antike ein hohes, viele ihrer Vordenker das höchste Ziel staatstheoretischer Reflexion sahen.

Die drei reinen Verfassungen hätten einen entscheidenden Mangel: Die Absolutheit und Unangefochtenheit der Herrschaft seien die Wegbereiter eines natürlichen Verfalls. Wo keine Kontrollen griffen, kippe das an sich gut gemeinte Regiment im Laufe der Zeit in sein Gegenteil um: Die Monarchie entarte zur Tyrannis, die Aristokratie zur Oligarchie und die Demokratie zur Ochlokratie. ὄχλος, *óchlos*, ist die „Masse", der „Pöbel". In anderen Traktaten ist auch die Rede von der Cheirokratie als Entartungsform der Demokratie, der „Faustherrschaft" (χείρ, *cheir*), bei der das Staatsziel Gerechtigkeit durch das vermeintliche Recht des Stärkeren abgelöst werde und der Staat in Anarchie zu versinken drohe.

Wodurch wird der Wandel der Verfassungen bewirkt? Der Übergang zur Korruptionsform beruht auf der Hybris der Macht, einer zunehmenden Disziplin- und Rücksichtslosigkeit der jeweils Herrschenden. Die Weiterentwicklung zur nächsten „guten" Form ergibt sich aus dem Überdruss an der Fehlform, die die Bürger immer stärker gegen sich aufbringt und sie nach einer besseren Verfassung Ausschau halten lässt. So kommt es im Laufe der Geschichte zu einem Kreislauf der

Verfassungen, der nur durch eine Mischform vermieden werden kann, in der sich die drei Verfassungstypen die Waage halten. Das Erfolgsgeheimnis der Supermacht Rom, die auch Griechenland bezwungen hat? Für den Griechen Polybios ist es die römische Mischverfassung, in der die Consuln das monarchische, der Senat das aristokratische und die Volksversammlung das demokratische Element repräsentieren: „Drei Teile, die im Staat Gewalt haben – eine gerechte und angemessene Ordnung", befindet Polybios (Historíai VI 11).

### Demokratiedefizite einer Demokratie? – Historie aus ahistorischem Blickwinkel

Zurück zur athenischen Demokratie! Herrschte da, fragen wir heute skeptisch, wirklich das Volk? Waren die Bürger tatsächlich gleichberechtigt? Hatten alle Bürger Anteil an der Macht? Die Antwort mag in ideologiekritischen Zeiten wie der unseren befremden: Ja, das war so – vorausgesetzt, der Einzelne nahm sein demokratisches Recht auch wirklich wahr. Gezwungen wurde niemand dazu, sich politisch aktiv zu betätigen. Aber erstaunlich viele nahmen an den Volksversammlungen teil – erst recht, wenn entscheidende Fragen wie Krieg oder Frieden und die Verteilung finanzieller Mittel auf der Tagesordnung standen.

Die wichtigere Voraussetzung für unser forsches „Ja!" ist indes die Definition dessen, was Demos heißt. Und da sind wir bei jenem „Pferdefuß" der attischen Demokratie, der nach heutigem Demokratieverständnis scharf zu kritisieren ist: Der größere Teil der in Attika lebenden Menschen war von der demokratischen Teilhabe ausgeschlossen: Frauen und Sklaven, in Athen ansässige Fremde (Metöken) und Kinder. Sie alle zählten nicht zum Demos, der einen gewissermaßen exklusiven Ausschnitt der Gesamtbevölkerung umfasste: Männliche erwachsene Athener.

Dass die Privilegierung dieser Gruppe keinen Vorbildcharakter für heutige Demokratien haben kann, versteht sich von selbst. Es erstaunt freilich, wie vollmundig da heutzutage „Demokratiedefizite" der attischen Demokratie beklagt werden und wie einseitig und häufig überheblich die daran festgemachte Kritik an dieser frühesten Form der Volksherrschaft im Vordergrund der Betrachtung steht.

Zum einen wird dabei das entscheidende Prinzip der demokratischen Partizipation geflissentlich übersehen. Politische Teilhabe ist – nicht nur in Athen – abhängig von dem Beitrag des Einzelnen zur Wehrhaftigkeit des Staates. Etwas schlichter ausgedrückt, heißt das: Wer bei der Verteidigung des Gemeinwesens den Kopf hinhält, soll auch über die Geschicke dieses Gemeinwesens mitbestimmen können. Kinder, Frauen, Sklaven und Metöken leisten keinen Beitrag zum militärischen Schutz des Staates – also haben sie auch in den anderen Dingen, die das Gemeinwesen betreffen, nichts zu sagen. Rechte verdient man sich durch Pflichten. Wenn es die höchste und zugleich gefährlichste Pflicht ist, die Existenz des Staates und seine Autonomie – αὐτονομία, *autonomía*: der Zustand, sich seine Gesetze (*nómoi*) und Verfassung selbst (*autós*) zu geben – zu sichern, dann ist es folgerichtig, die Schützer der Autonomie zu den „Gesetzgebern" zu machen.

Zum zweiten ist ein Vergleich mit Demokratien der Neuzeit ganz aufschlussreich. Die Partizipationsquote von rund 20 Prozent der Gesamtbevölkerung im Athen des 5. Jahrhunderts v. Chr. erscheint niedrig. Sie übertrifft indes die entsprechenden Werte in „klassischen" Demokratien des 19. Jahrhunderts bis um das Vierfache. Demokratische Mitbestimmungsrechte hatten in den USA um 1830 kaum mehr als 5 Prozent der Bevölkerung; in England waren es bis zur Wahlrechtsreform von 1867 rund 6 Prozent, danach etwa das Doppelte. Zahlen, die zumindest die Maßstäbe geraderücken und zeigen, was wir – häufig weniger kritisch – als demokratische Staatswesen anzusehen gewohnt sind.

Drittens sind natürlich alle diese Vergleiche unhistorisch. Gewiss kann man Demokratiedefizite Athens, gemessen am heutigen Demokratieverständnis, beklagen, doch gehört gerade die erste Demokratie der Welt deshalb wahrlich nicht auf die Anklagebank der Geschichte. Die Athener haben immerhin die Demokratie „erfunden", sie haben das Experiment Volksherrschaft gewagt, das zuvor undenkbar gewesen war.

Sie haben, um es pathetisch zu formulieren, der Welt gezeigt, dass der Demos als Souverän regieren konnte und die Neuentwicklung keine Sackgasse, kein Holzweg war, sondern einen Staat sogar florieren lassen konnte. Wobei nicht verschwiegen werden soll, dass die athenische Demokratie zeitweise eine durchaus aggressive, imperialistische Politik betrieben und der herrschende Demos seine Interessen sehr zielgerichtet und eigennützig verfolgt hat. Es geht nicht darum, das Perikleische Athen vorbehaltlos als perfektes Staatswesen zu idealisieren, wohl aber darum, die Konsequenz und die Innovationskraft anzuerkennen, die vom Konzept der *isonomía* zur Praxis der *demokratía* geführt und das Volk – in der Definition der damaligen Zeit – an die Macht gebracht hat. Und uns nicht nur den Begriff Demokratie, sondern auch ein Modell davon beschert hat, an dem wir uns orientieren *und* reiben können.

### Politisch ist, was alle Bürger angeht

Es ist kein Zufall, dass das alte Hellas die geistige Heimat der europäischen Staatsphilosophie ist und wir die Staats- und Verfassungsformen noch heute mit griechischen Begriffen benennen. Der Grund dafür verbindet sich mit einem anderen, ganz allgemeinen Begriff – dem der „Politik". Auch das ist ein griechisches Wort, und es leitet sich ab von πόλις, *pólis*, „(Stadt-)Staat". Die naturräumlichen Gegebenheiten des alten Griechenlands begünstigten die Entstehung kleiner staatlicher Einheiten: Berge und Meer waren natürliche Barrieren. Sie legten es nahe, dass die Menschen sich in abgeschlossenen Räumen organisierten. Diese Organisationsform war die Polis.

Man übersetzt „Polis" meist zu Recht mit „Stadtstaat": Die Polis bestand in der Regel aus einem zentralen Ort und dem ländlichen Territorium, das ihn umgab. Die meisten Inseln bildeten eine Polis, nur auf den größeren wie Kreta gab es mehrere unabhängige Poleis. Das Gros der Poleis hatte nur ein paar Tausend Einwohner. Mit 20 000 bis 30 000 Politen, Bürgern mit „politischen" Rechten, war Athen (mit Attika) im 5. Jahrhundert v. Chr. eine außergewöhnlich große Polis.

Die Überschaubarkeit des Staates bot eine große Chance. Die Bürger konnten sich untereinander über alles austauschen, was ihre Polis anging. Will sagen: sich politisch, „mit Bezug auf ihre Polis", betätigen. τὰ πολιτικά, *ta politiká*, waren die „Dinge der Stadt", die alle Bürger betrafen. Der „Staat", die Polis, wurde als Bürgergemeinschaft erfahren und begriffen, nicht als anonyme, gar bedrohliche Macht von seinen Bürgern wahrgenommen. Griechen wären nicht auf den Gedanken gekommen, den Staat durch die Formulierung geradezu zu kriminalisieren, er greife den Bürgern in die Tasche. Ihnen war bewusst, dass sie selbst es waren, die sich durch einen entsprechenden Beschluss der Volksversammlung in die Tasche griffen.

Die Polis war eine *face-to-face-society*, in der die Kommunikation der Politen über die „politischen" Angelegenheiten in jeder Hinsicht nahelag – sowohl in der Theorie einer Bürgergemeinschaft, die sich durch energisches Pochen auf ihre außenpolitische Autonomie ständig ihrer selbst vergewisserte, als auch in der tagtäglichen Praxis, wo der politische Diskurs nicht durch weite Wege und repräsentative Instanzen und Distanzen erschwert wurde. Gerade die demokratische Verfassung setzte auf eine aktive politische Betätigung ihrer Bürger in Wort und Tat, indem sie sie als Bürgerpflicht definierte und auch den finanziell Schwachen die politische Partizipation durch Beihilfen zum Lebensunterhalt ermöglichte.

Bei aller Idealisierung trifft zumindest in der Tendenz zu, was Perikles als Stärke des demokratischen Politik-Engagements für Athen in Anspruch nimmt: „Keiner ist bei uns in staatlichen Dingen (πολιτικά, *politiká*) ohne Urteil. Denn einzig bei uns heißt einer, der daran keinen Anteil nimmt, nicht ein stiller Bürger, sondern ein schlechter. (…) Denn wir sehen nicht im Wort eine Gefahr fürs Tun, wohl aber darin, sich nicht durch Reden (λόγος, *lógos*) zuerst zu belehren, ehe man zur nötigen Tat schreitet" (Thukydides, Historíai II 40, 2).

Was für ein griechisches Vermächtnis! Politik als Angelegenheit aller Bürger, politische Willensbildung durch den lebhaften, kontroversen, am Gemeinwohl orientierten Logos! Lässt sich der Siegeszug des griechischen Wortes „politisch" in allen Weltsprachen besser illustrieren als durch dieses Konzept des Staates als einer engagierten Gemeinschaft von Bürgern?

## Polizei und Politessen –
## Im Dienste der Polis-Bürger unterwegs

Dabei beschränkte sich die politische Betätigung nicht auf das Reden und Handeln, sondern sie umfasste, wie vorhin schon erwähnt, auch das Nachdenken über die πολιτική τέχνη, *politiké téchne*, die „Kunst der Staatsverwaltung", und das Schreiben darüber, sei es eher philosophisch-abstrakt, „technisch"-konkret oder in pamphletistisch-polemischer Weise mit tagespolitischer Zielsetzung. („Pamphlet" in der Bedeutung „Streitschrift" entwickelt sich erst spät im 18. Jahrhundert; zugrunde liegt mit πάμφιλος, *pámphilos*, eine viel nettere Bedeutung: „von allen geliebt". Bei πόλεμος, *pólemos*, verhält es sich eher umgekehrt. Aus dem tatsächlichen „Krieg" wird ein „Krieg mit Worten".)

Diese theoretisch-schriftstellerische Auseinandersetzung mit der *politiké téchne* war sozusagen die Bürgerpflicht von Intellektuellen – wobei *téchne* nicht so sehr das genialisch Künstlerische, sondern viel mehr das Handwerkliche eines Betätigungsfeldes meint. τέχναι, *téchnai*, sind daher lehr- und lernbar, sind also im Kern rational. Und warum ist „Politik" ein Femininum? Weil es ursprünglich ein Adjektiv war, das sich im Genos natürlich dem Substantiv τέχνη, *téchne*, anpasst – so wie ja bekanntlich auch die „Technik" ein Femininum ist.

Und warum ist die „Polizei" ein Femininum? Auch daran ist natürlich das Griechische „schuld". Aus πολιτεία, *politeía*, „Staatsverwaltung", „Staat", wurde im Lateinischen *politia*, im Mittellatein *policia*, um die Schreibweise der mittlerweile veränderten Aussprache des „t" vor hellem Vokal anzupassen. Damit sind wir schon ganz nahe an der „Polizei", im Spanischen hat es sogar keine orthographische Veränderung mehr gegeben.

Allerdings bedurfte es einer Veränderung im Inhaltlichen. Aus der abstrakten „Staatsverwaltung" entwickelte sich im 18. Jahrhundert das konkrete Organ, das die Staatsverwaltung ausführt. Die Polizei ist gewissermaßen dazu da, die Ordnung, die sich eine „Polis" gegeben hat, durchzusetzen und denen auf die Finger zu klopfen, die diese Ordnung übertreten.

Zur „Durchsetzungsmannschaft" gehören mittlerweile auch jene charmanten weiblichen Bediensteten der Polis, die den ruhenden Verkehr überwachen und frevelnde Politen notfalls mit Knöllchen beglücken. Wir sprechen von Politessen, deren im ursprünglichen Sinne politische Tätigkeit sich im ersten Teil der Bezeichnung dokumentiert. Der zweite wird als Euphemismus nur von Menschen empfunden, die eine ganz ungriechische Ferne zum Staat entwickelt haben. Polit-esse ist eine Analogie-Bildung zur „Hostess", und die geht auf lateinisch *hospes*, „Gastfreund", „Gastgeberin", zurück. Die Polit-esse tut also nichts anderes, als zur Befolgung der Polis-Regeln „einzuladen". Dass diese „Einladung" von einem Überweisungsträger begleitet wird, ist doch eigentlich nichts Schlimmes. Denn das so eingespielte Geld kommt der Polis zugute.

Und die, haben wir gelernt, sind wir doch alle.

# Am Anfang war der Ton
## *Ohne Griechisch keine Musik*

Ohne Töne keine Musik – diese Feststellung leuchtet in ihrer Schlichtheit unmittelbar ein. Vielleicht ist es doch mehr als ein sprachlicher Zufall, dass das primäre Element der Musik durch ein griechischstämmiges Wort bezeichnet wird, jedenfalls im Deutschen. Der τόνος, *tónos*, ist die „Anspannung" (vom Verb τείνειν, *teínein*, „spannen"), die auf zugegebenermaßen verschlungenen Pfaden über die Spannung der Saite oder die Anspannung der Stimme in der Neuzeit zum „Ton" wird und uns als Freunde des Griechischen veranlasst, entsprechend laut, fast triumphierend zu tönen. Notfalls würden wir es auch in die Welt hinausposaunen, verbirgt sich hinter der „Posaune" doch immerhin die lateinische *bucina*, das „Hirtenhorn".

Wir schlügen natürlich wesentlich leisere Töne an, wenn sich das griechische Spracherbe in der Musik auf nur wenige Begriffe beschränkte. Das aber ist keineswegs der Fall. Wie man beispielsweise an den vier Kategorien (κατηγορία, *kategoría*, „Aussage", „Kategorie") sieht, unter denen man die Zusammenfügung zweier und mehrerer Töne betrachten kann. Es sind dies der Rhythmus, das Metrum, die Dynamik und die Agogik – allesamt griechischstämmige Begriffe.

### Melodie mit Rhythmus

Der bekannteste ist sicher der Rhythmus. Manch einer kennt den zwar, gerät aber aus demselben, wenn es ans Schreiben des Wortes geht. Wohin kommt das „h"? Die meisten entscheiden sich für die Position hinter dem „t" – was aber, in der Frage angelegt, einen orthographischen Gau im Gefolge hat. In „richtiger Schreibung" (ὀρθο-γραφία, *ortho-graphía*) ist auch das „r" von einem „h" begleitet. Und zwar immer, wenn ein anlautendes „r" aus dem Griechischen kommt. Das Rho selbst trägt den sogenannten Spiritus asper, den „Haken" über dem Buchstaben, der sich nach rechts öffnet und einen Hauchlaut andeutet (ῥ). Das gilt dann folgerichtig für alle Wörter, bei denen Rho der erste Buchstabe ist: Rhetorik („Redekunst"), Rheuma („Fließen"), Rhombe („rund"), Rhododendron („roter Baum"), Rhinozeros („Nashorn").

Und was ist mit Retsina?, könnte die ebenfalls h-lose Retourkutsche lauten. Da steckt zwar – je nach Weinsorte eine ganze Menge – „Harz" (ῥητίνη, *rhetíne*) drin, aber die Vermittlung ist über das lateinische *resina* gelaufen, das seinerseits schon das „h" abgelegt hatte. Was die Retourkutsche angeht, so ist *re-* natürlich ein lateinisches Präfix mit der Bedeutung „zurück", und erst im zweiten Teil wird das Wort griechisch: Die „sich drehende" Tour geht auf τόρνος, *tórnos* („Dreh-, Drechseleisen"), zurück. So wie das englische *turn* – sodass wir unseren Return auf die Retourkutsche durchaus ins legitime h-lose Sprachenfeld zurückgebracht haben.

Das Metrum ist latinisiertes μέτρον, *métron*, „Maß" und „Vernunft" – wobei die Musikalität des Altertums eine Menge mit der Metrik zu tun hatte. Als Taktgeber dient in der Musik heute noch der Metronom; durch ihn wird dem Metrum eine Regelmäßigkeit, geradezu ein „Gesetz" (νόμος, *nómos*) gegeben. Die Dynamik ist bekanntlich nicht nur in der Musik zu Hause – dort freilich sollte sie es schon sein, findet zumindest der schreibende Musiklaie (λαϊκός, *laikós*, „zum Volk gehörig", „uneingeweiht") –, sondern überall dort, wo δύναμις, *dýnamis*, „Kraft", „Fähigkeit", im Spiele ist. Die Agogik schließlich ist die Tempo-Gestaltung beim musikalischen Vortrag; ἀγωγή, *agogé*, ist die „Führung", die „Art und Weise, etwas zu betreiben" (ἄγειν, *ágein*). Im klassischen Sparta verstand man, nebenbei bemerkt, unter *agogé* die spezifisch spartanische „Staatserziehung", die freilich nicht gerade auf Musik abzielte – wenngleich die spartanischen Krieger unter Flötenspiel in die Schlacht zogen.

Durch die Zusammenfügung von Tönen entsteht das, was wir „Melodie" nennen. Die Griechen verstanden unter μελῳδία, *melodía*, neben dem „Singen" auch die „Singweise", eine Kombination von μέλος, *mélos*, „Gedicht", „Lied", und ᾠδή, *odé*, „Gesang". Auch das Adjektiv μελῳδικός, *melodikós*, „melodisch", war damals bereits bekannt. „Melodiös" dagegen ist eine spätere „Zwitter"-Bildung: Das lateinische Suffix *-osus*, deutsch *-ös*, drückt eine Fülle aus. Melodiös ist also etwas, das (hoffentlich) „voll von Melodie" ist.

## Harmonie aus der Musikbox

Wie erreicht der Komponist – das ist derjenige, der Noten „zusammensetzt" (lateinisch *com-ponere*) –, dass seine Noten-„Zusammensetzung" eine gern gehörte Melodie abgibt? Er bemüht sich um Harmonie, um die „Verbindung dessen, was sich zusammenfügt". ἁρμονία, *harmonía*, ist die in richtigem Verhältnis erfolgende „Fügung"; das Verb ἁρμόττειν, *harmóttein*, drückt das „Zusammenpassen", „Zusammenfügen" aus. Einiges spräche dafür, den Komponisten, der etymologisch nur einfach irgendetwas „zusammensetzt", in einen „Harmonisten" umzubenennen, der das aufgrund einer bestimmten Ordnung, eines Prinzips tut. Ob damit freilich die Urheber mancher modernen Form von Musik richtig charakterisiert wären, bleibt zumindest bei dem gewissen Musikrichtungen der Gegenwart gegenüber wenig aufgeschlossenen Autor mit einem Fragezeichen versehen. Er empfindet manches als Musik ausgegebene akustische Phänomen (ἀκούειν, *akoúein*, „hören"; φαινόμενον, *phainómenon*, „Erscheinung") eher als disharmonisch. Will sagen: „entfernt" von Harmonie; die lateinische Vorsilbe *dis-* drückt eine Trennung aus. Möglicherweise aber auch nur deshalb, weil er in der *belle époque* (ἐποχή, *epoché*, „Anhalten der Zeit", „Zeitabschnitt") der Musikbox groß geworden ist. Und die war als komplett griechische Bildung – Box leitet sich von πυξίς , *pyxís*, „Büchse", „Kästchen", ab – der griechischen *harmonía* natürlich stark verpflichtet …

Wenn viele miteinander musizieren, muss das nicht notwendigerweise zu einer Disharmonie führen. Im Gegenteil: Sowohl die Polyphonie, „Vielstimmigkeit" (πολύς, *polýs*, „viel";φωνή, *phoné*, „Stimme") als auch die Symphonie, bei der die „Stimmen zusammen" klingen (συμφωνία, *symphonía*; orthographisch ohne Not zur „Sinfonie" eingedeutscht), können, Abstimmung vorausgesetzt, wunderbare Musikerlebnisse sein. „Kakophonie" ist – bezeichnenderweise? – eine moderne Wortbildung, bei der das griechische Wort für „schlecht" κακός, *kakós*, vor die klangliche Leistung gesetzt worden ist.

Die Etymologie des „Akkords" ist im Hinblick auf ein griechisches „Copyright" etwas unsicher. Unstrittig ist, dass das Lateinische zumindest teilweise seine Finger im sprachlichen Spiel hat, und zwar in Gestalt der Vorsilbe *ak-* (= *ad*, „zu", „heran"). An was „heran"? Vermutlich doch eher an eine griechische χορδή, *chordé*, „(Darm-)Saite", wie sie etwa auf die Lyra (Lehnwort: „Leier") gespannt war, als an die – in diesem Falle gewissermaßen zusammenklingenden – lateinischen „Herzen" (*corda*, Singular: *cor*). Was dann natürlich auch auf das Akkordeon als einen Typus der „Harmonika" zuträfe, die ihrerseits ihren griechischstämmigen Namen im Jahre 1762 von Benjamin Franklin erhalten hat.

Neben der Leier (λύρα, *lýra*) und der Zither (κιθάρα, *kithára*) trägt auch die Orgel eine griechische Bezeichnung. Das Wort leitet sich von ὄργανον, *órganon*, ab, „Werkzeug", „Instrument". Wenn das menschliche Organ zum Musikmachen eingesetzt wird, so geschieht das häufig im Rahmen eines Chores. Der χορός, *chorós*, war bei den Griechen der „Tanzplatz", auf dem im Theater ursprünglich eine Tänzergruppe auftrat. Diejenigen Chormitglieder, die „schwere", „tieftönende" Stimmen haben, nennen wir „Bariton" (βαρύς, *barýs*, „schwer" + τόνος, *tónos*). Das Orchester schließlich, das häufig gemeinsam mit dem Chor musiziert, hat seinen Namen ebenfalls von dem Tanzplatz (ὀρχήστρα, *orchéstra*) im altgriechischen Theater erhalten, weil es seit dem 18. Jahrhundert eben diesen Platz „übernommen" hat.

### Eine „tönende" Usurpation der Musen

Natürlich gibt es auch zahlreiche Zusammensetzungen mit „Musik", die verschiedene Aspekte mit ebenfalls griechischen, an anderer Stelle als Einzelbegriffe behandelten Wörtern bezeichnen: Musikakademie, Musiktheater, Musiktheorie, Musikpädagogik, Musiktherapie, Musikologe und sogar Musikomane. Aber wieso eigentlich „ebenfalls"?

Weil „Musik" selbstverständlich auch griechischen Ursprungs ist. Und auf niemand Geringeren als die Musen (Μοῦσαι, Moúsai) selbst zurückgeht. Die μουσική (τέχνη), *mousiké (téchne)*, ist die „Musenkunst". Bei den Griechen indes waren die neun Musen für *alle* Künste und Wissenschaften zuständig – also auch für das Theaterspiel, die Geschichtsschreibung, die Poesie und den Tanz. Wie ist es der Tonkunst gelungen, diesen viel umfassenderen Musenbegriff sozusagen zu monopolisieren, einen „Alleinverkauf" (μονοπώλιον, *monopólion*) daraus zu machen und sich damit den Rang als *die* Musenkunst schlechthin zu sichern?

Die Antwort darauf gibt das mittelalterliche Bildungsverständnis der „freien Künste" (*artes liberales*). Das – weniger angesehene – „triviale" *trivium* („drei Wege") bildeten die Grammatik, die Dialektik und die Rhetorik; zum renommierteren *quadrivium* („vier Wege") zählten die Arithmetik, die Geometrie, die Astronomie – und eben die Musik. Andere schöne (Musen-)Künste wurden erst wieder in der Zeit der Renaissance neu entdeckt. Da aber hatte sich die Musik schon so etabliert, dass man *begrifflich* nicht mehr auf die Antike zurückgriff, sondern die sprachliche „Usurpation" des Musen-Erbes durch eine einzige Disziplin hinnahm.

Als im 20. Jahrhundert die Stunde des Musicals schlug, konnte die Musik gleich noch eine weitere – bis dahin literarische – Bastion erobern. Das „Musical" ist eine Zusammenziehung aus *musical comedy*, und die *comedy*, deutsch „Komödie", geht natürlich auf griechisch κωμῳδία, *komoidía*, „Lustspiel", zurück (vgl. S. 183 f.). Daran sollten Sie sich, zumindest wenn Sie in „My Fair Lady" gehen, erinnern – damit Sie erkennen, um wie viel behutsamer und respektvoller sprachliche

Vermittlungsprozesse ausweislich des vorliegenden Buches vonstatten gehen können verglichen mit dem, was der rabiate Prof. Higgins mit der armen Eliza Doolittle anstellt.

# Von Anekdote bis Zentrum
*Wortgeschichten mit griechischem Anfang*

Wörter haben eine Geschichte – manchmal eine eher langweilige, häufig aber eine ausgesprochen wechselvolle und spannende mit ganz unterschiedlichen Stationen. Sie beginnen mit einer bestimmten Bedeutung und enden mit einer zum Teil ganz anderen. Die kann einschränkender, verallgemeinernder oder im Extremfall sogar konträrer Natur gegenüber der Ausgangsbedeutung sein. Je länger sie existieren, umso mehr können Wörter erzählen und umso stärker sind sie der semantischen Veränderung unterworfen. Besonders „anfällig" dafür sind viele alte griechische Wörter, die nicht direkt ins Deutsche übernommen worden sind, sondern den Umweg über das Lateinische haben nehmen müssen. Es leuchtet ein, dass auf dem langen, über zwei Jahrtausende währenden Marsch einiges dem Wandel unterliegt, auch wenn sprachlich-lexikalische Veränderungen gegenüber dem atemberaubend raschen allgemeinen Wandel unserer Epoche sehr schleichend vonstatten gehen. Manche Begriffe legen eine geradezu dinosaurierhafte Stabilität an den Tag. Wobei der „Dinosaurier" als Begriff auf ein eher kurzes Leben zurückblickt: Richard Owen prägte ihn im Jahre 1842 aus zwei „echten" griechischen Wörtern: δεινός; *deinós*, „gewaltig", „furchtbar", und σαῦρος, *saúros*, „Eidechse".

Den sprachlichen Dinosauriern aus dem Lateinischen und Griechischen rückt seit einigen Jahrzehnten der deutsche Altphilologe Klaus Bartels auf den Leib – ein Spracharchäologe, der es versteht, Wortgeschichten ebenso kenntnisreich wie amüsant nachzuspüren und seinen Lesern vergnüglich-tiefe Sprach-Einsichten zu vermitteln. Auf seine mittlerweile in vier Bänden vorliegenden sprach- und kulturgeschichtlichen Florilegien sei nachdrücklich hingewiesen. Wie schon in „Romdeutsch" haben wir uns von seinen Wortgeschichten hier und da inspirieren lassen.

Gleichwohl, meinen wir, haben wir uns unsere Eigenständigkeit bewahrt und müssen keine Sorge haben, als πλάγιος, *plágios*, „schief", „unredlich", angesehen zu werden. Im Lateinischen wurde der *plagiarius* zum „Menschendieb", im Französischen und im Deutschen zu einem *plagiaire* beziehungsweise Plagiator, der geistiges Eigentum stiehlt. Sollte gleichwohl ein solcher Eindruck aufkommen, so käme das wie eine schlimme Plage über uns und träfe uns, griechisch ausgedrückt, wie eine πληγή, *plegé*, ein „Schlag".

Anekdote –
Nicht Veröffentlichtes steigt zu guter Unterhaltungskost auf

„Nirgends war eine Frau jeder Art von Lust so unterworfen. Mit zehn oder mehr jungen Männern auf der Höhe ihrer Kraft ... ging sie oft zu einem gemeinschaftlichen Mahl und schlief dann bei sämtlichen Gästen die ganze Nacht hindurch. Wenn aber alle davon genug hatten, suchte dieses Weib noch deren Sklaven auf, etwa dreißig an der Zahl, und schlief bei jedem einzelnen von ihnen. Auch dann bekam sie dieses Schandleben nicht satt" (Prokop Anekdota IX 16).

Die wenig damenhafte Dame, von der hier die Rede ist, war niemand Geringeres als Theodora, die Frau des oströmischen Kaisers Justinian (527–565). Diese und ähnliche Skandalgeschichten überliefert der Historiker Prokop von Kaisarea in einem Werk, das den Titel „Anekdota" trägt. Ganz gleich, ob es schon zu Prokops Lebzeiten publiziert worden ist oder erst später, als ihm selbst dadurch keine Gefahr mehr drohte, stellt sich mancher Leser die Frage, ob es nicht besser gewesen wäre, tatsächlich dem Titel der Klatsch- und Tratschgeschichten treu zu bleiben. Dann wäre ihre Veröffentlichung nämlich unterblieben: ἀνέκδοτα, *anékdota*, sind „nicht herausgegebene (Schriften)". ἐκ-διδόναι, *ek-di-*

*dónai*, heißt „heraus-geben" und wird durch vorangestelltes ἀν-, *an-*, verneint.

Die meist alltäglichen, scheinbar unter Verschluss gehaltenen „Histörchen", die Prokop in seinen „Anekdota" – sozusagen als Gegendarstellung zum Geschichtswerk, das die großen Linien zieht – zusammenstellt, wurden zum Vorbild einer Gattung, die auf kleine Splitter zu großen Leuten abzielt und Amüsantes, Menschlich allzu Menschliches, aber auch im Kleinen Charakteristisches sammelt, Fußnoten der Geschichte gleichsam, die in aller Regel in einer Pointe auslaufen.

Diese Bedeutung des Wortes ist der Antike fremd. Was indes nicht heißt, dass es nicht auch das entsprechende literarische Genos gegeben hätte. Es hieß nur anders. Von mehreren dafür gebrauchten Begriffen kommt das „Apophthegma" (ἀπόφθεγμα, „Ausspruch") der modernen Anekdote am nächsten, ein witziges Wort, eine treffende Antwort, ein Bonmot, manchmal auch eine charakteristische Handlung. Das Hör- und Lesepublikum des Altertums schätzte die „kleine" Gattung sehr. Sie kam einer ausgeprägten Neigung zur Personalisierung von Geschichte entgegen. Für einen guten Redner war es unabdingbar, sein Auditorium auch mit eingestreuten Apophthegmata bei Laune zu halten und sein Unterhaltungsbedürfnis zu befriedigen. Und auch mancher seriöse Historiker fand nichts dabei, seine Darstellung mit anekdotischen Einsprengseln zu würzen. Die antike Biographie lebte sogar zum großen Teil davon.

Und was ist mit der Philosophie? Auch die gestrenge „Liebe zur Weisheit" war sich prinzipiell nicht zu schade dafür, ihre Sache hier und da mit leichterem pointenreichem Anekdoten-„Geschütz" zu vertreten. Der feuilletonistische Stil Senecas kommt ohne diese biographisch zuspitzende „Beweisinstanz" kaum aus. Bei *einem* griechischen Philosophen besteht die fassbare Lehre praktisch ausschließlich aus anekdotischem Material: Der „Tonnen-Philosoph" Diogenes hat keine einzige Zeile hinterlassen, wohl aber zahlreiche „Aktionen" und spitzzüngige Apophthegmata, die – trotz des Wustes an Legendenbildung – auf unterhaltsame Weise dokumentieren, welche Positionen der „Hunds"-

Philosoph und Gründer der Kyniker-Schule (κύων, *kýon*, Genitiv κυνός, *kynós*, „Hund") vertreten hat. Seine Schriften blieben, falls es überhaupt welche gegeben hat, im ursprünglichen Sinne Anekdoten. Trotzdem ist man dank Anekdoten im heutigen Sinne in der Lage, sein „Lehrgebäude" zu rekonstruieren.

Manchmal indes ist man geneigt, die guten alten Zeiten zurückzuersehnen, in denen die Anekdote noch im etymologischen Sinne Anekdote war – zum Beispiel dann, wenn ein Dieter Bohlen zur Feder greift und seine anekdotischen Ergüsse zwischen zwei Buchdeckel pressen lässt.

Bursche –
Was aus dem Fell des Rindes so alles wird

Burschenschaftler in die Nähe von Rindviechern zu rücken – das klingt verwegen und umso kühner, je mehr einem bewusst wird, dass es da ja immer noch einige gibt, die mit dem Florett rasch bei der Hand sind. Gleichwohl: Die Wissenschaft verlangt Opfer, und die Etymologie ist gnadenlos. Wir stehen dazu: Am Anfang war das Rindvieh. Genauer noch das Rindvieh, dem die Haut im wahrsten Sinne über die Ohren gezogen worden war. Mit βύρσα, *býrsa*, bezeichneten die Griechen die abgezogene Haut, das Fell des Rindes, aus dem auch damals schon vieles Praktische hergestellt wurde. Die Römer adoptierten das Wort als *byrsa* oder *bursa* und verstanden darunter immer noch das gewissermaßen uneingeschränkte, für alle möglichen Verwendungszwecke „freigegebene" Fell. Spätestens im frühen Mittelalter erfolgte eine folgenreiche Festlegung: Die *bursa* wurde zur Bezeichnung eines bestimmten ledernen Produktes, des „Geldbeutels".

Kaum jemand, der da nicht sofort an die Geld-Börse dächte. Und das mit Recht: Die Geld- wie sämtliche anderen „Börsen" einschließlich der im DAX gelisteten Deutschen Börse in Frankfurt verdanken ihren sprachlichen Ursprung dem Geldbeutel aus Rindsleder.

Von der Rindshaut zur Börse erscheint der sprachliche Weg nicht weit: *býrsa* – Börse – da hört man die Verwandtschaft ziemlich klar tönen. Aber der „Bursche"? Was hat der eigentlich mit dem Fell des Rindviehs zu tun?

Um das zu klären, müssen wir in eine Teil-Welt des späten Mittelalters eintauchen, die recht modern anmutet. Wir sprächen heute von WGs, Wohngemeinschaften, zu denen sich bekanntlich alle diejenigen gern zusammenfinden, die knapp bei Kasse sind oder mit einer kleinen Geldbörse auskommen, weil ihre finanziellen Mittel begrenzt sind. Was den heutigen „Studis" recht ist, war ihren mittelalterlichen Kommilitonen billig. Auch die bildeten vielfach Gemeinschaften, zumal wenn sie aus ein und derselben Kasse – einer Stiftung oder einem gemeinsam aufgebauten Fonds – beköstigt und versorgt wurden. Mit anderen Worten: Aus einer kollektiven *bursa*. Als Nutznießer dieser – zumindest idealtypisch aus Rindsleder gefertigten – *bursa* waren sie *burßgesellen* oder *bursanten*. Aus diesen Begriffen entwickelte sich der „Bursche"; übrigens auch der Handwerksbursche, denn auch Handwerker hatten wie die Studenten und die Soldaten gemeinsame *bursae*, die sie alimentierten. Mitglieder solcher „Börsen"- und „Burschen"-Gemeinschaften waren naturgemäß junge, unverheiratete Männer, die aus der „Geldbeutel-WG" irgendwann einmal ausschieden, wenn sie einen eigenen Hausstand gründeten – weshalb die „Bursisten" in der Regel *junge* Burschen waren.

Burschen, die sich – trotz oder vielleicht wegen knapper Kasse – manchen Spaß erlaubten. Einer der intelligenteren Späße war das für das Verhalten ihres eigenen „Standes" gebildete Adverb. Wir wenden es noch heute auf ein Verhalten an, das sich zu dem normiert-angepassten Gehabe reifer und reicher gewordener Burschen gegensätzlich verhält: burschikos. Der Spaß besteht darin, dass an den mittlerweile deutsch gewordenen Stamm Bursch- die altgriechische Adverbendung -κῶς, -*kos*, angehängt wurde, „burschen-haft". Was angesichts der Wortgeschichte nahelag, die ja bis auf die griechische βύρσα, *býrsa*, zurückreicht. Die griechischen Rindviecher hätten an dieser Erweiterung ihres Wort-Schwanzes ihre helle Freude gehabt, behaupten wir einfach burschikos.

Jedenfalls so lange, wie die Neubildung grammatisch einwandfrei verwendet wurde. Wenn wir „burschikos" mittlerweile bedenkenlos als Adjektiv gebrauchen und jemandem einen burschikosen Auftritt attestieren, dann hätten aber zumindest die griechischen Rinder laut muhend dafür votiert, dem Sprach-Unhold im übertragenen Sinne das anzutun, was all die „Börsen" und „Burschen" überhaupt erst hervorgebracht hat: ihnen das grammatische „Fell" über die Ohren zu ziehen.

Creme –
Wenn Fett Karriere macht

Es ist noch kein halbes Jahrhundert her, da galten die Altphilologen noch als die Creme eines gymnasialen Lehrerkollegiums. Sicher nicht immer zu Recht, und doch ... Aber lassen wir das. Und außerdem: Haben wir das nötig, unser Ego mit solch fragwürdigen Nostalgie-Cremes einzusalben? Haben wir *nicht* – zumal wir die Welt ganz anders erklären können als die Naturwissenschaftler, die heutzutage als die Heilsbringer der Wissensgesellschaft umworben und gefeiert werden. Die Chemiker (das sind Menschen, die sich mit Flüssigkeiten, χύματα, *chýmata*, abgeben) können zwar die Viskosität von Cremes bestimmen, aber wissen sie auch, was sie da sprachgeschichtlich in Händen halten? Kann sein, dass sie das gar nicht wissen wollen. Trotzdem bekommen sie es jetzt erklärt. Auch für unsere unerbetenen Serviceleistungen werden wir Altphilologen ja so geliebt.

Immerhin werden die Chemiker sich und ihre Materie darin wiedererkennen, dass die „Creme" aus zwei verschiedenen Sprachsubstanzen zusammengerührt worden ist: einer griechischen (sonst käme sie in diesem Buch nicht vor!) und einer – richtig vermutet! – lateinischen. Beginnen wir mit der griechischen Wurzel; sie reicht deutlich weiter zurück.

Aus kulturgeschichtlichen Darstellungen weiß man, dass sich die Griechen – nicht nur die Athleten, aber die in besonders intensiver Weise – mehrmals am Tage, sofern das Geld dafür reichte, die Haut mit Öl einrieben. Dieses „Einsalben" nannten sie χρίειν, *chríein*, die Substanz und den Vorgang bezeichneten sie als χρῖσμα, *chrísma*, oder χρῖμα, *chríma*, „Salböl", „Salbung". Der berühmteste „Gesalbte", wie das hebräische „Messias" ins Griechische übersetzt wurde, war Χριστός, lateinisch Christus. „Der Geist des Herrn ruht auf mir, weil er mich gesalbt hat", sagt Jesus in Lukas 6, 1 von sich und seinem Wirken. Entsprechend große Bedeutung kommt der Salbung im kirchlichen und im spirituellen Leben der Christus-Gläubigen zu. Fast zwangsläufig wächst dem Kirchenlatein mit *chrisma* ein neuer Begriff zu, der im Unterschied zum griechischen Neutrum als Femininum vereinnahmt wird – was noch kein Ausdruck „gerechter Sprache" ist, sondern eher Ausdruck schlechter Sprachbeherrschung des Griechischen. Im Italienischen entwickelt sich die *chrisma* zur *cresima* fort, im Französischen zur *chrême* – und zwar weiterhin in der Bedeutung „Salböl".

Die Creme indes, die als „Oberschicht" etwa der Buttercremetorte ihren kalorischen Rest gibt, wäre kulinarisch bedeutend weniger attraktiv, wenn sie aus Salböl bestände, das ohne Heiligung ein schlichtes pflanzliches Olivenöl ist. An diesem Punkte kommt ein zweites Ursprungswort zu Hilfe, das erstmals in einem lateinischen Text des 6. Jahrhunderts bezeugt ist: Das wohl keltische *cramum*, später ebenfalls zu *crama* feminisiert, ist ein Butterfett, das zu cremiger Sahne geschlagen werden kann. Und das sich irgendwann im Mittelalter mit *chrisma* zusammentut und jene Creme zustande bringt, die sprachlich vom Schuheputzen über das Sonnenbaden und Pflegen des Körpers bis zum Eisessen und Naschen an den einschlägigen Törtchen, Hütchen und Pralinchen reicht.

Und nicht einmal die feine Gesellschaft macht einen weiten Bogen um das ganze fettige Creme-Zeug, sondern lässt sich nicht ungern als Creme de la Creme feiern, als alleroberste Schicht auf der Gesellschaftstorte. Kein Wunder, dass da manch einer schon mal kräftig ins Fettnäpfchen tritt und danach ziemlich cremig aussieht. Oder auf deutsch: beschmiert.

Episode –
Eine Zugabe im Theater

Dass die Weltkulturgeschichte das Theaterspiel den Griechen verdankt, dürfte vielen Menschen auch außerhalb der „Theaterszene" bewusst sein. Griechische Theater sind als Architekturform assoziativ präsent, und das „th" am Anfang des Wortes tut ein Übriges, um den „Verdacht" des griechischen Ursprungs zu nähren. So weit, so richtig. θέατρον, *théatron*, der „Schauplatz", leitet sich vom Verb θεᾶσθαι, *theásthai*, ab, „schauen", „staunend betrachten". Wer Theater und Griechen miteinander in Verbindung bringt, könnte bei Günther Jauchs Millionenquiz – bei dem man, achten Sie mal darauf, als Kandidat mit Griechisch- und vor allem mit Lateinkenntnissen grundsätzlich einen beachtlichen Wettbewerbsvorteil hat – noch keine Reichtümer erwerben.

Deutlich mehr Wissensgeld wäre bei einer richtigen Antwort auf die Frage drin, welcher Gottheit die Athener das Theaterspiel gewidmet, gleichsam als kulturelles Opfer gebracht haben. Apollo? Falsch! Athene? Auch falsch. Der Schutzherr und Empfänger des „Opfers" war Dionysos. Das große Theater-„Festival" der Athener mit seinem mehrtägigen, von vielen tausend Zuschauern aus allen Volksschichten besuchten Aufführungs-„Marathon" waren die Dionysien, das große Frühjahrsfest zu Ehren des Weingottes.

Die „bacchantische" Nähe des Theaterspiels spiegelt sich aber auch in der Etymologie seiner bis heute bekanntesten Ausformungen wider. Das lässt sich unabhängig von dem Gelehrtenstreit über die genaue Interpretation des sprachlichen Befundes sagen.

Die Tragödie ist ein „Bocksgesang" zu Ehren des Dionysos, der entweder auf einen vorliterarischen Gesang *beim* Opfer von Böcken oder auf den Gesang *der* (von Schauspielern dargestellten) Böcke zurückgeht: τράγος, *trágos*, ist der „Bock", ᾠδή, *odé*, der „Gesang". Die Komödie verweist im zweiten Teil des Wortes ebenfalls auf eine *odé*, während sich der erste wohl von κώμη, *kóme*, „Dorf", ableitet. Sie ist aus einem festlich-fröhlichen Umzug" (κῶμος, *kómos*) einer „Dorfgemeinschaft" hervorgegangen, in der Chöre und Tänzer auftraten – ebenfalls als Hommage an Dionysos. Wobei wir angesichts des derart im Mittelpunkt stehenden Weingottes vorsichtshalber klarstellen wollen, dass das sogenannte Koma-Saufen nichts mit der feiernden Dorfgemeinde zu tun hat; κῶμα, *kóma*, ist der „tiefe Schlaf".

Und nun die „Episode". Welchen Ursprung hat sie? Das könnte bei Jauch eine Millionenfrage sein, mit deren richtiger Beantwortung sich reiches Wissen in materiellen Reichtum ummünzen ließe. Offenbar hatte sie ursprünglich etwas mit dem Theaterspiel zu tun – sonst wären die vorangehenden Ausführungen reichlich fehl am Platze. Aber was? Vielleicht hilft uns die Analyse des Wortes weiter: ἐπ-εισ-όδιον, *ep-eis-hódion*, bedeutet „noch dazu hineinkommend" (ὁδός, *hodós*, der „Weg"). Es wird also ein weiteres Element in einen bestimmten Ablauf des Theaterstückes eingeschoben. Dieser Einschub ist ein Dialog, der die Gesänge des Chores unterbricht, „ein ganzer Teil der Tragödie zwischen ganzen Chorliedern" in der Definition des Aristoteles (Poetik 1457 b 20). Freilich gedeiht das zunächst nur „episodisch" auftretende neue dramatische „Kind" prächtig und wird rasch erwachsen. Will sagen: Aus der eingeschobenen Nebenhandlung wird im Laufe der Zeit die Haupthandlung. Kein Wunder also, wenn schon Aristoteles *epeisódion* verallgemeinernd im Sinne von „Abschnitt" verwendet.

Und doch ist dem *epeisódion* in der Antike keine weitere Zukunft beschieden – obwohl es in gewisser Weise den Aufbau des Dramas revolutioniert und erhebliche Schrittmacherdienste zur Herausbildung der „klassischen" fünf Akte geleistet hat. Erst in der Neuzeit kommt es wieder zu sprachlichen Ehren. Nach einem kurzen, geradezu episodenhaften Gastspiel des lateinischen *episodium* im frühen 18. Jahrhundert gelingt ihm mit dem französischen *épisode* Mitte des 18. Jahrhunderts der Durchbruch. Ob sein Genuswechsel zum Femininum dazu beigetragen hat? Wer weiß, jedenfalls gewinnt es jetzt in der Bedeutung „Zwischenspiel", „Nebenhandlung" zunehmende Beachtung – bis hin zur Eindeutschung als „Episode".

Darunter verstehen wir bis heute ein eher bangloses Zwischenspiel, das kaum der Erwähnung wert ist. Damit kehrt die Episode, wenn auch außerhalb des dramatischen Kontextes, zu ihrer Ursprungsbedeutung zurück. Dieser ursprüngliche Kontext freilich, das Theater, ist alles andere als eine episodenhafte Erscheinung der Geistes- und Kulturgeschichte unserer Welt gewesen. Die kultivierte Hommage an Dionysos erfreut sich nach wie vor großer Beliebtheit. Und man darf mit Fug vermuten, dass die noch dazugekommene Episode einen erheblichen Teil zu dieser Erfolgsgeschichte beigetragen hat, auf die wir mit bestem kulturhistorischem Gewissen anstoßen dürfen. Dionysos sei Dank!

Golf –
Von erotischen und anderen Kurven

Erotik in der Automobilwerbung – daran haben wir uns, ob es uns gefällt oder nicht, seit Jahrzehnten gewöhnt. Der eine nimmt Anstoß, der andere genießt es, wenn sich kurvenreiche Damen an ebensolche Cabrios schmiegen oder ihre hochhackig gelängten Beine aus Hoch-PS-Limousinen hinausstrecken. Dass aber ausgerechnet der doch eher bieder anmutende „Golf" des VW-Konzerns den Erotik-Vogel abschießt, das hat bislang noch niemand bemerkt. Man muss allerdings genau hinsehen, um dieser im Grunde ungeschminkten Werbung mit weiblichen Kurven auf die Schliche zu kommen. Und Griechisch können.

VW hat auf Models und den ganzen Scheinwerfer-Schnickschnack der Werbewelt verzichtet und seine Erotik-Signale stattdessen direkt in den Namen seines Verkaufsschlagers integriert. Der scheinbar so harmlose „Golf" geht nämlich auf den griechischen κόλπος, *kólpos*, zurück. Und der bezeichnete in der ursprünglichen Bedeutung den weiblichen „Busen" und den „Mutterschoß". Das deutsche Wort „Wölbung" ist wohl mit κόλπος indogermanisch urverwandt.

Von der spezifisch weiblichen Wölbung wurde der bildhafte Begriff auf die Geographie übertragen: Die „Meeresbucht", die ja auch im Deutschen nicht ohne Grund als „Meerbusen" bekannt ist. Zu den berühmtesten unter den vielen hundert Buchten Griechenlands zählt der Κορινθιακὸς κόλπος, *Korinthiakós kólpos*, der „Golf von Korinth".

Mittlerweile hat der griechische *kólpos* die gesamte Erde erobert: Golf von Mexiko, Persischer respektive Arabischer Golf, Golf von Biscaya, Golf von Neapel, Golf von Tunis, Golf von Siam, Golf von Tonking, um nur an ein paar dieser weltweiten Sprach-Eroberungen zu erinnern. Nicht zu vergessen den Golfstrom, dessen Ursprung man früher im Golf von Mexiko lokalisierte.

Die sprachgeschichtlichen Stationen vom κόλπος zum Golf führen über ein spätlateinisches *colphus*, ein mittellateinisches *culphus* und ein schon im 14. Jahrhundert bezeugtes italienisches *golfo*. Das Englische wechselt das „o" gegen ein „u" aus, bleibt aber ansonsten nahe am Ursprungswort – wie denn überhaupt festzustellen ist, dass sich der κόλπος im sprachlichen Assimilationsprozess klanglich hervorragend behauptet hat.

Man ist also mit und in dem VW-Golf eng am „Busen" – eine Vorstellung, der wir hier nicht weiter nachgehen wollen. Oder ist am Ende alles ganz anders? Leitet sich der „Golf", auch wenn man das einschlägige Gepäck nur mit einiger Mühe darin unterbringen kann, vom Golf-Spiel ab? Sozusagen als Ausdruck des Werbeanspruchs, der Golf sei ein klassenloses Auto, mit dem man sich sogar auf dem Parkplatz einer Golfanlage sehen lassen kann?

Sollte es so sein, dann müssen wir rasch Abbitte leisten und uns die unterschwellige Golf-Busen-Betriebsratsaffäre-Assoziationskette streng untersagen. Das wäre schon ein Schlag – auch und gerade ein sprachlicher. Denn das Golfspiel geht nicht auf die alten Griechen zurück, sondern ist wohl mit niederländisch *kolf* verwandt, dem „Schläger", „Kolben". Es sind also nicht die weiten Kurven des Balles, die dem edlen Spiel seinen Namen gegeben haben, sondern das „Kolfen" (flämisch: „Schlagen"), mit dem der Ball zum nächsten Loch befördert wird. Und mit Erotik hat das alles ja bekanntlich nichts zu tun. Auf die ironische Frage „Golfen Sie schon?" sollten Sie demnach, wenn Ihnen Ihr erotisches Image etwas wert ist, antworten: „Nein, ich lerne Griechisch!" *Das* können Sie übrigens überall tun: In oder an einem Golf. Das Letztere ist freilich inspirierender.

## Horizont –
## Einladung zu sprachlichen Grenzüberschreitungen?

Wenn dunkle Wolken am Horizont aufziehen, dann ist die Gefahr noch fern, aber eben doch schon diesseits einer Linie, bis zu der man sehen kann. Diese Grenzlinie, an der Himmel und Erde beziehungsweise Himmel und Meer aufeinanderstoßen, nennen wir „Horizont". Und das ist noch einigermaßen im Einklang mit der Wortbedeutung. ὅρος, *hóros*, ist im Griechischen die „Grenze", das Verb ὁρίζειν, *horízein*, bedeutet folglich „begrenzen". Das Partizip Präsens dazu lautet ὁρίζων, *horízon*, der Genitiv davon ὁρίζοντος, *horízontos*. Der Stamm endet also auf „nt", und es ist nichts dagegen zu sagen, wenn das Deutsche dort erst die Wortgrenze zieht. So verfährt es ja schließlich auch beim „Elefanten", den die Griechen im Nominativ ἐλέφας, *eléphas*, nannten und erst im Genitiv mit einem „t" verstärkten; sowie mit großer Konsequenz beim lateinischen Partizip Präsens, das es stets auf *-nt* ausgehen lässt: *agens* – Agent, *laborans* – Laborant, *intellegens* – intelligent.

Bei einem Partizip liegt es indes nahe zu fragen, wer oder was da eigentlich „begrenzend" ist. Das – schon von den Griechen meist weggelassene – Substantiv ist κύκλος, *kýklos*, der „Kreis". Die griechischen Astronomen verstanden darunter den „begrenzenden Kreis", der zwei Himmelshälften voneinander trennte: die jeweils gerade sichtbare *über* dem Horizont und die jeweils gerade verdeckte *unter* dem Horizont.

Es blieb der Moderne vorbehalten, diesen einen Horizont in den Plural zu setzen und damit neue Horizonte zu entdecken – in der Bildungspolitik, in der Energieversorgung, in der Wirtschaftsentwicklung usw. Horizonte, wohin das Auge blickt! Die antiken Astronomen hätten sich gewundert und sich die von der Vielzahl der Horizonte irritierten Augen gerieben. Die Sensiblen unter ihnen hätte die Vorstellung von der wundersamen Vermehrung des Horizonts möglicherweise nachgerade in die Horizontale befördert.

Es geht aber noch gewagter, und zwar mit den beliebten Formulierungen, dass sich da und dort ganz neue Horizonte „erschließen" oder „eröffnen". Merkwürdig, wie sich alle, die davon schwärmen, sprachlich gesehen nach neuen *Grenzen* sehnen! Aber vielleicht ist das ja eine besonders subtile Dialektik, dass das „Begrenzende" in Wirklichkeit etwas öffnet – für einen Altsprachler zumindest jenseits seines Horizonts.

## Hybrid –
## Hochmut kommt vor der Fahrt

Stellen wir uns, um mit einem grenzwertigen sprachlichen Kalauer zu beginnen, für einen Augenblick vor, Prometheus, Sisyphus und die Danaiden bekämen vom Chef der Unterwelt einen Tag Ausgang und dürften die moderne Oberwelt ein paar Stunden lang mittels einer Autofahrt erkunden. Wie sollte dieses Auto motorisiert sein, damit sich die erlauchte Büßerschar so richtig heimisch fühlt? Klar, es müsste über einen Hybrid-Motor verfügen.

Das würde passen – denn unsere famose automobile Gesellschaft hat sich ihre ebenso unablässigen wie vergeblichen Hades-Mühen dadurch verdient, dass sie als Menschen in frevelhafter Überheblichkeit die Götter herausgefordert haben. Diesen grenzüberschreitenden Hochmut nannten die Griechen ὕβρις, *hýbris*. Auch heute ist dieses „Konzept" noch präsent, so etwa, wenn wir von der „Hybris der Macht" sprechen und damit eine verantwortungslose Arroganz der Mächtigen geißeln, die sie vergessen lässt, wem sie ihre Macht verdanken und zu wessen Wohl sie sie ausüben sollten. Die Römer wussten, wie sie einen Hybris-gefährdeten Menschen vor sich selbst schützen konnten: Der Triumphator bekam im beifallumtosten Triumphzug in der Stunde seines größten Erfolges gottgleiche Attribute zugestanden, aber ein Sklave erinnerte ihn in regelmäßigen Intervallen daran, dass er gleichwohl ein Mensch sei: *te hominem esse memento!*

Was hat diese Hybris mit Hybrid-Motoren zu tun? Die Frage liegt nahe; eine Verbindung ist auf den ersten Blick nicht zu erkennen. Und auf den zweiten eigentlich auch nicht. Das *missing link* führt über den römischen Naturforscher Plinius. Er bezeichnet Kreuzungen zwischen domestizierten und Wildschweinen als *hybridae* (Naturalis historia VIII

213). Genauer: Er beruft sich auf die „Alten", die solchen „Mischlingen" diesen Namen gegeben hätten. Verbirgt sich dahinter die Vorstellung, dass derartige Kreuzungen eine geradezu unnatürliche Grenzüberschreitung darstellten, die als Frevel an der gottgewollten natürlichen Ordnung anzusehen seien? Dass also solche Züchtungen auf Hybris beruhten?

Es spricht einiges dafür, weil sich der Anklang an das griechische Wort aufdrängt. Und weil wir kein italisches Wort kennen, das als sprachliche Basis für die – nicht nur von Plinius angesprochenen – „Hybriden" in Betracht käme. Die Sprachwissenschaftler sind uneins; in den einschlägigen etymologischen Lexika wird teilweise auf ὕβρις, *hýbris*, als Ursprungswort verwiesen, teilweise wird unter „Ursprungsbegriff" ein schlichtes „unbekannt" vermerkt.

Plinius' *hybridae* indes waren als Bezeichnung für „Bastarde" in der Welt. Und die Biologen griffen gern zu. In ihrer Nomenklatur heißen Kreuzungen verschiedener Arten und Rassen, dem lateinischen Beispiel folgend, schlicht „Hybriden" – ohne dass der Begriff etymologisch hinterfragt würde. Von der Botanik und der Zoologie ausgehend, hat der Hybrid-Begriff auf andere Gebiete übergegriffen. Unter anderem auf den neuerdings vielgerühmten Hybrid-Motor: Der Hybrid-Antrieb ist auch ein „Mischling", eine Kombination aus Verbrennungs- und Elektromotor. *Dieser* Ausprägung von Hybris soll, hört man, die energiesparende Zukunft gehören.

Auch in die Sprachwissenschaft hat der Begriff der hybriden Bildungen Eingang gefunden. Sie versteht darunter Wörter, die sich aus unterschiedlichen Sprachen zusammensetzen. Womit wir wieder beim Automobil wären, in dem wir die Hybris-Frevler einen Tag lang die Moderne genießen lassen wollten. Mit dem „Auto" kämen unsere griechischen Besucher aus dem Hades noch zurecht, weil es auf griechisch αὐτός, *autós*, „selbst", zurückgeht. Für *mobilis* bräuchten sie indes einen römischen Dolmetscher. Stellvertretend für den erläutern wir, dass *mobilis* das Adjektiv zu *movere*, „bewegen", ist und damit „beweglich" heißt. Spätestens an diesem Punkte gefällt uns indes unsere eigene Deutung immer weniger, die „hybrid" von ὕβρις, *hýbris*, ableitet. Denn eine sprachliche Kombination aus Griechisch und Latein hat doch wahrhaftig nichts mit frevelnder Überheblichkeit zu tun. Die läge ja wohl eher vor, wenn jemand die Bedeutung dieser beiden Basissprachen für Europa und uns Europäer bestritte.

### Kosmetik –
### Wie man ordentlich schön wird

Kann Ordnung etwas Schmückendes und Schönes sein? Darüber lässt sich – je nach dem individuellen „Ordnungs"-Begriff – trefflich streiten. Zumal in Deutschland, wo man „Ordnung" unwillkürlich mit gewissen historischen Epochen assoziiert, die wir nicht gerade zum Schmuck unserer Geschichte zählen können. Die Griechen waren da unbefangener. Unter κοσμεῖν, *kosmeín*, verstanden sie sowohl „ordnen" als auch „schmücken"; dementsprechend bezeichnet das Substantiv κόσμος, *kósmos*, die „Ordnung" und den „Schmuck".

Auch die politische Ordnung kann als *kósmos* empfunden werden. Die Spartaner jedenfalls zögerten nicht, ihr politisch-gesellschaftliches System als den spartanischen Kosmos zu preisen und ihn als ideologischen Exportartikel in die griechische Welt weiterzuempfehlen. Der Erfolg war nicht durchschlagend, auch wenn *kósmos* in anderen griechischen Staaten als Bezeichnung hoher staatlicher Behörden und Amtsträger gebräuchlich war. Immerhin: Darauf muss man erst mal kommen, dass führende staatliche Organe einen „Schmuck" darstellen! In Athen war man da etwas skeptischer. Der Titel κοσμητής, *kosmetés*, „Ordner", war dort auf den Aufseher über die Gymnasien beschränkt, die freilich noch keine offiziellen Bildungseinrichtungen waren. Insofern werden heutige gymnasiale Schulaufsichtsbeamte noch ein bisschen darauf warten müssen, als ordnende Zierden des Systems wahrgenommen zu werden. Selbst wenn sie altsprachlicher Couleur sind.

Uns ist der Kosmos indes unter einer ganz anderen Bedeutung präsent: Als das „All", „Weltall", in das wir – genauer gesagt: die Russen

– sogar Kosmonauten, „Weltraumfahrer" (ναύτης, naútes, „Seemann"), zur Erkundung schicken. Im 6. Jahrhundert v. Chr. wird der Begriff erstmals von der ionischen Naturphilosophie auf das „Ganze der Welt" angewandt. Die frühen Denker waren auf der Suche nach dem einen Element, das die Welt in ihrer Mannigfaltigkeit zusammenhält, nach einem Urprinzip, das das ja offenbar geordnete Ganze zu einer harmonischen Fügung hat werden lassen und als solches weiterhin stabil hält. Mit den nicht vom (scheinbar) Selbstverständlichen „manipulierten" Augen des Staunenden gesehen – das θαυμάζειν, *thaumázein*, das „Staunen", sagt Platon, stand am Anfang der Philosophie –, stellt sich das Ganze der Welt als eine Ordnung dar, von der Glanz, Schönheit und Schmuck ausstrahlen, als „schöne Anordnung". Oder eben „Kosmos".

Was die Natur im Großen so wohl geordnet hat, bedarf bei den Menschen hier und da der Nachbesserung. Zum *kósmos* der Frauen zählt all das, was sie, mit einem fast in Vergessenheit geratenen deutschen Wort ausgedrückt, „putzt". Dazu gehören Frisur und Kleidung, Parfüm und Make-up, Schmuck und Schuhe – Schönheits-Accessoires, von denen schon Homer als *kósmos* schwärmt. Man sieht: Wir sind schon nah an der „Kosmetik". Und Platon kennt sogar eine κοσμητικὴ τέχνη, *kosmetiké téchne*, eine „kosmetische Kunst". Sie bezieht sich allerdings nur auf leblose Gegenstände, sodass wir uns wieder ein Stück weit von „unserer" Kosmetik entfernen.

Damit hat es in der Antike sein Bewenden. Die *Sache* bleibt hoch im Kurs, wie wir unter anderem von Ovid erfahren. Er breitet in seiner „Liebeskunst" nicht nur zahlreiche Details der Schminktechnik römischer Damen aus, und seine *medicamina faciei femineae* („Heilmittel für das weibliche Gesicht") stellen gewissermaßen den ersten Schminkkurs der Literaturgeschichte dar, aber der *Begriff* setzt sich nicht durch.

Erst die Franzosen greifen da um 1800 sprachlich ein und „erfinden" die *cosmétique* begrifflich neu im heutigen Sinne der Körper- und Schönheitspflege. Kosmetische Eingriffe dienen seitdem dazu, die natürliche Ordnung sozusagen wiederherzustellen. Die von den Griechen empfundene Einheit von „Ordnung" und „Schönheit" ist dabei ein bisschen aufgeweicht worden. Im besten Falle ist die Kosmetik als solche überhaupt nicht wahrnehmbar. Darauf zielt sie tendenziell ab. Dass ihr das nicht immer gelingt, liegt sicher nicht nur an ihr.

Kristall –
Eine eiskalte Worterklärung

Die Kristall-Vitrine im bürgerlichen Haushalt, in der die repräsentativen Glas- und Kristall-Preziosen prächtig funkeln und ein Ambiente von Wohlstand und Gediegenheit spiegeln (und spiegeln sollen), gehört im ursprünglichen Sinne nicht ins Wohnzimmer, sondern in die Küche – dort, wo wir gewöhnlich den „Eisschrank" oder „Kühlschrank" hinstellen. Nichts anderes bedeutet nämlich κρύος, *krýos*, das Ausgangswort von „Kristall": „Eiseskälte", „Frost". In der Physik gibt es das Kryometer, das zum Messen besonders tiefer Temperaturen verwendet wird, in der Biologie die Teildisziplin der Kryobiologie, die die Einwirkung „eisiger" Temperaturen auf Organismen erforscht, und die Medizin kennt die Kryochirurgie, die mit der Vereisung von Operationsstellen arbeitet. Eisiges *kryo-*, wohin man schaut – und da passt κρύσταλλος, *krýstallos*, als „Eis" gut ins sprachliche Bild.

Aber „Kristall"? Wie kommt denn da das Eis ins Spiel? Der etymologische Weg verläuft über den κρύσταλλος λίθος, *krýstallos líthos*, den im 1. Jahrhundert v. Chr. erstmals erwähnten „Eis-Stein". Ein „Eisstein", aus dem sündhaft teure Gefäße produziert wurden und dessen Entstehung man dadurch erklären zu können glaubte, dass „er durch ziemlich heftige Kälte verfestigt wird". So deutet der Ältere Plinius in seiner „Naturgeschichte" (XXXVII 23) die Genese des kostbaren Rohstoffes, der wegen seiner glasklaren „kristallinen" Struktur bei den zahlungskräftigen Römern als Edelglas geschätzt war. Kristallgefäße gehörten neben den noch prestigeträchtigeren murrhinischen Gefäßen (aus Flussspat) zu den teuersten Luxusartikeln und heiß begehrten Sammelobjekten, die man seinen staunenden Gästen gern vorführte – insofern ist der Weg zu den bürgerlichen Kristall-Vitrinen nicht allzuweit. Tatsächlich waren das natürlich keine aus Eis geborenen Gefäße, sondern Bergkristalle (*crystalli montani*), die noch heute – trotz aller anderen Mineralien mit kristalliner Struktur – als die ursprünglichen und eigentlichen Kristalle gelten.

Welche Rolle *vasa crystallina* im Distinktions-Wettbewerb der superreichen Römer um den teuersten und luxuriösesten Hausrat darstellten, mag man aus einer der letzten Handlungen Neros ableiten. Als er merkte, dass seine Lage aussichtslos war, zerschlug Nero in einem ultimativen Wutanfall zwei kostbare Becher aus Bergkristall – weil er seinen Erben diesen Besitz nicht gönnte. Bei dem Gedanken an diese Wertvernichtung läuft es einem eiskalt den Rücken hinunter. Und spätestens damit sind wir wieder beim „eisigen" griechischen Ursprungswort κρύος.

Papst –
Ein väterlicher Pfaffe

Ob es wirklich so gut ist, dass wir im Folgenden die Etymologie von „Papst" preisgeben? Denn damit provozieren wir möglicherweise Jubelrufe in und vor deutschen Kreißsälen, die von Unkundigen falsch verstanden werden könnten. Kundige dagegen dürften, die historische Schlagzeile der „Bild"-Zeitung nach Ratzingers Wahl zum Oberhaupt der katholischen Kirche aufgreifend, mit allem etymologischem Recht der Welt ausrufen: „Wir sind Papst!"

Und zwar, sobald sie die frohe Kunde von der Geburt einer Tochter oder eines Sohnes ereilt hat. Der „Papst" geht nämlich auf griechisch πάππας, *páppas*, zurück, und das ist das der Kindersprache entnommene Lallwort „Papa", „Vater". Von den lieben Kleinen gewöhnlich als Anrede an ihren Erzeuger gerichtet, heißt es im Vokativ πάππα, *páppa*. Womit wir noch näher ans spätlateinische *papa* herankämen, das natürlich ebenfalls mit im etymologischen Spiel ist. So wurden spätestens seit dem 5. Jahrhundert die „väterlichen" Bischöfe der christlichen Gemeinden angeredet. Erst im 9. Jahrhundert setzte sich der Bischof von Rom als alleiniger Titelträger durch, und die anderen Bischöfe mussten zusehen, sich nicht durch die für niederrangige Kleriker gebräuchliche – bis zur Reformationszeit nicht abfällig gemeinte – Bezeichnung „Pfaffe" gemein machen zu lassen, auch wenn sie auf dieselbe sprachliche Wurzel wie *papa* zurückgeht. Offiziell sicherte erst Gregor VII. den „Papst"-Titel im Jahre 1075 dem Oberhirten auf dem Heiligen Stuhl in Rom.

Ob auch für die Papstgeschichte die sprichwörtliche Vermutung *nomen est omen* zutrifft, dem zufolge das Väterlich-Beschützende ein hervorstechender Wesenszug des „Nachfolgers Petri" sein müsste, können wir an dieser Stelle unerörtert lassen. Dass der griechische Ursprungs- *páppas* so empfunden wurde, zeigt sich an einer davon ausgehenden „neuen" Wortbildung, dem πάππος, *páppos*. Das war der „Großvater" oder allgemeiner der „Ahne". Ein Komödiendichter erfindet sogar den παππ-επί-παππος, *papp-epí-pappos*, den „Großvater auf dem Großvater", als Begriff für „Urahn". So weit muss man ja nicht zurückgehen, aber angesichts des Alters, in dem die meisten Päpste der letzten Jahrhunderte ins römische Bischofsamt gelangten, träfe auch der großväterliche Titel *páppos* auf sie zu (mit dem allerdings im Deutschen etwas unschön klingenden Vokativ *páppe*). Zumal selbst „Papa Ratzi" nach seinem Amtsantritt die strengen Züge des unerbittlichen Glaubenswächters gegen ein großväterlich-mildes Lächeln ausgetauscht hat.

Nicht zuletzt dieses neue mindestens väterliche Auftreten und Erscheinungsbild des deutschen Papstes hat die Zahl der Papisten in Deutschland kräftig anschwellen lassen. Das sind die „Papstanhänger", wobei der Begriff nicht unbedingt freundlich gemeint ist. Entstanden ist er jedenfalls in der Reformationszeit als abfällige Bezeichnung für die „Papsttreuen". Mit dem griechischen Suffix *-istés* (-ιστής) knüpft sie unmittelbar an den griechischen πάππας an. Ganz so gelungen ist die Neubildung gleichwohl nicht, bezeichnet der *-ist* doch ursprünglich einen Handelnden, einen, der aktiv etwas betreibt. Das Akkusativobjekt dazu kann also nicht der Papst sein, sondern allenfalls dessen Sache.

Freilich hat auch Luther das Wort gern benutzt und kräftig gegen die Papisten gewettert. Und der *konnte* Griechisch! Weshalb wir mit unserem Gemäkel an der Wortbildung still sein und nicht versuchen sollten, sprachlich päpstlicher als der Papst zu sein.

Problem –
Was uns so alles vorgeworfen wird

Die Welt ist voll von Problemen. Auch Sie haben Probleme. Möglicherweise haben Sie auch ein Problem mit der Etymologie des „Problems" – weil Sie sie nicht kennen; vielleicht haben Sie auch „kein Problem damit", sie nicht zu kennen. Oder Sie haben ein Problem mit der Art und Weise des Autors, an die Sprachgeschichte des „Problems" heranzugehen. Probleme allerorten einerseits, andererseits „kein Problem", *no problem*, ebenfalls allerorten. Ganz schön problematisch. Und ganz schön erstaunlich, was für eine steile Karriere das „Problem" als griechisches Wort in den modernen Sprachen gemacht hat. Womit, Sie ahnen es wahrscheinlich, der Autor nun wirklich kein Problem hat.

Die sprachgeschichtliche Seite des „Problems" ist vergleichsweise unproblematisch. Das Wort besteht aus drei Teilen. Das Suffix *-ma* zeigt ein Substantiv an, die Vorsilbe πρό, *pro*, bedeutet „vor"- und das Mittelstück *ble-* ist dieselbe Wurzel wie im Verb βάλλειν, *bállein*, „werfen". Das πρόβλημα, *próblema*, ist also das „Vorgeworfene", das „nach vorn Geworfene". Das war ursprünglich die Klippe, das Stück Land, das ins Meer ragt, oder, wie das Deutsche mit einer etwas aktiver klingenden Vorstellung formuliert, „vorspringt".

Die Welt ist bekanntlich nicht immer nett zu uns; da gibt es Dinge und Menschen, die uns bedrohen und die wir tunlichst auf Abstand halten wollen. Das gelingt, indem wir zwischen die Bedrohung und uns etwas setzen oder schieben – oder etwas „vor" uns „werfen", das eine weitere Annäherung verhindert. *próblema* wird daher im klassischen Griechisch hauptsächlich im Sinne von „Schutzwehr" – etwa in Form eines Schildes – und „Bollwerk" gebraucht. Allerdings auch im übertragenen Sinne: Ein πρόβλημα φόβου, *próblema phóbou*, ist damals noch ein „Schutzmechanismus gegen Furcht" – und keineswegs ein „Phobie-Problem". Wer sich vor Gericht verteidigen muss, ist auch gut beraten, wenn er eine Distanz zwischen die Anklage und sich bringen, also etwas „nach vorne werfen" kann, das dem Ankläger gegenüber einen Schutz darstellt. Auch wenn es nur ein Bluff ist – das *próblema* in Rechtfertigungssituationen wird so zur „Schutzbehauptung", zum „Vorwand".

Allmählich entwickelt sich eine weitere Bedeutung, die die Weichen zu unserem „Problem" stellt. Zu den Freizeitaktivitäten der griechischen Oberschicht gehörten bekanntlich Symposien, die nicht so trocken waren wie manche heutigen wissenschaftlichen Konferenzen gleichen Namens. Der – nicht nur sprachliche – Kern des Symposions war nämlich das „gemeinsame Trinken" (σύν-, *syn*- „mit"; πίνειν, *pínein*, „trinken"). Der Gastgeber bot den gemeinsamen Zechern mancherlei Unterhaltung, die sich keineswegs nur auf das gesellige Plaudern beschränkte. Aber auch das gehörte natürlich dazu – und damit Rätselspiele, Scherzfragen und geistige Nüsse zum Knacken. Diese „Knacknüsse" wurden dem einen oder anderen in der Runde „vorgeworfen" und erwiesen sich aus dessen Sicht als *problémata*: Er sollte das ihm Vorgeworfene nach Möglichkeit auch beantworten.

In diesem Sinne fand das „Problem" im 4. Jahrhundert v. Chr. Eingang in die Philosophie. Die einstigen „Bollwerke", die nach Möglichkeit nicht geknackt werden sollten, mutierten zu „vorgelegten" Fragen, die nach Lösungen verlangten, deren Problemgehalt gewissermaßen zu knacken war – zumal sie sich häufig als „Streitfragen" darstellten.

Heute sind die einst philosophischen Probleme zwar keineswegs alle gelöst, aber zu ganz alltäglichen und geradezu ubiquitären inflationiert. Kaum ein Augenblick, kaum ein Raum, in dem uns nicht irgendetwas „vorgeworfen" würde, das nach einer Lösung verlangt. Immerhin, eines Ihrer Probleme, verehrte Leserinnen und Leser, ist gelöst, sofern Sie es als Problem empfunden haben: Die Sprachgeschichte des „Problems" ist geklärt, sodass dieses Problem nicht mehr existiert. Es liegt ja jetzt *hinter* Ihnen. Man könnte von einem Opisthoblem sprechen (ὄπισθε, *ópisthe*, „hinter"). Was aber keiner tut – obwohl es doch ein Erfolg versprechendes Programm zum Frustabbau wäre, nicht immer nur danach zu schauen, welche βλήματα, *blémata*, „vor", sondern sich auch klarzumachen, welche hinter uns liegen.

## Schule –
## Ein Ort der Bildungs-Muße?

Ganz gleich, mit wem man über Schule spricht: Im zweiten, spätestens im dritten Satz fällt das Stichwort „Schulstress". Darunter leiden sie alle: die Schüler, die sich zunehmendem Notendruck ausgesetzt sehen; die Eltern, an deren Nerven dieser und mancher andere schulbedingte Stress zehrt; die Lehrer, die weder die gestressten Schüler noch die gestressten Eltern noch die von ihnen empfundene Berufsbelastung noch die ständig in sie gesetzten und vielfach nicht nur durch sie unerfüllt bleibenden Erwartungen der Gesellschaft, der Behörde, des Direktors als besonders motivierend empfinden; die Ministerialen in der Schulverwaltung, die sich von der Politik zu immer neuen Reformen und ständigen einigermaßen stressigen Benchmark-Obsessionen gedrängt sehen; und die Bildungspolitiker, die unter dem Eindruck der Pisa-Ergebnisse massiven Druck verspüren, das „Land der Dichter und Denker" wieder in die Spitzengruppe der erfolgreichen „Bildungsnationen" zurückzuführen. Kurz und gut, eine Stresspyramide, die sich von allem Möglichen beeinflussen und beeindrucken und nur eines nicht an sich herankommen lässt: Muße.

Damit ist unsere heutige Schule das genaue Gegenteil dessen, wofür ihr Ursprungswort steht: σχολή, *scholé*, war für die Griechen die „Muße", die „freie Zeit", in der man sich dem widmen konnte, was einen in seiner Persönlichkeitsentwicklung weiterbrachte. Mit *scholé* verband sich daher eine durchaus andere Vorstellung als mit unserer „Freizeit", die ja auch vielfach als fordernd und stressig erlebt wird. Wir neigen dazu, unsere Freizeit zu planen und zu „organisieren", wir sprechen vom Freizeit-„Budget" und assoziieren damit die Notwendigkeit, es sinnvoll – am Ende gar noch effizient! – zu verwalten. Nach Möglichkeit soll auch dabei etwas „herauskommen". Damit wird die Freizeit ein Teil der lebens-„notwendigen" Verrichtungen, ein von Sachzwängen eingeengter Raum, der jedenfalls Muße im griechischen Sinne nicht ermöglicht oder zumindest nicht fördert. Denn die *scholé* ist jener Raum, in dem wir weder durch Erwerbstätigkeit noch durch Alltags-Besorgungen wie Einkaufen, Bankgeschäfte, Körperhygiene, Kinderbetreuung und dergleichen daran gehindert sind, für uns selbst da zu sein. Das griechische σχολή-Konzept hatte eine Menge mit dem zu tun, was wir „Selbstverwirklichung" nennen.

Eine Selbstverwirklichung, die sich weitgehend auf die von Erwerbsarbeit freie Oberschicht bezog und *insoweit* nicht als vorbildhaft für eine demokratische Gesellschaft des 21. Jahrhunderts sein kann. Diese Einschränkung desavouiert indes nicht das Konzept der *scholé* als solches, das auf eine Nutzung der verfügbaren Zeit zur Selbst-Bildung abzielt. Die *scholé* lädt nicht zum müßigen *dolce far niente* ein, sondern fordert zur mußevollen Beschäftigung mit bildenden Gegenständen und Tätigkeiten auf, zu denen auch die Aktivitäten im ursprünglichen γυμνάσιον, *gymnásion*, dem „Nackt"-Sportplatz, zählen.

Der geistigen Weiterentwicklung der Persönlichkeit dient das Zuhören bei Vorträgen und Diskussionen. Da treten Philosophen und Rhetoren in der Öffentlichkeit auf, deren Bildungsangebote man wahrnimmt – oder auch ablehnt, indem man einfach weitergeht. Wenn solche Angebote zur Muße regelmäßig da sind, entwickelt sich daraus eine Art Lehrbetrieb – und das war der Ursprung der „Schule".

Die Römer übernahmen die griechische σχολή als lateinische *schola* und bezeichneten damit zunächst die „Vorlesung", den „Lehrvortrag", dann aber auch eine bestimmte philosophische „Schulrichtung" sowie den Ort, wo Lehrer und Schüler zusammenkamen, die – höhere – Lehranstalt. Dass sich auch dort schon Vermittlungsmethoden oder Formen des Lernens und Gegenstände breitmachten, die mit dem ursprünglichen Gedanken einer selbstbestimmten *scholé* nicht ganz konformgingen, wollen wir nicht verschweigen. Wenn Seneca bestimmte Usancen des Lehrbetriebs sarkastisch auf den Punkt bringt, dass „wir nicht für das Leben, sondern für die Schule lernen" (*non vitae, sed scholae discimus;* Epistulae morales 106, 12), so ist das ein deutlicher Warnhinweis, die römische *schola* allzu idealistisch zu betrachten ...

Wie aktuell uns Senecas Sentenz doch heute angesichts zentraler Leistungsüberprüfungen auf allen Stufen bis hin zum Zentralabitur vorkommt! Wird da nicht ein großer Teil des Stoffes nur vermittelt und gelernt, weil er gut abfragbares – und nach bestandener Überprüfung rasch dem geistigen Lethe-Strom überantwortetes – Wissen darstellt? Wird nicht in einem auf immer stärker messbaren Lern-Output angelegten „Bildungs"-System die Bildung zurückgedrängt – jene zumindest, die nicht auf unmittelbar verfügbares, in produktionsorientiertes Handeln umsetzbares Wissen abzielt? Zur Gruppe der auch dadurch massiv bedrohten Bildungsfächer zählt – natürlich – auch das Fach Griechisch: ein Bildungsangebot, das wenigstens ein Stück *scholé* im griechischen Sinne in der *schola* der Gegenwart lebendig werden lassen könnte.

Aber das Lernen griechischer Formen und Vokabeln ist doch auch mit Lernmühe verbunden, mögen Kritiker einwenden. Und mit diesem homöopathischen Mittel soll der anfangs beklagte Schulstress abgebaut werden? Es geht um die *Chance*, sich im schulischen Rahmen mit der „Originalsprache" der „Schule" zu beschäftigen, nicht um die Pflicht dazu. Und diesen Stress erfüllter Mußestunden verwandelt ein bezeichnenderweise aus dem Griechischen stammendes Zusatz-Wörtchen in durch und durch erfreulichen Eu-Stress (εὖ, *eu*, „gut").

Sparte –
Wieso die Spartaner mit im Etymologie-Boot sitzen

Würde er gefragt, in welcher Sparte er tätig sei, wäre der Autor im ersten Augenblick wohl etwas irritiert, weil er die von ihm ausgeübten Tätigkeiten nicht so ohne Weiteres einer Sparte im landläufigen Sinne zuordnen könnte. Ist Pädagogik eine „Sparte"? Immerhin, nach einigem Nachdenken könnte er antworten: Meine Sparte ist „Antike-Vermittlung". „Passt gut, denn Sparta gehört ja dazu" – *die* Anmerkung empfände er als ausgesprochen flachen Kalauer und als nachgerade peinliche Volksetymologie.

Geht's noch peinlicher? Immer doch! Der Gipfel der Peinlichkeit: Bei näherem Hinschauen erweist sich die scheinbar peinliche Volksetymologie als durchaus richtig und der Antike-Vermittler hat sich in seiner eigenen Sparte ein ziemlich peinliches Nichtwissen vorhalten zu lassen. Ein bisschen spartanisch, sein Wissen zumindest in der Sparte Etymologie ...

Zur Schadensbegrenzung jetzt die Erklärung des überraschenden sprachlichen Befundes, dass wir die „Sparte" tatsächlich dem alten Sparta verdanken. Genauer gesagt, dem Tragödiendichter Euripides. Er legt Agamemnon, dem Herrscher über Mykene, eine ziemlich derbe Zurechtweisung seines jüngeren Bruders in den Mund, um sich dessen Einmischung in die inneren Angelegenheiten seiner Stadt zu verbitten: Σπάρτην ἔλαχες, ταύταν κόσμει, τάς δὲ Μυκήνας ἡμεῖς ἰδίαι (*Spárten élaches, taútan kósmei, tás de Mykénas hemeís idíai*): „*Du* hast Sparta erlost, das ordne! Mykene ordnen wir für uns allein!"

Die Rüge aus dem – nicht erhaltenen – „Telephos" des Euripides gewann wohl schon bald ein Eigenleben als geflügeltes Wort, das auf alle Arten von Aufgaben übertragen wurde, um die sich jemand zu kümmern habe. Mit dieser Verallgemeinerung war der Boden dafür bereitet, das historische Sparta nur noch als Chiffre für einen bestimmten Tätigkeitsbereich oder eine konkrete Verantwortung zu begreifen. Diese Entwicklung gewinnt mit Cicero weiter an Fahrt; er verwendet den „Spruch" in seinen Briefen an Atticus zweimal. Genauer gesagt, greift er an der ersten Stelle (I 20, 3) eine Bemerkung seines Briefpartners auf, der von Ciceros „Sparta" gesprochen hatte. Cicero versichert, er werde das ihm „zugefallene Sparta ... niemals im Stich lassen". Gemeint ist die Sache der Optimaten, verkürzt gesagt, der „Senatspartei".

An der zweiten Stelle, einem Brief aus dem Jahre 55 v. Chr. (IV 6, 2), ist es die Sache der Triumvirn Caesar, Pompejus und Crassus, die Cicero zu seinem Sparta gemacht hat. Er fühlt sich dabei in seiner Haut nicht recht wohl, ruft sich selbst aber zu konsequentem Handeln auf, indem er den Euripides-Vers auf Griechisch zitiert. Man kennt das ja von manchem eigenen Sparta – den Zweifel, ob man da wirklich die richtige Sache erlost oder übernommen hat. Womit klar wird, dass der Aufforderung, sein Sparta zu ordnen, ein nicht unbeträchtliches Erpressungs- und Selbsterpressungspotential innewohnt ...

Mit dem großen Humanisten Erasmus wird das bislang sprachlich immer noch griechische Sparta latinisiert. *Spartam nactus es, hanc orna*, übersetzt Erasmus und beflügelt das geflügelte Wort noch mehr, indem er es in seine Sprichwortsammlung „Adagia" aufnimmt. Der ursprüngliche Kontext – der Vergleich mit dem größeren Mykene – geht darüber gänzlich verloren. Und damit die Einsicht, dass das historische Sparta etwas damit zu haben könnte. Man fängt an, es klein zu schreiben – *sparta* – und es für ein lateinisches Lehnwort aus griechisch σπάρτη, *spárte*, zu halten, das es nicht gibt! Die Bedeutung des nicht existierenden Wortes aber scheint klar: „Anteil", „Pfründe", „Amt", „Aufgabe". Wo der Sinn so evident ist, kann man sich den Blick ins Wörterbuch schenken – sodass dort kaum jemand auf die merkwürdige „Leerstelle" stößt. Ein neues Wort ist geboren: Aus „Sparta" wird „Sparte".

*spartam nancisci* wird in gewissen Kreisen sogar zur wirtschaftlichen Erfolgsformel: „eine Pfründe erhalten". Was Witzbolde unter den Theologie-Studenten des 18. Jahrhunderts dazu animiert, eine gereimte Kurzfassung ihrer wichtigsten Lebensziele auf die Formel *spartam et Martham* zu bringen, „eine Pfarrstelle und eine Ehefrau". Dass man das eine eher anstrebt und das andere eher in Kauf nimmt, stellt die kernige deutsche Version klar: Sie spricht von der „Pfarre und Quarre" – „Quarre" ist die Frau in ihrer stets quengligen, nörgligen Erscheinung.

Aber wieso eigentlich „*et* Martham" respektive „*und* Quarre"? Man könnte doch, auf Ciceros Spuren wandelnd, die Martha selbst als seine *sparta* ansehen – und das „Ordnen" und „Schmücken" dieses höchst persönlichen Spartas als seine ureigene Aufgabe begreifen. Wobei freilich die Gefahr besteht, dass Sparta zum Waterloo wird.

## Tourist –
## Bei ihm geht's wirklich rund

Ob ägyptische Königsgräber, monumentale Pharaonen-Plastiken oder der Tempelbezirk an der wunderschönen Clitumnus-Quelle in Umbrien – keine Sehenswürdigkeit blieb von Anwesenheitsgraffiti (γράφειν, *gráphein*, „schreiben") oder anderen „Sprüchen" griechischer und römischer Reisender verschont. So sind sie halt, die Touristen, damals wie heute – dass es den Begriff noch nicht gab, hielt die antiken Fernreisenden oder Tagesausflügler nicht von typisch touristischen Unsitten ab.

Woher aber kommt dann das Ursprungswort? Es muss sich ja wohl doch, da wir im Zusammenhang mit griechischen Wortgeschichten darauf zu sprechen kommen, um ein griechisches handeln. Tut es auch. Soviel sei schon jetzt angedeutet: Im Tourismus geht es rund.

Der normale Tourist absolviert seine Tour als Hin- und Rückreise. Er macht also mindestens eine Kehrtwendung, wenn er sich am Endpunkt seiner Reise in die Richtung umdreht, aus der er gekommen ist. Andere Touristen machen eine Rundreise, die sie von einer Stadt in die andere führt. Sie umrunden ein bestimmtes Gebiet und kehren nach der Tour, ihrer „Runde", zum Ausgangspunkt zurück. Wendungen und Drehungen auch beim Verhalten auf der Reise: Die Bildungshungrigen drehen den Hals nach allen erreichbaren Sehenswürdigkeiten um, die Sonnenhungrigen den Körper, um gleichmäßig braun zu werden, und bei den Ballermann-Touristen geht es spätestens nach dem ersten Liter Sangria im Kopf ziemlich rund.

Wenn der griechische Drechsler etwas „runden" wollte, dann griff er zum τόρνος, *tórnos*, dem „Dreheisen". Dieses „Drehen" und „Runden" bezeichnete er als τορνεύειν, *torneúein*. Ein Begriff, an dem die Römer Gefallen fanden. Sie machten mit ihm, was sie auch mit anderen kulturellen Errungenschaften der Griechen wie Statuen und anderen Kunstgegenständen gern machten: Sie nahmen ihn mit nach Italien. Dort wurde er als *tornare* – nach wie vor in der Bedeutung „runden", „drechseln" – heimisch und ging dann von dort aus auf Tour ins gesamte Imperium. In den romanischen Sprachen blühte er auf und rundete sein Bedeutungsspektrum deutlich auf – auch mit Hilfe von Vorsilben, die aus dem einfachen „Runden" durch Hinzufügung beispielsweise von re- ein „Zurückrunden" machten: *ritornare* und *retourner* heißt „zurückkommen".

Vom Mittellateinischen gelangte das griechisch-lateinische Wenden und Drehen aber auch in die germanischen Sprachen. Das englische *to turn* und das deutsche „turnen" verdanken ihre sprachliche Existenz dem altgriechischen Dreheisen. Was dem Turnvater Jahn tragischerweise entging, der ein genuin deutsches Wort für seinen Sport suchte und das „Turnen" vom scheinbar deutschen „Turnier" ableitete. In dem freilich steckten durchaus schon die griechischstämmigen „Wendungen" der Pferde – damals noch kein nautischer, wohl aber ein hippischer Törn, bei dem es, wir wiederholen uns, ziemlich rund ging.

Die „Tour" ist eine französische „Wendung", die unter tätiger Mithilfe des Englischen im 17. Jahrhundert als „Rund-Ausflug" ins Deutsche gelangte. Zwei Jahrhunderte später wird der „Tourist" geboren, bei dem das griechische Stammwort τόρνος, *tórnos*, einen ihm gut bekannten griechischen Suffix-Begleiter erhält: -ιστής, *-istés*, bezeichnet den Handelnden, der eine Tour unternimmt. Fehlte nur noch der -ισμός, *-ismós* zur Kennzeichnung einer „Einstellung" beziehungsweise „Bewegung" – klar, dass auch der „Tourismus" das Licht der sprachlichen Welt erblickte. Er bezeichnet heute eine Branche, die riesige Summen umsetzt und Millionen von Menschen in jedem Sommer turnusmäßig (Turnus: „regelmäßiger Wechsel", „Reihenfolge", auch auf das griechische „Rundeisen" zurückgehend) an die mediterranen Badestrände um-schichtet.

Selbst Stornierungen von Touren sind perfekt in das touristische System eingearbeitet. Und auch ins sprachliche! Das italienische *s-tornare* hat sich aus dem lateinischen *ex-tornare* entwickelt. Wer eine Reise storniert, „dreht" seine Buchung sozusagen „aus" und bricht die touristische Runde ab, bevor sie begonnen hat. Auch das eine runde Sache!

Genug des Rundumschlags mit dem τόρνος? Eines noch: Es gibt Sprachwissenschaftler, die das „Dreheisen" des griechischen Drechslers von τείρειν, *teírein*, ableiten, das mit dem lateinischen *terere* verwandt ist. *teírein* heißt „reiben", „entkräften", gelegentlich auch „erschöpfen" und „quälen". Was zumindest angesichts der schlechten Reise-Infrastruktur zum Touristen der Antike passen würde. Aber möglicherweise auch dem modernen Touristen bekannt vorkommt.

Tresen –
Ein Schatzkästlein nicht nur der Sprachgeschichte

Alkoholgenuss weitet, sagt man, das Bewusstsein und lässt uns Dinge in ganz anderem Lichte erscheinen als zuvor (und hinterher). Gelegentlich sogar dann, wenn wir ihm reichlicher zugesprochen haben, als es unserem Gleichgewichtssinn lieb ist. Der Kneipenbesucher jedenfalls, der fernab vom rettenden heimischen Sofa einen Halt sucht, sieht im Tresen die geradezu von Dionysos geschickte Stabilitätshilfe. Er hält sich an ihr fest, umklammert sie, umarmt sie – und hütet sie fortan wie einen Schatz. Den lässt ja bekanntlich auch niemand los, der ihn einmal gefunden hat. Ist es am Ende gar eine dionysische Inspiration, die ihn den Tresen in diesem Augenblick als Schatz sehen lässt? Oder kommen aus dem tiefsten sprachlichen Unterbewusstsein Einsichten an den Tag, die eben Ausdruck der eingangs erwähnten Bewusstseinserweiterung sind?

Der Tresen erweist sich nämlich nicht nur in bestimmten milieubedingten Wirtshaus-Situationen als wahrer Schatz, sondern ist auch im sprachlichen Sinne einer. Der Schank- oder Ladentisch verdankt seinen Namen der Trese, der „Geldschublade", die an oder hinter ihm angebracht war. Und die geht über althochdeutsch *treso* und *triso* stracks auf den lateinischen *thesaurus* zurück, der indes seinerseits – das „th" deutet es an – ein römisches Beutewort aus dem Griechischen war.

Dort begegnet es uns als θησαυρός, *thesaurós* – und dieser *thesaurós* ist der „Schatz". Heute ausgestorben, aber im Mittelalter und in der frühen Neuzeit ein vielverwendetes Wort ist die Tresekammer: eine Schatzkammer, in der echtes Gold und Silber gelagert wurden, aber auch historisches Gold in Gestalt wichtiger Dokumente – heute eher als „Archiv" bekannt. Die „Kammer" übrigens ist, soviel Umweg muss sein, ebenfalls ein Spracherbe aus dem Griechischen, wenngleich ebenso wie *thesaurós* durch lateinische Vermittlung ins Deutsche gelangt. Unter der καμάρα, *kamára*, verstanden die Griechen eine „gewölbte Zimmerdecke". Die Römer nahmen mit *camera* eine kleine Lautverschiebung vor, blieben aber der Bedeutung des Wortes treu. Fazit: Die so authentisch, fast gemütlich deutsch klingende „Tresekammer" ist in Wirklichkeit eine griechische καμάρα θησαυροῦ, *kamára thesauroú* – ein wahres Schatzkästlein der Sprachgeschichte.

Wer heute etwas Wertvolles besonders sicher aufbewahren und gegen unbefugten Zugriff schützen will, der legt es in einen stahlummantelten Tresor. Auch der ist ein – im 19. Jahrhundert aus dem französischen *trésor* übernommener – „Schatzkasten" mit griechischem „Copyright". Erneut lässt θησαυρός, *thesaurós*, grüßen, im Englischen mit der Variante *treasure*. Wer den Verdacht hegt, die Finanzverwaltung des Staates sei im Grunde ein gigantisches Unternehmen zur Anhäufung von Schätzen, wird sich dadurch bestätigt sehen, dass *treasury* in England für den Fiskus steht und das Finanzministerium in den USA *Treasury Department* heißt.

Angesichts der gewaltigen Staatsschulden hält sich das Deutsche klug zurück, die staatliche Einnahmebehörde als Hüterin und Mehrerin eines – eben nicht vorhandenen – Schatzes zu bezeichnen. Immerhin steuert es mit „thesaurieren" ein Verb zum einschlägigen Sprach-Schatz bei, das für „Horten", „Anhäufen" von Kapital steht. Wer indes dem Fiskus durch die Gründung einer steuersparenden Stiftung ein Schnippchen schlagen will, die auf das Stiftungskapital anfallenden Zinsen aber nicht zügig für mildtätige oder andere steuerlich begünstigte Zwecke einsetzt, sondern hortet, erhält vom Finanzamt ziemlich schnell die gelbe oder sogar rote Steuerkarte: Thesaurierungsverbot heißt das Zauberwort, das dem Fiskus bei Verstößen den steuerlichen Zugriff auch auf Stiftungseinkünfte erlaubt.

Wie schön, dass es in unserer weitgehend materiell definierten Tresor-Welt auch noch geistige Schätze gibt, die an begehrlichen staatlichen

Kassenhütern vorbeigeleitet und gehortet werden (dürfen)! Die mit Abstand größte „Schatzkiste" des lateinischen Vokabulars ist der außerhalb der Zunft freilich nur wenig bekannte *Thesaurus Linguae Latinae*. Ein gewaltiges, im Jahre 1894 begonnenes Unternehmen, in dem unzählige Belegstellen für jeden einzelnen Begriff aufgelistet werden und dessen Ende noch nicht absehbar ist. Es ist bislang bis zum Buchstaben „P" gediehen – ein vielleicht bis zum Jahre 2050 noch im Bau befindlicher Sprach-Tresen, an dem sich die Lateiner aber schon jetzt festhalten können, wenn ihnen zeitweise ob der Zukunft der Alten Sprachen schwindlig zu werden droht. *Diesen* θησαυρός kann ihnen keiner nehmen.

Zentrum –
Von schmerzenden und weniger schmerzenden Einstichstellen

*Der* Stachel sitzt tief in unserem sensiblen Bildungsfleisch. Latein und Griechisch stehen – bei aller Aufschwungseuphorie der letzten Jahre – nicht mehr im Zentrum gymnasialer Bildung. Und auch das mächtig um sich greifende Virus des Zentralabiturs hat daran nichts geändert – obwohl es das zumindest sprachlich ohne Griechisch und Latein überhaupt nicht gäbe. Ebenso wenig die Zentral-Verriegelung, die Zentral-Heizung, die Zentrifuge oder die Telefon-Zentrale. Die Zahl der Zentren nimmt, wenngleich vielfach als chicer daherkommendes „Center" getarnt, weiter zu – auch wenn hier und da durch den Niedergang des real existierenden Sozialismus ein paar zentrale Systemstützen wie das Zentralkomitee der SED und ihr Zentralorgan „Neues Deutschland" mit enormer zentrifugaler Energie an die Peripherie gedrängt worden sind.

Das Zentrum war nicht immer der umschwärmte „Mittelpunkt". Es begann vielmehr sprachlich als „Stachel". Die griechische Stechmücke verfügte ebenso über ein κέντρον, *kéntron*, wie die griechische Wespe und das griechische Stachelschwein. Der griechische Reiter „spornte" sein Pferd damit an, und auch griechische Ochsen bekamen das *kéntron* schmerzhaft zu spüren, wenn sie allzu lahm dahintrotteten. Die

Tätigkeit, mit der sich der eine Teil der Tierwelt Leid verursachend seiner Haut wehrte, während der andere sie leidend eben darauf verspürte, hieß κεντεῖν, *kenteín*, „stechen", „anstacheln".

In den Mittelpunkt geriet die stachlige Sache erst durch den Zirkel. Dessen in den Sand oder einen geometrisch etwas exakteren Untergrund gestochene „Spitze" verursacht einen „Einstich" – und der liegt, was sogar mathematisch unbedarften Laien einleuchtet, in der Mitte. Ein Stich, der saß und der das κέντρον als zentrale „Einstichstelle" sprachlich zum lateinischen *centrum* beförderte. Von dort aus trat es seinen Siegeszug in die romanischen Tochtersprachen an, und auch die germanischen Stieftöchter verweigerten sich ihm nicht. Das Deutsche übernahm es, schon lange bevor es 1871 wieder eine Zentralregierung erhielt, als „Zentrum", das Englische als *centre* beziehungsweise *center*.

Noch bevor die Denglisch-besessene *German railway* „Service Points" einrichtete und schlichte Bahnhofstoiletten in „Mac-Clean"-Filialen umbenannte, hatte der *German air carrier* Lufthansa – hört sich irgendwie altmodisch an, bitte umtaufen! – größere Städte bereits mit „Lufthansa City Centers" beglückt. Das sollte modern und dynamisch klingen: Weltsprache Englisch. Schaut man etwas genauer hin, wächst dem zukunftsweisenden Namen ein ziemlich alter Bart: „City" geht auf lateinisch *civitas* zurück, „Bürgergemeinde", und „Center" ist, wie gerade gesehen, noch eine Ecke älter. Pech gehabt, ihr Denglisch-Fans! Autsch! *Der* Stachel sitzt! Und ihr werdet ihn dank seiner tief verwurzelten Widerhaken bei all eurer flockigen Unbedarftheit in Sachen Sprachkultur nicht herausziehen können. Ätsch!

# Logisch!
## Das Zauberwort

λόγος, *lógos*: Dieses griechische Wort hat Karriere gemacht wie kein anderes. Eines seiner Geheimnisse ist seine semantische Breite (σῆμα, *séma*, (sprachliches) „Zeichen"; Semantik: Lehre von der Bedeutung der Wörter). Es ist das Substantiv zu λέγειν, *légein*, „lesen", „rechnen", „reden", und bezeichnet alles, was und worüber man sinnvoll reden kann: Das Wort, die Rede, die (Be-)Rechnung, aber auch die Vernunft und die Lehre, über die man systematisch spricht. *lógos* ist das, was den Menschen zuvörderst vom Tier unterscheidet. So wichtig der λόγος schon für die Griechen war, so begann seine eigentliche sprachliche Erfolgsstory (ἱστορία, *historía*, „Forschung", „Bericht"; im Lateinischen *historia*, „Geschichte") erst mit der modernen Wissenschaft, die das Gesamtwissen in einzelne „Lehren" aufteilte. Einfach *-logie* angehängt, und schon hatte sich eine Spezialdisziplin etabliert, die sich von anderen „Kunden" abgrenzte.

Die Naturwissenschaften griffen dankbar zu und bedienten sich in der Regel eines weiteren griechischen, gelegentlich auch eines lateinischen Wortes, um ihren Fachbereich zu definieren. Die Biologie als Oberbegriff für die Kunde vom „Leben" (βίος, *bíos*) unterteilt sich z. B. in die Zoologie, die sich den Tieren (Singular ζῷον, *zóon*) verschrieben hat, differenziert aber auch diese „Unterkunde" weiter, indem sie etwa die Ornithologie und die Arachnologie kennt. Das ist einerseits der Logos von den ὄρνιθες, *órnithes*, („Vögeln"), andererseits der Logos von den ἀράχναι, *aráchnai* („Spinnen"). Wer sich systematisch mit der Lehre von der Erde (γῆ, *ge*) beschäftigt, bezeichnet sich als Geologe, wer alles über das Wasser weiß oder wissen will, als Hydrologe (ὕδωρ, *hýdor*).

Jede Menge *-logen* unter den Medizinern: Um Magen (γαστήρ, *gastér*) und Darm (ἔντερον, *énteron*) kümmert sich der Gastroenterologe, um die Augen (Singular ὀφθαλμός, *ophthalmós*) der Ophthalmologe, der Mastdarm (πρωκτός, *proktós*) ist das Reich des Proktologen, der Harn (οὖρον, *oúron*) und „seine" Organe das des Urologen; der Histologe untersucht das Gewebe (ἱστός, *histós*), der Gerontologe die Alten (γέρων, *géron*, Stamm: *geront-*). Der Zahnheilkundige kann sich, wenn er weithin unerkannt bleiben will, als Odontologe tarnen (ὀδούς, *odoús*, Stamm *odont-*, „Zahn"). Wer aus der Praxis eines Venerologen kommt, freut sich, dass nicht „Facharzt für Geschlechtskrankheiten" auf dem Praxisschild steht: Die römische Liebesgöttin Venus hat beim sprachlichen Upgrade Pate gestanden.

## Dialoge, Nekrologe, Eulogien

Ein Halblateiner ist auch der Radiologe: Er verdient sein Geld mit *radii*, „Strahlen". Die Seele (ψυχή, *psyché*) ist das Betätigungsfeld des Psychologen, und bei fast allen ist der Pharmakologe mit im Bunde. Er forscht auf dem Gebiet der φάρμακα, *phármaka*, „Heilmittel". Ist trotz aller Spezialisierung die medizinische und pharmakologische Kunst am Ende, so bleibt oft nur noch der Nekrolog, der Nachruf als „Rede auf den Toten" (νεκρός, *nekrós*) – manchmal freilich erst, wenn der Pathologe mit einer Sektion tätig geworden ist. Die Pathologie versteht sich allgemein als die Lehre von den Krankheiten (Singular πάθος, *páthos*) und ihren Ursachen; sie ist trotz „Quincy", dem „Letzten Zeugen" und anderer populärer TV-Gerichtsmediziner durchaus nicht das Gleiche wie die Rechtsmedizin. Bei der wiederum sind toxikologische (τοξικόν, *toxikón*, „Gift") Kenntnisse durchaus von Vorteil.

Was nach der Behandlung und ultimativen Untersuchung durch alle möglichen *-logen* kommt, das ist die Domäne der Eschatologie, der „Lehre von den letzten Dingen" (ἔσχατα, *éschata*). Einer Disziplin, die bei den „Gotteskundlern" angesiedelt ist, den „Theo-logen" (θεός, *theós*, „Gott"). Sie sind auch zuständig für Eulogien, „Segenssprüche" (εὐλογία, *eulogía*, „gut Reden", „Loben", „Segen"). Zumindest sprachlich ist die Eulogie etwas aus der Mode gekommen, dafür hat der „Dialog" (διάλογος, *diálogos*, „Gespräch") der Religionen erheblich größere Bedeutung gewonnen. Er wird indes nur erfolgreich sein, wenn sich die Dialogpartner der in der Kirchen- und Philosophiegeschichte beliebten Logomachie enthalten, dem „Kampf" (μάχη, *máche*) mit Worten „um Worte", den das Deutsche weniger vornehm, aber treffend als „Haarspalterei" oder „Wortklauberei" bezeichnet.

Verglichen mit der Theologie sind andere „Lehren" deutlich jünger: die Ethnologie, „Völkerkunde" (ἔθνος, *éthnos*) ebenso wie die trotz ihrer alten (ἀρχαῖος, *archaíos*) Gegenstände relativ junge Archäologie und erst recht die Politologie, die „Wissenschaft von den staatsbürgerlichen Dingen" (πολιτικός, *politikós*), und die Ökologie, die „Lehre vom Haushalt" der Natur beziehungsweise von unserem gemeinsamen „Haus" (οἶκος, *oíkos*) Erde. Die Futurologie schließlich: Ist es nicht großartig, wie sich die „Kunde von der Zukunft" ganz und gar zur sprachlichen Tradition Europas bekennt, indem sie Lateinisches (*futura*, „Zukünftiges") und Griechisches (λόγος, *lógos*) in ihrem Namen kombiniert? Wenn das kein Programm für die Zukunft ist ...

### Monolog-anfällige Philologen

Das hoffen zumindest die Philologen. Jedenfalls die, die sich als „Freunde" (Singular: φίλος, *phílos*) des (ursprünglichen) Logos verstehen, die Klassischen oder Altphilologen. Sie haben sich ebenso wie die Neuphilologen der „Liebe zur Literatur und Sprache" verschrieben. Das Alt- übrigens eine Konzession der Altphilologen, ein Abrücken von einem früheren Verständnis, in dem Philologen ausschließlich Altphilologen waren. Wer's nicht glaubt, fahre nach Bonn. An der dortigen Universität ist das „Philologische Seminar" dem Alleinvertretungsanspruch treu geblieben: Dort lehren und forschen selbstverständlich nur Altphilologen.

Die Ausdehnung der einst nur den Freunden des Griechischen und Lateinischen vorbehaltenen Philologen-Bezeichnung ist noch viel weiter gegangen. Der Philologenverband vertritt die Interessen von Gymnasiallehrern gleich welcher Fach-Couleur (was an die seligen gymnasialen Zeiten erinnert, als hauptsächlich die beiden klassischen Sprachen die Stundentafeln füllten). Chemiker, Physiker und Künstler als „Wortfreunde"? Wenn da mal nicht bei Schülern der – falsche – Eindruck aufkommt, das hänge mit dem hohen Sprechanteil all dieser „Wortfreunde" im Unterricht zusammen – Marke: Monolog (μόνος, *mónos*, „allein" + *lógos*) mit dem Schüler.

λόγος war für die Griechen nicht nur der redende, sondern auch der rechnende Geist. Der ist, zumal wenn er richtig rechnet, nicht selten vernünftiger als der redende. Kein Wunder also, wenn „logisch" etwas meint, das „einleuchtend" und „vernünftig" ist, weil es einer rationalen „Rechnung" entspricht. In der „Logistik" hat sich diese Bedeutung durchgesetzt. Die λογιστική τέχνη, *logistiké téchne*, „Kunst des Rechnens", braucht man, um komplizierte Verfahrensabläufe möglichst effizient zu gestalten und ohne Zeitverluste und Verschwendung von Ressourcen optimale Auslastungen zu erzielen. Transport und Verkehr kommen in der modernen Welt nicht ohne logistisches Know-how aus – und man unterstellt jedem, der in einer Logistik-Abteilung tätig ist, eine „rechnende Vernunft". Zumindest bis zum Beweis des Gegenteils.

### Logologen – gibt es die?

Mathematischer Logik unterliegt auch der Logarithmus, der natürlich ursprünglich ein griechisch-endiger Logarithmos war – die Zusammenziehung von λόγος und ἀριθμός, *arithmós*, „Zahl". Wer indes dem Logos allzu sehr huldigt, begibt sich in den Grenzbereich des Logizismus. Der bezeichnet einerseits eine Vorliebe für rationale Argumentation, andererseits aber auch die Kritik, die Logik überzubewerten und zu verabsolutieren.

In gewisser Weise sind Logos und Mythos Gegenbegriffe. Wilhelm Nestle hat in seinem berühmten Werk „Vom Mythos zum Logos" die Entwicklung des griechischen Denkens in dieser Polarität aufgezeigt, das Fortschreiten vom „erzählenden" zum „vernünftigen" Erkennen. Gleichwohl schließen sich die beiden Wege zur Weltdeutung und Welterfahrung nicht aus; Ovids wunderbare „Metamorphosen" zeigen das eindrucksvoll. Und vordergründig kann man das ja auch an der „Mythologie" sehen, die als rational betriebene Lehre vom Mythos beide Elemente in sich vereint.

Man könnte über den Logos bei den Griechen und seine überaus erfolgreiche Rezeptionsgeschichte mehrere Bände schreiben – eine Trilogie, wenn's drei werden (τρία, *tría*), eine Tetralogie (τετράς, *tetrás*, „die Zahl vier"), wenn's zu vier Bänden reicht. Mit einem Dekalog träte man in Konkurrenz zu den „zehn (δέκα, *déka*) Geboten" – und würde wohl auch die Geduld der Leser strapazieren.

Für uns das Stichwort zu einem ganz knappen Epilog (ἐπίλογος, *epílogos*, „Schluss der Rede"). Wir wollen weder aufgrund allzu ausführlicher, ermüdender λόγος-Darlegungen in den Ruf des „Logologen" kommen, noch möchten wir uns die Diagnose Logorrhoe ausstellen lassen. Die gibt es – im Unterschied zum „Logologen" – tatsächlich. Sie bezeichnet eine geradezu krankhafte Geschwätzigkeit. Genauer übersetzt, den „Wortdurchfall" (ῥοή, *rhoé*, „das Fließen"). Darüber wären wir nicht glücklich. Logo.

# Echt krönungsbedürftig

## *Monolog mit der Jugend(-Sprache)*

Das hat man nun davon, wenn man in „Romdeutsch" mit einem kleinen Schlusskapitel den lateinischen Spuren auch in der Jugendsprache nachgeht: Der Rezensent der guten alten bildungsbürgerlichen Tante FAZ fühlt sich provoziert. „Peinlich" sei dieses letzte Kapitel, wettert er, das zumal „einem in einer türkdeutschen Schwundsprache eingesperrten Jugendlichen" nichts nütze. Das mit der „türkdeutschen Schwundsprache" dünkt uns aus mehreren Gründen problematisch oder, um es passend zum Kontext zu formulieren: Es ist sprachlich wie sachlich voll daneben. Und doch: Haben wir da nicht mächtig eine vor den Koffer gekriegt? Sollte es so sein, dann tröstet uns zumindest, dass „Koffer" griechischen Ursprungs ist: κόφινος, *kóphinos*, ist der „Korb", der über das gleichbedeutende lateinische *cophinus* so lange Karriere macht, bis es im englischen *coffin*, „Sarg", landet. Hätten wir uns die Kritik des werten *collega*, der die „Askese" beim Latein- (und sicher auch beim Griechisch-)Lernen einfordert (ἄσκησις, *áskesis*, ursprünglich „Übung", „Lebensweise") – bestimmt ein zugkräftiges Argument bei der Präsentation der Alten Sprachen gegenüber Schülern und Eltern! – nicht zu Herzen nehmen und uns dieses – wiederum das letzte – Kapitel über griechische Relikte in der Jugendsprache verkneifen sollen?

Ach was, wir gönnen uns einfach den kleinen Spaß und vertrauen darauf, dass andere nicht ganz so asketisch veranlagte Leserinnen und Leser den kurzen Ausflug ins Jugendgriechische geradezu pornös finden. Sie haben richtig gelesen: Die griechische „Hure", πόρνη, *pórne*, ohne die wir überhaupt keine Pornographie kennen würden (πορνογράφος, *pornográphos*, ist einer, „der von Huren schreibt"), wird zur Zeit in der Jugendsprache ausgesprochen positiv rezipiert: „pornös" steht dort für „außerordentlich gut".

### Gruftis ohne Turn? – Teppich!, Leute!

Der Aufregung des „Romdeutsch"-Rezensenten würden die Jugendlichen mit einem schlichten „Teppich, Teppich!" begegnen: „ruhig bleiben". Und sie würden sich mit uns darüber freuen, dass sich die griechische τάπης, *tápes* („Teppich", „Decke") so entwickelt hat – gerade auch als sedierende Antwort auf Heißsporne, die dem Gegner nonverbal eine zentrieren wollen. Will sagen: ihm einen Schlag in den Mittelpunkt (κέντρον, *kéntron*) versetzen, weil er z. B. als „Spast" bewertet wird. In der Jugendsprache ist dieser griechischstämmige Begriff ein Synonym für den ebenfalls griechischstämmigen „Idioten" (ἰδιώτης, *idiótes*, zunächst „Privatmann", „Laie", während das lateinische *idiota* schon den eigenbrötlerischen Ignoranten bezeichnet) – kein „Ersatzbegriff" indes, der richtig Freude macht, da er sich über eine körperliche Anomalie lustig macht (σπασμός, *spasmós*, „Zuckung", „Krampf"). Schön anschaulich dagegen ein Adjektiv, das jemanden charakterisiert, der auf den Warnruf „Teppich!" hört: „Cremig" ist einer, der locker und cool bleibt. Er vermeidet nämlich hartes Anecken, weil er gut „geschmiert" beziehungsweise „gesalbt" ist. Die „Creme" leitet sich vom griechischen χρῖσμα, *chrísma* („Salbe"), ebenso ab wie vom lateinischen *cramum* („Sahne"; vgl. S. 181 f.).

Einen Rezensenten, der die Dinge etwas verbiestert sieht, würden jüngere Menschen vielleicht als „Problemiker" empfinden, als jemanden, der sich selbst allzu viel vorwirft (πρόβλημα, *próblema*, das „Vorgelegte"; vgl. S. 195 f.) und manches auch zu polemisch (πόλεμος, *pólemos*, „Krieg") formuliert. Wenn eine misslungene Buchbesprechung mittlerweile auch schon in der allgemeinen Umgangssprache als „grottenschlecht" bezeichnet werden kann, so zeigt sich darin der „Aufstieg" eines ursprünglich jugendsprachlichen Begriffs. Der hat natürlich seine griechische Vergangenheit: Die „Grotte" geht über lateinisch *crypta* und italienisch *grotta* auf κρυπτή, *krypté* („bedeckter Gang", „Gewölbe") zurück. Damit hätten wir auch schon den „Grufti" verortet, dessen in Bälde zu erwartender Aufenthaltsort eben die Grab-*krypté* ist.

Haben wir Älteren ob solcher Aussichten keinen Turn? Meint: Bringt uns das in schlechte Stimmung? Das könnte euch Aknexern so passen: dass solche Sprachbilder für eure Eltern und Großeltern voll der Abturn wären! So einfach lassen wir uns nicht ins Abseits „drehen". Ob englisch *turn* oder deutsch Törn – all dieses sprachliche und außersprachliche Turnen geht auf τορνεύειν, *torneúein*, zurück, „drehen", „runden". Mit der Tour (τόρνος, *tórnos*, „Dreheisen") braucht ihr uns gar nicht zu kommen – auch wenn ihr uns als Leser der „Rentner-Bravo" verspottet.

"Rentner-Bravo" ist eine lateinisch-griechische Koproduktion aus *reddere*, „zurückgeben" – die „Rente" ist (hoffentlich) die Rendite für die eingezahlten Beiträge – und βάρβαρος, *bárbaros*. Dem „draufgängerischen" Barbaren, der ins spätantike römische Heer eingestellt wird und dort tapfer gegen die anderen Barbaren kämpft, gebührt ein kräftiges „Bravo!". Die „Rentner-Bravo" bleibt im Übrigen zu 50 Prozent griechisch, wenn man sie ins Normaldeutsche übersetzt: Unsere „Apotheken-Umschau" beziehen wir vom Apotheker, der seine Medikamente gut „aufbewahrt" (ἀπο-θήκη, *apo-théke*, „Weg-Legen", „Aufbewahrungsort").

Mit „Aknexern" blaffen wir Gruftis jugendsprachlich unfein zurück, weil wir, auch wenn ihr unsere Renten finanzieren sollt, euch gegenüber keine Mastdarmakrobaten sein wollen. Die „Akne" hat sich aus ἀκμή, *akmé*, entwickelt. Das kann die „höchste Vollendung", der „Höhepunkt" einer Krankheit oder eben auch jene lästigen „Spitzen" im Gesicht bezeichnen, denen gegenüber unsere Grufti-Haut geradezu als Kaloderma-Produkt (καλός, *kalós*, „schön"; δέρμα, *dérma*, „Haut") erscheint. Für die Prägung des Begriffs „Mastdarmakrobat" loben wir euch dagegen ausdrücklich. Es ist zwar auch keine schöne Vorstellung, wenn da einer im Darm „in die Höhe steigt" (ἀκροβατεῖν, *akrobateín*; von ἄκρος, *ákros*, „hoch" und βαίνειν, *baínein*, „gehen"), aber doch kein so rüder Begriff wie „Arschkriecher".

Dafür sehen wir es euch milde nach, wenn ihr uns mit anderen griechischstämmigen Begriffen verspottet. Indem ihr etwa ein Nickerchen nach dem Mittagessen als „Fressnarkose" verunglimpft (νάρκωσις, *nárkosis*, „Betäubung", „Erstarrung"), unser gelichtetes Haupthaar als „Ceranplatte" verulkt (πλατύς, *platýs*, „platt") oder den sonntäglichen Kirchgang als Besuch der „Glockendisko" schmäht (δίσκος, *dískos*, „runde Scheibe") – vermutlich in völliger Unkenntnis darüber, dass nicht nur die „Glockendisko", sondern auch die „Kirche" aus dem Griechischen kommt. Sie ist, wie ihr vielleicht mal gehört habt, das „Haus des Herrn". Und das heißt auf Griechisch κυριακόν, *kyriakón* (von κύριος, *kýrios*, „Herr").

Gerade in Sachen Disko solltet ihr im Übrigen eure Knabberkiste (κίστη, *kíste*, „Kiste") alias Mund nicht allzu voll nehmen: Für uns Gereifte stellt euer Embryogeschubse (ἔμβρυον, *émbryon*, „ungeborene Leibesfrucht") da auch nicht gerade einen Augenorgasmus dar (ὀργασμός, *orgasmós*, „Erweichung", lateinisch *orgasmus* „Aufwallen"; erst über das englische *orgasm* im 20. Jahrhundert zur heutigen Bedeutung „aufgewallt"). Und was eure Plattenpräsidenten (erneut *platýs*) vulgo Disk-Jockeys (erneut *dískos*) da so auflegen, ist für uns nicht weit weg von akustischer (ἀκούειν, *akoúein*, „hören") Vergewaltigung– auch wenn ihr die Musik (vgl. S. 170 ff.) „bombe" findet (βόμβος, *bómbos*, „dumpfes Geräusch") und die Disko als Aufrisszone schätzt (ζώνη, *zóne*, „Gurt", „Zone"), wo sich ziemlich leicht eine neue Freundin oder ein neuer Freund finden lässt. Wird man fündig, kriegt die oder der alte dann einfach die „Stornokarte" gezeigt. Diese sprachschöpferische Leistung können wir anerkennen, nicht weil der Begriff warmherziger wäre als der auch nicht Empathie-getränkte „Laufpass", sondern weil ihr da die europäische Basis-Sprache (βάσις, *básis*, „Grundlage") Griechisch zu verdienten Ehren kommen lasst: die „Karte" geht auf χάρτης, *chártes*, „Papyrusblatt", zurück und das „Storno" ist ein latino-italienisches *ex-tornare*, das auf dem griechischen τορνεύειν, *torneúein*, basiert, „drehen". Beim Storno wird die Bestellung sozusagen „aus-gedreht" (vgl. S. 203).

Monolog mit der Jugend(-Sprache)  217

Partyparasiten, Promillologen und eine megageile Einladung vom Handy-Kollektor

Neben der griechischen Disko gehört die lateinische Party (*pars*, „Teil", „Partei", „Partie") zu den Freizeitfreuden junger Menschen. Glückwunsch dazu, dass ihr mit dem „Partyparasiten" einen altgriechischen Begriff wieder ausgegraben habt, der sogar zum Kontext passt! Auch bei den Griechen war der παράσιτος, *parásitos*, ein ungebetener Gast, der „neben" (παρά, *pará*) den anderen „aß" (σῖτος, *sítos*, „Getreide", „Brot"), ein „Schmarotzer". Für solche kulturgeschichtlich stimmigen sprachlichen Rückgriffe sehen wir euch auch manche fiese, obwohl griechischstämmige Neubildung wie „Pipibox" für „Toilette" (πυξίς, *pyxís*, „Büchse") oder „Mösenstöfchen" für „Sitzheizung" im Auto nach (das umgangssprachliche „Möse" ist allerdings älter, auf μῦς, *mys*, „Maus" beziehungsweise lateinisch *musculus*, „Muschel", zurückgehend).

Für eines wären wir – nicht wegen unserer Rente, sondern um eurer Gesundheit willen – ausgesprochen dankbar, egal ob ihr von der griechischen Disko oder der lateinischen Party zurückkehrt. Gebt euch dort, erst recht wenn ihr am Steuer eines Autos selbst (αὐτός, *autós*) nach Hause fahrt, bloß nicht die Kante (κανθός, *kanthós*, „Radreifen", daraus „Kreis", „Ecke"). Das Beste, was euch in dem Zustand passieren kann, ist die Kelle eines Promillologen (Polizist als „Promille-Kundler", λόγος, *lógos*) an der nächsten türkischen Disko (erneut *dískos*; jugendsprachlich für „Ampel", deren griechische Vergangenheit auf S. 133 beleuchtet worden ist). Deutlich schlechter ist es, wenn die Polizisten (πόλις, *pólis*, „Stadtstaat") mit euren Eltern telen (telefonieren; τῆλε, *téle*, „fern"; φωνή, *phoné*, „Stimme") müssen, weil ihr Schwachmaten (Analogiebildung zum „Automaten") betrunken vor einen Baum gefahren seid.

Könntet ihr euch daran halten, fänden wir das echt krönungsbedürftig (κορώνη, *koróne*, „Kranz") oder voll korall (κοράλλιον, *korállion*, „Koralle").

Eines noch zum Schluss vom Handy-Kollektor, zu dem ihr den Gymnasiarchen herabgewürdigt habt: Wenn ihr der Herkunft vieler eurer jugendsprachlichen Neologismen (νέος, *néos*, „neu"; λόγος, *lógos*,

„Wort") nachspüren und euch bildungsmäßig upstylen wollt, hält eure Büffelbude (βούβαλος, *búbalos*, „Büffel"), vulgo Schule (vgl. S. 197 ff.), voll krasse (*crassus*, „fett") Sprachangebote für euch bereit: Latein und Griechisch. Nicht gerade alles easy, um der Askese-Fraktion entgegenzukommen, aber megageil (μέγας, *mégas*, „groß").

# Literaturhinweise

GERHARD AHRENS, *Medizinisches und naturwissenschaftliches Latein mit latinisiertem griechischem Wortschatz*, Leipzig/Berlin 1992.
DONALD M. AYERS, *English words from Latin and Greek elements*, 12. Aufl. Tucson 1985.
ADOLF BACH, *Geschichte der deutschen Sprache*, 8. Aufl. Heidelberg 1965.
KLAUS BARTELS, *Wie Berenike auf die Vernissage kam. 77 Wortgeschichten*, Darmstadt 1996.
DERS., *Wie der Steuermann im Cyberspace landete. 77 neue Wortgeschichten*, Darmstadt 1998.
DERS., *Wie die Murmeltiere laufen lernten. 77 neue Wortgeschichten*, Mainz 2001.
DERS., *Trüffelschweine im Kartoffelacker. 77 neue Wortgeschichten*, Mainz 2003.
FRANZ DORNSEIFF, *Die griechischen Wörter im Deutschen*, Berlin 1950.
JACOB UND WILHELM GRIMM, *Deutsches Wörterbuch*. 33 Bände, Leipzig 1854–1971, ND München 1984.
FRIEDRICH KLUGE, *Etymologisches Wörterbuch der deutschen Sprache*, hg. von E. Seebold, 24. Aufl. Berlin 2002.
BERNHARD KYTZLER/LUTZ REDEMUND/NIKOLAUS EBERT, *Unser tägliches Griechisch. Lexikon des altgriechischen Spracherbes*, Mainz 2001.
KARL-HEINZ LEVEN, *Antike Medizin. Ein Lexikon*, München 2005.

MICHAEL MACRONE, *It's Greek to me. Brush up your classics*, New York 1991.

WOLFGANG PFEIFER (Hg.), *Etymologisches Wörterbuch des Deutschen*, 2. Aufl. Berlin 1993.

REINHARD POHLKE, *Das wissen nur die Götter. Deutsche Redensarten aus dem Griechischen*, Düsseldorf 2000.

FRIEDRICH RICHTER, *Unser tägliches Griechisch. Deutsche Wörter griechischer Herkunft*, Mainz 1981.

ERNST WASSERZIEHER, *Woher? Ableitendes Wörterbuch der deutschen Sprache*, 17. Aufl. Bonn 1966.

KARL-WILHELM WEEBER, *Romdeutsch. Warum wir alle Lateinisch reden, ohne es zu wissen*, 3. Aufl. Frankfurt/M. 2006.

FRITZ CL. WERNER, *Wortelemente lateinisch-griechischer Fachausdrücke in den biologischen Wissenschaften*, Frankfurt/M. 1972.

OTTO WITTSTOCK, *Latein und Griechisch im deutschen Wortschatz*, 3. Aufl. Berlin (Ost) 1982.

# Register
## *Griechische Wörter*

ἀγαθός (*agathós*) 96
ἄγγελος (*ángelos*) 95
ἄγειν (*ágein*) 42, 171
ἀγορά (*agorá*) 42
ἀγωγή (*agogé*) 171
Ἅδης (*Hádes*) 127
ἀήρ (*aér*) 102, 134
ἆθλον (*áthlon*) 32, 128
αἰθήρ (*aithér*) 102
αἷμα (*haíma*) 17, 25, 49, 117
αἰνεῖν (*ainein*) 96
αἴξ (*aíx*) 52
αἴσθησις (*aísthesis*) 24
αἰσθητής (*aisthetés*) 108
ἀκμή (*akmé*) 215
ἀκροβατεῖν (*akrobatein*) 215
ἀκρίβεια (*akríbeia*) 30
ἀκούειν (*akoúein*) 26, 103, 172, 216
ἄλγος (*álgos*) 25, 114, 139
ἀλέξειν (*aléxein*) 94
ἀλήθεια (*alétheia*) 146
ἄλλος (*állos*) 12
ἀλύειν (*alýein*) 105
ἀμφορεύς (*amphoreús*) 133
ἀνά (*aná*) 18
ἀναλύειν (*analýein*) 35
ἀνάλυσις (*análysis*) 22, 110

ἀνάμνησις (*anámnesis*) 36
ἀναρχία (*anarchía*) 25, 162
ἀναστάσιος (*anastásios*) 97
ἀνδρεία (*andreía*) 94
ἀνέκδοτος (*anékdotos*) 177
ἀνήρ (*anér*) 43, 94
ἄνθος (*ánthos*) 97
ἄνθρωπος (*ánthropos*) 41, 43, 101, 123
ἀνταγωνιστής (*antagonistés*) 35
ἀντί (*antí*) 14 f.
ἀντίδοτος (*antídotos*) 36
ἀντίθεσις (*antíthesis*) 36
ἀντίπους (*antípous*) 15, 107
ἀπάθεια (*apátheia*) 25, 30, 152
ἀποθέωσις (*apothéosis*) 37
ἀπό (*apó*) 22 f.
ἀποθήκη (*apothéke*) 215
ἀποκάλυψις (*apokálypsis*) 37
ἀπολογητικός (*apologetikós*) 107
ἀπορία (*aporía*) 29, 110, 155

ἀποστάτης (*apostátes*) 108
ἀπόστολος (*apóstolos*) 107
ἀπόφθεγμα (*apóphthegma*) 178
ἀράχνη (*aráchne*) 123, 208
ἀρετή (*areté*) 135
ἄρθρον (*árthron*) 113
ἀριθμός (*arithmós*) 31, 101, 211
ἀριστοκρατία (*aristokratía*) 159
ἄριστος (*áristos*) 159
ἀρκεῖν (*arkein*) 45
ἄρκτος (*árktos*) 15
ἁρμονία (*harmonía*) 30, 41, 146, 172
ἁρμόττειν (*harmottein*) 146, 172
ἀρτηρία (*artería*) 115
ἀρχαῖος (*archaios*) 41, 210
ἀρχέτυπον (*archétypon*) 41
ἀρχή (*arché*) 40 f., 50, 162
ἀσέβεια (*asébeia*) 155
ἀσθένεια (*asthéneia*) 30
ἄσθμα (*ásthma*) 119

ἄσκησις (áskesis) 142, 213
ἀσπάραγος (aspáragos) 104, 142
ἀστήρ (astér) 46, 123
ἀστρολόγος (astrológos) 108
ἄστρον (ástron) 132
ἄσυλος (ásylos) 25, 55
ἄσφαλτος (ásphaltos) 134
ἄτομος (átomos) 25, 146
αὐθεντικός (authentikós) 102
αὐτάρκεια (autárkeia) 156
αὐτάρκης (autárkes) 45
αὐτόματος (autómatos) 130
αὐτονομία (autonomía) 165
αὐτόνομος (autónomos) 45, 101
αὐτός (autós) 11, 122, 128, 136, 151, 159, 189
ἀφασία (aphasía) 30
ἀψίνθιον (apsínthion) 143

βαίνειν (baínein) 22, 23, 35, 215
βάλλειν (bállein) 17, 21, 128, 130, 195
βάναυσος (bánausos) 56 f.
βάρβαρος (bárbaros) 29, 57 f., 97, 127, 133, 215
βαπτιστής (baptistés) 95
βάρος (báros) 42, 46
βαρύς (barýs) 173
βασιλεύς (basileús) 96
βάσις (básis) 35, 138, 216
βήρυλλος (béryllos) 105, 133
βίβλος (bíblos) 36
βίος (bíos) 11, 15, 16, 46, 47, 102, 208
βλασφημεῖν (blasphemeín) 108
βλασφημία (blasphemía) 108, 136
βολίς (bolís) 129 f.
βόλος (bólos) 130
βομβεῖν (bombeín) 101
βόμβος (bómbos) 7, 39, 49, 103, 149, 216
βούβαλος (boúbalos) 218
βοῦς (boús) 123, 140
βρόγχια (brónchia) 112
βύρσα (býrsa) 114, 179 f.

γάμος (gámos) 18, 44, 123
γένεσις (génesis) 36
γένος (génos) 49
γέρων (géron) 158
γεωργός (georgós) 96, 107
γλυκύρριζα (glykýrriza) 141
γλυκύς (glykýs) 17

δαιμόνιον (daimónion) 155
δάκτυλος (dáktylos) 141
δάφνη (dáphne) 97
δεῖμα (deíma) 72
δεινός (deinós) 176
δέκα (déka) 47
δέρμα (dérma) 48, 113, 115, 215
δεσπότης (despótes) 159
δημαγωγός (demagogós) 98
δημοκρατία (demokratía) 161
δῆμος (démos) 23, 124, 158
διά (diá) 23, 121, 124
διαβάλλειν (diabállein) 23
διάβολος (diábolos) 23,107
διάγνωσις (diágnosis) 11, 112
δίαιτα (díaita) 143
διαλέγειν (dialégein) 149
διαλεκτική (dialektiké) 149
διάλογος (diálogos) 126, 210
διάμετρος (diámetros) 23
διανοητικός (dianoetikós) 32
διδακτικός (didaktikós) 14
διδάσκειν (didáskein) 32
διδόναι (didónai) 177
δίπλωμα (díploma) 110
δίς (dis) 103, 110
δίσκος (dískos) 100
δόξα (dóxa) 20, 49
δρᾶμα (dráma) 100, 127
δρᾶν (dran) 118
δραστικός (drastikós) 118
δρόμος (drómos) 17, 131
δύναμις (dýnamis) 132, 134, 171
δῶρον (dóron) 95

ἐγκέφαλος (enképhalos) 113
ἐγκύκλιος (enkýklios) 30
ἐγώ (egó) 32
ἔθνος (éthnos) 212
εἰδέναι (eidénai) 147
εἶδος (eídos) 48
εἰδύλλιον (eidýllion) 123
εἴδωλον (eídolon) 122

# Griechische Wörter

εἰκών (eikón) 136
εἰρήνη (eiréne) 97
εἰρωνεία (eironeía) 12, 155
ἔκ (ek) 26
ἔκστασις (ékstasis) 26, 37
ἑκτικός (hektikós) 136
ἔλαιον (élaion) 102, 141
ἐλέησον (eléison) 138
ἐλέφας (eléphas) 187
ἐλλείπειν (elleípein) 26
ἔλλειψις (élleipsis) 37
Ἕλλην (Héllen) 29
ἐμβάλλειν (embállein) 26
ἔμβρυον (émbryon) 216
ἐμπάθεια (empátheia) 26
ἐμπειρία (empeiría) 30, 146
ἔμπλαστρον (émplastron) 49
ἐμφαίνειν (emphaínein) 26
ἐν (en) 23 f., 26
ἔνδον (éndon) 113
ἐνέργεια (enérgeia) 30, 102
ἔνθεος (éntheos) 26
ἐνθουσιασμός (enthousiasmós) 12, 30, 33
ἐνθουσιαστής (enthousiastés) 127
ἔντερον (énteron) 113, 209
ἕξ (hex) 47
ἑξάεδρος (hexáedros) 47
ἐξήγησις (exégesis) 37
ἐξορκίζειν (exorkízein) 26
ἐξορκιστής (exorkistés) 35
ἐξωτικός (exotikós) 127

ἐπεισόδιον (epeisódion) 184
ἔπος (épos) 62
ἐπί (epí) 23, 124
ἐπίθετον (epítheton) 23
ἐπίλογος (epílogos) 212
ἐπίσκοπος (epískopos) 23, 124
ἐποχή (epoché) 101, 126, 172
ἐράσμιος (erásmios) 96
ἐργάζεσθαι (ergázesthai) 15
ἔργον (érgon) 23, 26, 67, 118
ἔρως (éros) 11, 18, 31, 45, 148
ἔσχατος (éschatos) 209
ἑταίρα (hetaíra) 130
ἕτερος (héteros)
ἔτυμος (étymos) 8
εὖ (eu) 48, 199
εὐαγγέλιον (euangélion) 48
εὐγενής (eugenés) 96
εὐδαιμονία (eudaimonía) 150
εὐλογία (eulogía) 210
εὐφημισμός (euphemismós) 132
εὐφορία (euphoría) 31
ἐφήμερος (ephémeros) 98
ἐφορᾶν (ephorán) 121

ζῆν (zen) 26
ζηλωτής (zelotés) 109
ζώνη (zóne) 104, 216
ζῷον (zóon) 150, 208
ζωστήρ (zostér) 116

ἡγεμών (hegemón) 12
ἡδονή (hedoné) 35, 153
ἡδύς (hedýs) 153

ἠθικός (ethikós) 32, 149
ἦθος (éthos) 119, 149
ἤλεκτρον (élektron) 39, 103, 134
Ἠλύσιον (Elýsion) 61
ἡμέρα (heméra) 23, 47
ἧπαρ (hépar) 113, 117
ἥρως (héros) 135
ηὕρηκα (heúreka) 64, 135

θαῦμα (thauma) 144
θαυμάζειν (thaumázein) 144, 191
θεᾶσθαι (theásthai) 183
θέατρον (théatron) 183
θέμα (théma) 12, 98, 109, 126
θεός (theós) 15, 36, 107
θεραπεία (therapeía) 30, 118
θέρμη (thérme) 17
θερμός (thermós) 46, 101
θέσις (thésis) 15, 36, 107
θεωρητικός (theoretikós) 149
θεωρία (theoría) 31, 129, 137, 148
θήκη (théke) 40
θησαυρός (thesaurós) 204 f.
θρόμβος (thrómbos) 116
θρόνος (thrónos)

ἰατρικός (iatrikós) 29
ἰδέα (idéa) 33, 122, 136, 147 f.
ἴδιος (ídios) 122
ἰδίωμα (idíoma) 12, 108, 127
ἰδιωτεία (idioteía) 30
ἰδιώτης (idotes) 122, 214
ἰδιωτικός (idiotikós) 50

ἴον (íon) 97
ἵππος (híppos) 127
ἰσονομία (isonomía) 161
ἴσος (ísos) 161
ἱστάναι (histánai) 36
ἱστορία (historía) 100, 126, 146, 208
ἱστορικός (historikós) 98
ἱστός (histós) 209
ἰσχίον (ischíon) 8, 139

καθαρός (katharós) 29, 36, 96, 107
καθῆσθαι (katésthai) 21
καιρός (kairós) 84
κακός (kakós) 16, 48, 215
κάλαμος (kálamos) 141
καλός (kalós) 48, 215
καλύπτειν (kalýptein) 22, 37
καλυπτός (kalyptós) 48
καμάρα (kamára) 205
κανθός (kanthós) 143, 217
κανών (kanón) 90
κάππαρις (kápparis) 142
καρδία (kardía) 113
καρκίνωμα (karkínoma) 117
κατά (katá) 9, 21 f.
καταπέλτης (katapéltes) 128
καταστροφή (katastrophé) 98, 131
κατηγορία (kategoría) 170
κατηγορικός (kategorikós) 21
κεντεῖν (kenteín) 207
κέντρον (kéntron) 11, 23, 32, 45, 92, 206 f., 214
κεραννύναι (kerannýnai) 16
κέρασος (kérasos) 142

κεφαλή (kephalé) 26, 109
κιθάρα (kithára) 173
κινεῖν (kineín) 9, 40
κίνημα (kínema) 9
κίνναμον (kínnamon) 141
κίστη (kíste) 216
κλέπτειν (kléptein) 42
κλῆρος (kléros) 14
κλίνειν (klínein) 99
κλίνη (klíne) 99
κλινικός (klinikós) 99
κόλαφος (kólaphos) 126, 136
κόλλα (kólla) 106
κόλον (kólon) 113
κολοσσός (kolossós) 64
κόλπος (kólpos) 101, 185 f.
κόμμι (kómmi) 132
κοράλλιον (korállion) 217
κορυφαῖος (koryphaíos) 65, 126
κορυφή (koryphé) 65
κορώνη (koróne) 217
κοσμεῖν (kosmeín) 32, 190
κοσμητής (kosmetés) 190
κόσμιος (kósmios) 96
κόσμος (kósmos) 190
κόφινος (kóphinos) 213
κράτος (krátos) 44, 158
κρίνειν (krínein) 32, 98
κρίσις (krísis) 35
κριτικός (kritikós) 16
κρύος (krýos) 192 f.
κρυπτή (krypté) 215
κρύσταλλος (krýstallos) 192
κτῆμα (ktéma) 138
κυβερνητικός (kybernetikós) 109

κύκλος (kýklos) 15, 187
Κυνικός (Kynikós) 157
κυριακός (kyriakós) 216
κύριος (kýrios) 96, 138, 216
κύων (kýon) 157, 179
κῶμα (kóma) 16, 183
κώμη (kóme) 183
κωμικός (komikós) 32
κῶμος (kómos) 183

λαϊκός (laikós) 131
Λάκων (Lákon) 66
λαλεῖν (laleín) 24, 44
λανθάνειν (lanthánein) 146
λαός (laós) 67, 93, 131
λαρός (larós) 96
λάρυγξ (lárynx) 112
λέαινα (léaina) 93
λέγειν (légein) 22, 102, 208
λειτουργία (leiturgía) 67
λευκός (leukós) 49
λέων (léon) 93
λεώς (leós) 67
λήθαργος (léthargos) 109
λήθη (léthe) 87
λῆμμα (lémma) 110
λίθος (líthos) 41, 192
λίπος (lípos) 42, 117
λίτρα (lítra) 47, 128
λόγος (lógos) 11, 22, 29, 46, 122, 149, 167, 208 ff., 217
λύειν (lýein) 22
λύρα (lýra) 107, 173

μαγεία (mageía) 30
μᾶζα (máza) 104
μαζός (mazós) 54
μάθημα (máthema) 128, 146

## Griechische Wörter

μαθηματικός (mathematikós) 32, 128
μακρός (makrós) 47
μάμμη (mámme) 117
μανθάνειν (manthánein) 32, 81, 146
μανία (manía) 30, 42, 50, 135
μανός (manós) 46
μαντεία (manteía) 46
μάντις (mántis) 32
μαργαρίτης (margarítes) 97
μαρτύριον (martýrion) 101
μάρτυς (mártys) 101
μάχη (máche) 54, 210
μέγας (mégas) 13, 50, 132, 18
μελαγχολία (melancholía) 49
μέλαινα (mélaina) 96
μέλας (mélas) 49, 117
μελίμηλον (melímelon) 141
μέλιττα (mélitta) 97
μέλος (mélos) 172
μελῳδία (melodía) 172
μελῳδικός (melodikós) 172
μέρος (méros) 42
μετά (metá) 21
μέταλλον (métallon) 134
μετέωρος (metéoros) 102
μετάστασις (metástasis) 36
μετρεῖν (metreín) 16
μέτρον (métron) 46, 171
μηλοπέπων (melopépon) 141
μῆνιγξ (méninx) 113
μηχανή (mechané) 35, 128

μηχανικός (mechanikós) 129
μικρός (mikrós) 15, 47, 125
μιμεῖσθαι (mimeísthai) 44
μιμνήσκεσθαι (mimnéskesthai) 22
μνήμη (mnéme) 25
μόνος (mónos) 18, 44, 130, 133, 162, 211
μονότονος (monótonos) 107
μορφή (morphé) 24, 25, 43, 49
Μοῦσα (Moúsa) 174
μουσική (mousiké) 174
μῦθος (mýthos) 127
μύωψ (mýops) 107
μυριάς (myriás) 101
μῦς (mys) 113, 217
μυστικός (mystikós) 105

νάρκη (nárke) 116
νάρκωσις (nárkosis) 116, 216
ναύτης (naútes) 46, 191
νεκρός (nekrós) 116, 209
νέκταρ (néktar) 142
νέμειν (némein) 161
νέος (néos) 29, 41, 107, 217
νεῦρον (neúron) 104, 115, 128
νεφρός (nephrós) 113
νικᾶν (nikán) 93
νίκη (níke) 82, 93, 94, 131
νοεῖν (noeín) 20
νοητόν (noetón) 147
νόμος (nómos) 10, 25, 139, 151, 161, 171
νόστος (nóstos) 114
νοῦς (nous) 147

νῶτος (nótos) 115
ὀβολός (obolós) 69
ὄγκος (ónkos) 117
ὁδός (hodós) 20, 24, 110
ὀδούς (odoús) 20, 209
ὄζον (ózon) 109
οἶκος (oíkos) 10, 47, 210
ὀλιγαρχία (oligarchía) 162
ὀλίγοι (olígoi) 162
ὅλος (hólos) 22
ὅμοιος (homoíos) 49
ὁμός (homós) 49
ὄνομα (ónoma) 7, 16, 25, 47, 126
ὀξύς (oxýs) 103
ὄπισθε (ópisthe) 196
ὁπλίτης (hoplítes) 160
ὁρᾶν (horán) 121
ὄργανον (órganon) 15, 109, 173
ὀργασμός (orgasmós) 216
ὄργια (órgia) 71, 135
ὀρθός (orthós) 48
ὁρίζειν (horízein) 168
ὁρίζων (horízon) 187
ὄρνις (órnis) 208
ὅρος (hóros) 187
ὄρχησις (órchesis) 71
ὀρχήστρα (orchéstra) 70, 173
ὄρχις (órchis) 115, 124
ὀστέον (ostéon) 114
οὐ (ou) 31
οὖρον (oúron) 24, 209
οὖς (ous) 112, 113
ὀφθαλμός (ophthalmós) 209
ὄχλος (óchlos) 163

πάγκρεας (pánkreas) 113

πάθος (páthos) 14, 25, 115, 152, 209
παιδαγωγός (paidagogós) 8, 29, 40
παιδεία (paideía) 30
παιδεύειν (paideúein) 21, 49
παῖς (pais) 31, 42
πάμφιλος (pámphilos) 168
πᾶν (pan) 9, 44
Πανδώρα (Pandóra) 71
πανήγυρις (panégyris) 31
πανικός (panikós) 72
πανόπτης (panóptes) 54
πάππας (páppas) 193 f.
πάπυρος (pápyros) 99
παρά (pará) 12, 20 f., 217
παραβολή (parabolé) 104
παραδειγματικός (paradeigmatikós) 20
παράδοξος (parádoxos) 153
παραίνεσις (paraínesis) 87
παράλληλος (parállelos) 12, 20
παράσιτος (parásitos) 20, 217
παρένθησις (parénthesis) 36
πάστη (páste) 140
παύειν (paúein) 38, 111
πεντάγωνος (pentágonos) 47
πέντε (pénte) 47
περί (perí) 19 f., 113
πέπερι (péperi) 105, 142
περιπατεῖν (peripateín) 151
περίπατος (perípatos) 151

πέτρα (pétra) 94
πέτρος (pétros) 94
πετροσέλινον (petrosélinon) 142
πηδόν (pedón) 130
πίνειν (pínein) 196
πίπτειν (píptein) 17
πλάγιος (plágios) 177
πλακοῦς (plakoús) 142
πλατεῖα (plateía) 98, 103, 109, 111
πλατύς (platýs) 108, 133, 216
πλευρά (pleurá) 115
πληγή (plegé) 177
πλοῦτος (ploútos) 158
πνοή (pnoé) 24
ποδάγρα (podágra) 113
πόδιον (pódion) 135
ποιεῖν (poieín) 36
ποίησις (poíesis) 36
ποιητής (poetés) 36
ποινή (poiné) 8
πολεμικός (polemikós) 32
πόλεμος (pólemos) 104, 168, 214
πολιός (poliós) 116
πόλις (pólis) 150, 166 f., 217
πολιτεία (politeía) 168
πολίτης (polítes) 150
πολιτική (politiké) 168
πολιτικός (politikós) 11, 31, 150, 167
πολύς (polýs) 38, 44, 173
πόρνη (pórne) 213
πόρος (póros) 26
πούς (pous) 113
πρᾶγμα (prágma) 122
πραγματικός (pragmatikós) 103, 107, 129, 136, 210
πρακτικός (praktikós) 13
πρᾶξις (práxis) 35, 148

πράττειν (práttein) 13, 35, 129
πρεσβύτερος (presbýteros) 107
πρό (pro) 7, 20 f., 81, 107, 195
πρόβλημα (próblema) 21, 109, 195 ff., 214
πρόγνωσις (prógnosis) 21, 35
πρόγραμμα (prógramma) 8, 33, 103, 126
πρόλογος (prólogos) 7
προφητεία (propheteía) 30
προφητής (prophetés) 21
πρωκτός (proktós)
πρωταγωνιστής (protagonistés) 123
πρῶτος (prótos) 106
πυξίς (pyxís) 130, 172 217
πῦρ (pyr) 116
πωλεῖν (poleín) 44
πῶλος (pólos) 101

Ῥά (Rha) 142
ῥεῖν (rhein) 9, 15, 21, 23
ῥητορική (rhetoriké) 104
ῥίζα (rhíza) 104
ῥίς (rhis) 112
ῥοή (rhoé) 212

σάρκωμα (sárkoma) 117
σάρξ (sarx) 117
σαῦρος (saúros) 176
σεβαστός (sebastós) 95
σέλινον (sélinon) 142
σεμίδαλις (semídalis) 143
σῆμα (séma) 15, 44
σήπειν (sépein) 36
σηπτικός (septikós) 15

## Griechische Wörter

σῆψις (sépsis) 36
σῖτος (sítos) 217
σκάνδαλον
 (skándalon) 105, 154
σκεπτικός (skeptikós) 7
σκέψις (sképsis) 98, 125
σκηνή (skené) 100, 126,
 133
σκληρός (sklerós) 116
σκοπεῖν (skopeín) 20,
 124
σκοπή (skopé) 47
σκοπός (skopós) 48
σμῆγμα (smégma) 110
σμήχειν (eméchein) 110
σοφία (sophía) 41, 92,
 97, 144
σοφιστής (sophistés) 75,
 154
σοφός (sophós) 75, 139,
 154
σπεῖρα (speíra) 103
σπλήν (splén) 106
στάσις (stásis) 36
στατός (statós) 101
στέλλειν (stéllein) 20, 23
στερεός (stereós) 7
στέφανος (stéphanos) 94
στῆναι (sténai) 24
στοά (stoá) 151
στρατηγία (strategía) 30
στρέφειν (stréphein) 21
στρόφος (stróphos) 107
σῦκον (sýkon) 82
συλᾶν (sylán) 25, 55
σύμβολον (sýmbolon) 17
συμμετρία
 (symmetría) 16
συμπάθεια
 (sympátheia) 12, 30
συμπόσιον
 (sympósion) 15
σύμπτωμα
 (sýmptoma) 17

συμφονία
 (symphonía) 173
σύν (syn) 7, 15 ff., 122,
 196
σύναψις (sýnapsis) 37
σύνδικος (sýndikos) 17
σύνοψις (sýnopsis) 37
συνωνυμία
 (synonymía) 16
σύστημα (sýstema) 10,
 14, 16, 33
συστηματικός
 (systematikós) 16
σφαῖρα (sphaíra) 99
σχέδιος (schédios) 99,
 153
σχεδόν (schedón) 99, 153
σχολή (scholé) 13, 92,
 118, 197 f.

τακτικός (taktikós) 104
τάξις (táxis) 16
τάπης (tápes) 12, 136, 214
τάττειν (táttein) 104
τάχος (táchos) 46
τείνειν (teínein) 170
τείρειν (teírein) 203
τεῖχος (teíchos) 124, 140
τειχοσκοπία
 (teichoskopía) 124
τέλος (télos) 41
τέμνειν (témnein) 25, 26
τετράς (tetrás) 80, 212
τέχνη (téchne) 10, 31, 39,
 104, 126, 158, 168
τῆλε (téle) 9, 46, 124,
 217
τιθέναι (tithénai) 22
τιμᾶν (timán) 93
τομή (tomé) 117
τόνος (tónos) 12, 18, 44,
 105, 127, 170 ff.
τοξικός (toxikós) 209
τόπος (tópos) 30, 46

τορνεύειν
 (torneúein) 106,
 202 f., 215, 216
τόρνος (tórnos) 171,
 202, 215
τραγικός (tragikós) 32
τράγος (trágos) 183
τραγῳδία
 (tragodía) 183 f.
τρέπειν (trépein) 77
τρέφειν (tréphein) 18, 24
τριάς (triás) 47, 212
τρόπαιον (trópaion) 39,
 77, 135
τροπή (tropé) 77
τυπικός (typikós) 29
τύπος (týpos) 7, 107,
 135, 154
τυραννίς (tyrannís) 159
τύρβη (týrbe) 106
τυρός (tyrós) 140
τύχη (týche) 151

ὕβρις (hýbris) 38, 136,
 188 f.
ὑγρός (hygrós) 46
ὑδραυλικός
 (hydraulikós) 134
ὕδωρ (hýdor) 41, 134,
 208
ὑπέρ (hypér) 13, 17 ff.
ὑπερβολικός
 (hyperbolikós) 104
ὑπό (hypó) 17 ff.
ὑπόθεσις (hypóthesis) 19
ὑποθήκη (hypothéke) 19
ὑπόταξις (hypótaxis) 19
ὑστέρα (hystéra) 103,
 109

φαγεῖν (phageín) 43, 44
φαίνειν (phaínein) 92
φαίνεσθαι
 (phaínesthai) 37

φαινόμενον
 (phainómenon) 11,
 92, 98, 172
φάλαγξ (phálanx) 72,
 160
φαλλός (phallós) 120
φάναι (phánai) 102
φαντασία
 (phantasía) 12, 31, 101
φανταστής
 (phantastés) 103
φανταστικός
 (phantastikós) 92
φάρμακον
 (phármakon) 31, 118,
 209
φάσις (phásis) 37
φελλός (phellós) 9, 45
φέρειν (phérein) 24, 48, 94
φιλία (philía) 29, 41
φίλιππος (phílhippos) 96
φιλόλογος (philólogos) 8
φίλος (phílos) 41, 95,
 144, 210
φιλοσοφία
 (philosophía) 144

φλέγειν (phlégein) 110
φόβος (phóbos) 42
φράζειν (phrázein) 36
φράσις (phrásis) 36, 38
φρενιτικός
 (phrenitikós) 134
φύειν (phýein) 36
φυσική (physiké) 146
φυσικός (physikós) 128
φύσις (phýsis) 11, 24, 31,
 36, 128, 146
φυτόν (phytón) 23
φωνή (phoné) 16, 24, 39,
 47, 173
φῶς (phos) 39, 47

χαίνειν (chaínein) 58
χάος (cháos) 40, 58, 102
χαρακτήρ
 (charaktér) 143
χάρτης (chártes) 118,
 139, 216
χείρ (cheir) 163
χειρουργός
 (cheirourgós) 117, 132
χίλιοι (chílioi) 128

Χίμαιρα (Chímaira) 59
χολή (cholé) 113
χόλος (chólos) 24
χορδή (chordé) 173
χορός (chorós) 173
χρίειν (chríein) 181
χρῖμα (chríma) 182
χρῖσμα (chrísma) 182,
 214
χριστός (christós) 94,
 182
χρόνος (chrónos) 22, 23,
 35, 110, 115
χύμα (chýma) 181

ψαλμιστής
 (psalmistés) 35
ψεῦδος (pseúdos) 47,
 100, 126
ψυχή (psyché) 20, 29,
 115, 209

ᾠδή (odé) 20, 98, 183
ὥρα (hóra) 124

# Register
## Deutsche Wörter mit griechischen Wurzeln

Absinth 143
abtörnen 107
Achillesferse 52
Achillobursitis 114
Adonis 83
Ägide 52
Aerobic 102
Aerodynamik 102, 134
Aerosol 102
Ästhet 108
Äther 102
Agathe 96
Agogik 171
Agoraphobie 42
Akademie 52 f., 151
Akkord 173
Akkordeon 173
Akne 215
Akribie 30
Akrobat 215
akustisch 103, 172, 216
Alalie 44
Alexander 93 f.
Allergie 118
Alphatier 10
Amazone 53 f.
Amnestie 25
amorph 25
Ampel 132
Amphore 133
anabatisch 22
Anachronismus 22
Anämie 25
Anästhesist 24

Anakousis 36
Analgetikum 24
Analogie 22
Analyse 22, 35, 110
Analysis 35
Anamnese 22, 36
Anarchie 25, 162
Anastasia 97
Anatomie 22
Andragogik 43
Andreas 94
Androphobie 43
Anekdote 177 ff.
Angela 95
Angelika 95
anomal 25
anonym 25
Antagonist 35
Antarktis 15, 104
anthropogen 101
Anthropoide 123
anthropomorph 43
Anthropophagen 43
Anthroposoph 43
Antibiotikum 15
Antidot 15, 119
Antipathie 14
Antipode 15, 107
antisem 15
Antiseptikum 15
Antithese 15, 36
antizyklisch 15
Apathie 25, 30, 152
Aphasie 30

Apokalypse 37
Apokalyptiker 22
Apologet 22, 107
Apophthegma 178
Aporie 26, 29, 110
Apostat 108
Apostel 22, 107
Apotheke 22, 215
Apotheker 11
Apotheose 37
Appendizitis 113
Arachnoide 123
Arachnologie 208
Archäologe 41, 210
Archetyp 41
Aretalogie 135
Argusaugen 54 f.
Aristokratie 159
Arithmetik 31, 101
Arktis 15, 104
Arthritis 113
Arzt 11, 41
Asbest 25
Asebie 155
Askese 142, 213
Asphalt 134
Asteroid 123
Asthma 119
Astrologe 108
Astrologie 46
Astrometer 46
Astronaut 46
Astrophysik 46
Asyl 25, 55 f.

atheistisch 25
Athlet 128
Athletik 32
Atmosphäre 99
Atom 25, 146
Augiasstall 56
Auster 142
authentisch 102
autark 45
Autarkie 156
Auto 11, 128, 189, 217
Autobiographie 46
Autoerotik 45
Autogramm 136
Autokrat 159
automatisch 45, 130
Automobilist 45
autonom 151
Autonomie 45, 165
Autopsie 121

Bärbel 97
ballistisch 128
Banause 56 f.
Baptist 95
Barbara 97
Barbaren 57 f., 215
barbarisch 127
Barbie 97
Bariton 173
Barometer 46
Basis 138, 216
becircen 59
Berenike 94
Bibliothek 40
Biologie 11, 46, 208
Biomantie 46
biometrisch 46
Biotop 46
Bischof 124
blamabel 107
Blamage 107
Blasphemie 108, 136
Börse 179
Bolide 129
Bombe 7, 101, 216

Box 130, 217
Bravour 58, 133
Brillant 105
Brillanz 105, 133
Brille 105
Bronchitis 112
Büchse 130
büffeln 218
Bukolik 123
Bursche 179 ff.
burschikos 180
Butter 140

Chaos 58
Charakter 143
Cheirokratie 163
Chemie 11
Chimäre 59
Chirurg 117, 132
Chlorid 123
Cholangitis 113
Chor 173
Christa 94
Christian 94
Christoph 94
chronisch 115
Chronist 35, 110
Coup 126, 136
Creme 141, 181 f.
cremig 214
Cyberspace 109

Daktylotitis 113
Damoklesschwert 59 f.
Daphne 97
Dattel 141
Dekade 47
Dekalog 212
Dekameron 47
Delia 97
Demagoge 98
Demokratie 158, 161 ff.
Demoskopie 124
Dermalgie 115
Dermatitis 113
Dermatologie 48

Desaster 132
Despotie 159
Diabetes 23
diabolisch 23
Diagnose 11, 23, 112
Diagnostik 129
Dialektik 149
Dialog 126, 210
Diameter 23
Dianetik 32
Diarrhoe 15, 23
Didaktik 32
didaktisch 14
Dilemma 110
Dinosaurier 176
Diode 110
Dioptrien 121
Dioxid 103, 110
Diplom 110
Diskette 100
Disko 100, 139, 216
Diskus 100, 139
Distichon 110
Doris 95
Dorothea 95
drakonisch 60
Drama 60 f., 127
dramatisch 100
drastisch 118
Dynamik 171
dynamisch 132
Dyskolie 24
Dyslalie 24, 44
Dyspnoe 24
Dystrophie 24
Dysurie 24

Egozentrik 32
Eisbein 8, 139
Ekstase 26, 37
Ektomie 26
Ekzem 26
Elefant 187
Elektrik 134
elektrisieren 103
Elektronik 134

Ellipse 26, 37
Elysium 61
Emblem 26
Embolie 26
Embryo 216
Empathie 26
emphatisch 27
Empirie 30, 146
Endokarditis 113
Energie 23, 26, 102
Enteritis 113
Enthusiasmus 12, 26,
 34, 127
Enzephalitis 26, 113
Enzephalogramm 26
Enzyklopädie 30
ephemer 23, 98
Ephorus 121
Epidiaskop 124
Epidemie 23
Epikureer 152
Epilog 212
epische Breite 61 f.
Episode 183 ff.
Epitheton 23
Epiphyten 23
Episkopat 23
Epistel 23
Epizentrum 23
Epoche 101, 126
Erasmus 96
Eros 148
Eros-Center 11, 45
Erotik 31
Erzbischof 40
Erzengel 40
Eschatologie 209
Ethik 32, 149
Ethnologe 210
Ethos 119
Etymologie 8
Eudämonie 150
Eugen 96
Eukalyptus 48
Eulogie 209
Euphemismus 16, 48, 132

Euphonie 48
Euphorie 31, 48
Evangelium 48
Exegese 37
Exorzist 27, 35
Exot 127

Folter 101
Fotoapparat 39
frenetisch 133
Futurologie 210

Gas 40, 102
Gastralgie 115, 139
Gastritis 139
Gastroenterologe 209
Gastronomie 139
Gastropathie 115
Gastrosoph 139
Gen 101
Genealogie 101
Genese 36, 101
Genesis 36
Genetik 101
Genos 101
Genre 101
Gentechnologie 101
Geologe 208
geopolitisch 98
Georg 96
Gerontokratie 158
Gerontologe 209
giga 133
Giganten 62
gigantisch 101
Glukosid 123
Glyptik 32
Gnosis 35
Golf 101, 185 f.
Gordischer
 Knoten 62 f.
Gottlieb 95
Graphologie 46
Gregor 95
Greta 97
Griffel 99

Grit 97
Grotte 215
Grufti 215
Gummi 104, 132
Gymnasiarch 50
Gymnasiast 50
Gymnasium 13, 32, 50
Gymnastik 32, 50
Gynäkologe 43
Gyros 143

Hades 127
Hämatom 117
halluzinieren 105
Harmonie 30, 146, 172
Hedonismus 153
Hedonist 35
hegemonial 12
Hektar 47
Hektik 136
Hektoliter 47
Helena 97
Hellene 29
Hellenophilie 29
Hepatalgie 115
Hepatom 117
Hepatopathie 115
Hepatitis 113
Heros 135
Herostratismus 63
Herpes 116
Hetäre 130
heterogen 49
Heterosexualität 49
Heureka 63 f.
Hexaeder 47
hippisch 127
Hippodrom 131
Hippokratischer
 Eid 119
Histologe 209
Historie 29
historisch 98
Historiker 126
Hohepriester 107
homogen 49

Homosexualität 49
Horizont 187 f.
Horoskop 124
hybrid 188 ff.
Hybris 88, 136, 188
Hydraulik 134
Hydrologe 208
hydrophil 41
hydrophob 42
Hygrometer 46
Hype 13
hyperbolisch 104
Hypererosie 18
Hypergamie 18
hyperglykämisch 17
Hyperthermie 17
Hypertrophie 18
Hypertonie 18
Hypochondrie 114
Hypogamie 18
hypoglykämisch 17
Hypokrit 19
Hypotaxe 19
Hypotenuse 19
Hypothek 19
Hypothermie 17
Hypotrophie 18
Hypotonie 18
Hysterie 103
hysterisch 133

Ideal 136
Idealismus 34
Idee 122, 147
Ideologe 122
Ideologie 149
Idiom 12, 108
Idiot 122, 127, 214
Idiotie 30
idiotisch 50
Idol 122
Idylle 123
Ikone 136
Irene 97
Ironie 12, 30, 155
Ischias 9, 139

Isidor 95
isobar 42
isomer 43
Isonomie 161, 166
Isophilie 42

Jörg 96
Johannes 95
Jolanthe 97
Jota 64
Jürgen 96

Kakophonie 16, 48, 173
Kakostomie 48
Kaleidoskop 48
Kalligraphie 48
Kaloderma 48, 215
Kammer 205
Kanone 90
Kante 143, 217
Kaper 142
Karamell 141
Kardiakum 114
kardial 113
Kardialgie 114
Kardiogramm 113
Kardiologe 113
Kardiopathie 115
Karte 118, 216
Kartell 118
Karton 118
Kartusche 118
Karzinom 24, 117
katabatisch 22
Katalog 22
Katapult 129
Katarrh 9, 21
Katastrophe 21, 98, 131
Kategorie 170
kategorisch 21
Kater 9, 21
katexochen 62, 100
Katharina 96
Katharsis 36
Katheder 21
katholisch 22

Kathrin 96
Katja 96
Kerstin 94
Ketzer 107
ketzerisch 29
Kilo 47
Kilometer 47, 128
Kino 9, 40
Kirche 216
Kirsche 141
Kiste 216
Klaus 93
Klaustrophobie 42
Kleptomane 42
Kleptophobie 42
klerikal 14
Klima 98 f.
Klinik 99
Koffer 213
Kolitis 113
Koloss 64 f.
Koma 16, 184
Komik 32
Komödie 174, 183
Koralle 217
Koryphäe 65, 109, 126
Kosima 96
Kosmetik 32, 190 ff.
Kosmos 190
Kosmonaut 191
Krise 35, 98
Kristall 192 f.
Krösus 65 f.
Kryobiologie 192
Kryochirurgie 192
Kryometer 192
kybernetisch 109
Kyniker 156, 179

Laie 131, 171
lakonisch 66
Lakritz 141
Lambda-Sonde 10
Larissa 96
Laryngitis 112
Legasthenie 29

Leier    107, 173
Lena    93
Leon    93
Leonie    93
lesbisch    66
Lethargie    109
Lethebecher    87
Leukämie    49
Leukoplast    49
Liebstöckel    142
lipophil    41
Lipom    117
Liposarkom    117
Liter    128
Liturgie    66 f.
Logarithmus    211
Logik    149
logisch    208 ff.
Logistik    211
Logizismus    211
Logomachie    210
Logorrhoe    212
Logos    208
Lydia    97

Mäeutik    155
Märtyrer    101
Magie    30
makrobiotisch    39, 47
Makrofotografie    47
makroökonomisch    47
Manie    30
manisch    135
Manometer    46
Mantik    32
Marathon    67 f.
Margarete    97
Margot    97
Marter    101
Maria    92
Marmelade    141
Maschine    128
Maschinist    35
massiv    104
Mathematik    11, 31, 128, 146

Mechaniker    129
mega    13, 218
megaloman    50
Melancholie    49
Melanie    49, 96
Melanom    49, 117
Melissa    97
Melitta    97
Melodie    172
Melone    141
Meningitis    113
Mentor    68, 79
Metall    134
Metamorphose    24
Metapher    7, 24
Metaphysik    24, 150
Metastase    24, 36
Meteorologe    102
Meter    46
methodisch    24
Metronom    171
Metrum    171
Mikrobe    47
Mikrochip    39
Mikrophon    47
Mikroprozessor    47
Mikroskop    47, 125
Mimik    32
Mobiltelefon    39
Möse    217
Monarchie    162
monogam    18, 44
Monolog    211
monophag    44
Monopol    44, 174
monotheistisch    44
monoton    44, 107, 133
Morphium    43
Motodrom    131
Musen    174
Musik    174
Musikbox    172
Myokarditis    113
myopisch    107
Myriade    101
mystisch    105

Mythologie    212
Mythos    127

Narkose    116, 216
Nationalismus    33
Nekrolog    209
Nekrose    116
Nektar    142
Nektarine    142
Nena    97
Neologismus    29, 41, 217
neoliberal    107
Neolithikum    41
Nephralgie    114
Nephritis    113
Nephropathie    115
nerven    128
nervös    104
Neuropathie    115
Nickel    140
Nicole    93
Nikolaus    93, 131, 140
Nils    93
noetisch    147
Nostalgie    114, 115
Nymphe    68 f.
nymphoman    68

Obolos    69
Ochlokratie    163
Ode    98
Odontologe    209
Odyssee    69
Ödipuskomplex    69
öko-    103
Ökologie    210
Ökonomie    10
Öl    102, 141
oligarchisch    162
Onkologe    117
Ontologie    150
Ophthalmologe    209
Optik    121
optisch    121
Orchalgie    115
Orchester    70 f., 173

Orchidee 124
Orchitis 115
Organ 109
Orgasmus 216
Orgel 173
Orgie 71
Ornithologie 208
orthodox 48
Orthographie 49
Orthopäde 49
Ostalgie 114
Ostealgie 114
Osteopathie 115
Osteosarkom 117
Otalgie 114
Otiatrie 113
Otitis 112
Otophon 113
Ozon 109

Pädagoge 8
Pädagogik 31, 42
Pädophilie 42
Page 43
palavern 104
Pamphlet 168
Pandemie 45
Pandorabüchse 71 f.
Panegyrik 31
Panik 72
Pankreatitis 113
Panorama 121
Pantheismus 44
Pantoffel 9, 45
Pantomime 44
Papa 193
Papier 99
Papist 194
Papst 193 ff.
paradigmatisch 20
paradox 20
Paradoxon 153
Paränese 87
Paragraph 20
parallel 12, 20
Paralogismus 20
Paranoia 20
parapsychologisch 20
Parasit 20, 217
Parenthese 36
Parnass 82
Parodie 20
Parodontose 20
Pasta 140
Pastete 140
Pathologe 121, 209
Pathologie 209
Patrizier 159
Pause 38, 111
Pedant 8
Pedanterie 8, 29, 43
penibel 8
Pentagon 47
Perikarditis 113
perinatal 20
Periode 20
Peripatos 151
Peripherie 20
Periskop 19
Peristaltik 20
Peter 94
Petersilie 142
Pfeffer 105, 142
Phänomen 11, 92, 98, 172
Phalanx 72, 160
Phallos 120
Phantasie 12, 31, 101
Phantasterei 103
phantastisch 92
Pharmakologe 209
Pharmazeutik 31
Phase 37
Philanthrop 41
Philatelist 41
Philharmoniker 41
Philipp 96
Philippika 72 f.
philogyn 41
Philologe 8, 122, 210
Philosoph 41
Philosophie 144
Phlegma 110
Phobie 30, 42
Phoebe 96
Phönix 85
Phonetik 31
Phrase 36
Physik 11, 31, 128, 146
Physis 36
Pilot 130
Pilz 142
Plätzchen 142
Plage 177
Plagiator 177
Platin 108
Platine 108
platonisch 73
platt 108, 133
platzieren 98, 111
Plebejer 159
Pleuralgie 115
Pleuritis 115
plutokratisch 158
Podest 135
Poesie 36
Pol 104
Polemik 32
polemisch 104, 168, 214
Poliosis 116
Polis 150, 166
Politesse 169
Politik 11, 31, 166
Politiker 103
politisch 167
Polizei 168
Polizist 217
Politologie 210
Polyphagie 44
Polyphonie 173
Polypol 44
polysem 44
Polytheismus 44
pornös 213
Pornographie 213
pragmatisch 122
Praktiker 137, 149
praktisch 13, 103, 129
Praxis 35, 148

## Deutsche Wörter mit griechischen Wurzeln 235

Priapismus 120
Problem 21, 109, 195 ff.
Problemiker 214
Prognose 21, 36, 107
Programm 21, 126
Programmatik 33
programmatisch 103
programmieren 7 f.
Proktologe 209
Prolog 7
Propädeutik 21
Prophet 21, 102
Prophetie 30
Protagonist 123, 127
Protokoll 106
Psalmist 35
Pseudoandronym 48
Pseudogynym 48
Pseudonym 47, 126
Psi-Phänomen 10
Psychiatrie 29
Psychologe 209
Psychopathie 115
Pumpe 101
Pumpernickel 139
Pyrosis 116
Pyrrhussieg 73 f.

Radiologe 209
Retsina 171
Rhabarber 142
Rhadamanth 90
Rhetorik 104, 171
Rheuma 171
Rhinitis 112
Rhinozeros 171
Rhododendron 171
Rhombe 171
Rhythmus 170
Risiko 104
Rita 97

Saccharin 141
Sandra 94
Schmiere 110
Schminke 110

Schüler 92
Schule 13, 197 ff.
Sebastian 95
Sellerie 142
Semantik 208
Semmel 143
Sensorik 32
Sepsis 36
Sexismus 34
sibyllinisch 74
Sirenen 74 f.
Sisyphusarbeit 75
Skandal 105
Skat 118
Skepsis 98, 125
Skeptiker 7
Skizze 99, 153
Sklerose 116
Sonja 94
Sophia 92, 97
Sophist 154
sophistisch 75 f., 154
Sozialismus 33
Spargel 104, 142
spartanisch 76, 200
Sparte 199 ff.
Spast 214
Spirale 103
Spleen 106
Stasis 36
Stefan 93
Stephanie 94
Stereotyp 7
Stethoskop 124
Stoa 151
Stöpsel 103
Stoiker 151
stoisch 152
stopfen 103
Stoppschild 103
Stornierung 203
Storno 216
Story 100
Strippe 107
Strolch 107
Sykophant 82

Symbiose 16
Symbol 16
Symmetrie 16
Sympathie 12, 30, 106
Symphonie 16
Symposion 15
Symptom 16
Synapse 37
Syndikus 17
Syndrom 17
Synergie 15
Synkretismus 16
Synonym 7, 16
Synopse 37, 122
Syntax 16
System 14, 16
Systemanalytiker 16
Systematik 33
Systemkritiker 16
Szenario 100
Szene 126, 133

Tachometer 46
taktieren 104
tautologisch 158
Technik 10, 39, 126, 168
Technokratie 158
Teichoskopie 124 f.
Teig 140
telefonieren 217
telemetrisch 46
Teleskop 124
Television 9, 40
Teppich 12, 136, 214
Tetralog 212
Tetra-Pack 80
Teufel 23, 107
Thaumatologie 145
Theater 183
Theke 40
Thema 12, 98, 109, 126
Theodor 95
Theokratie 44, 158
Theologe 209
Theologie 44
Theophil 95

Theoretiker 137, 149
theoretisch 129
Theorie 148
Therapie 30, 118
Therese 97
Thermometer 46
Thermostat 101
These 36
thesaurieren 205
Thesaurus 206
Thrombose 116
Thron 137
Tim 93
Tisch 100, 140
Titan 77 f.
Törn 107, 215
Ton 12, 105, 127, 170
Tonus 18
Tour 171, 202, 215
Tourist 202 ff.
toxikologisch 209

Tragik 32
Tragödie 183
Tresen 204 ff.
Tresor 205
Trias 47
Trilogie 47, 212
Trophäe 39, 77, 135
Trubel 106
Tuberkulose 116
Tumult 106
turnen 106, 203, 215
Turnier 106, 203
Turnus 106, 203
Typ 106, 135, 154
typisch 29
Tyrann 159

Urologe 209
Utopie 31

Venerologe 209

Verona 94
Veronika 94
Videothek 40

Xanthippe 77 f.

Zankapfel 78
Zelluloid 123
zentral 93
Zentrale 206
Zentrum 206 f.
Zerberus 80
Zimt 141
Zither 173
Zitrone 104
Zone 104, 216
Zoologie 208
Zucker 141
Zynismus 157